Realschule

Abschlussprüfung Mathematik 2007–2011

Die in Baden-Württemberg 2007–2011 zentral gestellten Aufgaben mit ausführlichen Lösungen

Übungsaufgaben mit Lösungen zu allen Themen der Abschlussprüfung, getrennt in Pflicht- und Wahlbereich

bearbeitet von
Achim Olpp, Buchhof

Ernst Klett Verlag
Stuttgart · Leipzig

Hinweis

→ Hinter diesem Zeichen wird auf die **mathematischen Sätze und Formeln** hingewiesen, die in den Lösungen der einzelnen Aufgaben angewandt werden, z. B.: Pythagoras, Lösungsformel usw.

Die **Hauptrechnung** wird in der Darstellung der Lösung mit einer Einrückung von der **Nebenrechnung** getrennt. So kann der Ansatz für die Hauptrechnung (sie bezieht sich immer auf die Fragestellung in der Aufgabe) sofort notiert werden. An ihr ist erkennbar, welche Aufgaben in einer Nebenrechnung erst noch ermittelt werden.

Die **Zwischenergebnisse** der Nebenrechnung sind einfach und die **Ergebnisse** zweifach unterstrichen.

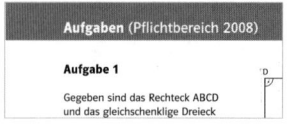 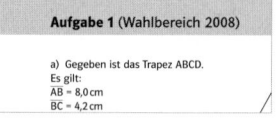 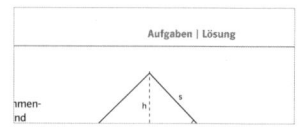

An der dunklen, hellen oder weißen Kopfzeile sehen Sie auf einen Blick, in welchem Teil Sie sich befinden.

1. Auflage   1 6 5 4 3 2 1 | 2015 14 13 12 11

Alle Drucke dieser Auflage sind unverändert und können im Unterricht nebeneinander verwendet werden. Die letzten Zahlen bezeichnen jeweils die Auflage und das Jahr des Druckes.
Das Werk und seine Teile sind urheberrechtlich geschützt. Jede Nutzung in anderen als den gesetzlich zugelassenen Fällen bedarf der vorherigen schriftlichen Einwilligung des Verlags.
Hinweis zu § 52 a UrhG: Weder das Werk noch seine Teile dürfen ohne eine solche Einwilligung eingescannt und in ein Netzwerk eingestellt werden. Dies gilt auch für Intranets von Schulen und sonstigen Bildungseinrichtungen. Fotomechanische oder andere Wiedergabeverfahren nur mit Genehmigung des Verlags.
© Ernst Klett Verlag GmbH, Stuttgart 2011. Alle Rechte vorbehalten. www.klett.de

bearbeitet von: Achim Olpp
Redaktion: Claudia Gritzbach
Herstellung: Nicole Weldert
Zeichnungen/Illustrationen: media office gmbh, Kornwestheim; imprint, Zusmarshausen
Umschlaggestaltung: Julia Kühne, Stuttgart
Titelbild: Getty Images, Deutschland
DTP/Satz: imprint, Zusmarshausen
Druck: Medienhaus Plump, Rheinbreitbach
Printed in Germany

ISBN 978-3-12-740315-2

Vorwort

Die Abschlussprüfung in Baden-Württemberg im Fach Mathematik ist in einen Pflichtbereich und einen Wahlbereich gegliedert. Die Aufgaben umfassen die Themengebiete Algebra, Stereometrie, Trigonometrie, Sachrechnen, Statistik und Wahrscheinlichkeitsrechnung. Die Aufgaben sind unterteilt in Pflichtaufgaben und Wahlaufgaben. Mit den Pflichtaufgaben werden in erster Linie Grundkenntnisse und Grundfertigkeiten überprüft. Die Aufgaben des Wahlbereichs sind durch ein höheres Maß an Komplexität und Schwierigkeit gekennzeichnet. Sie sind in der Regel in zwei Teile gegliedert, die stets voneinander unabhängig lösbar sind.

Das Buch enthält die zum Haupttermin 2007, 2008, 2009, 2010 und 2011 zentral gestellten Aufgaben mit ausführlichen Lösungen. Darüber hinaus sind für eine gründliche Vorbereitung viele weitere Aufgaben mit Lösungen enthalten. Sie sind ebenfalls in Pflicht- und Wahlaufgaben unterteilt mit Angabe der Lösungen.

Der Lösungsteil des Pflichtbereiches enthält lediglich die erfragten Lösungen, im Bedarfsfall helfen jedoch Zwischenergebnisse oder kurze Erläuterungen. Die Lösungen der Wahlbereichsaufgaben sind ausführlich dargestellt und werden durch detaillierte Lösungshilfen unterstützt. Eine übersichtliche Darstellung erleichtert einen raschen Zugang sowohl bei den Aufgaben als auch bei den Lösungen. Die grau abgesetzten Kopfzeilen sollen helfen, die Lösungen der jeweiligen Aufgaben schnell zu finden. Die Genauigkeit der Lösungen geht im Allgemeinen von der Genauigkeit der gegebenen Größen aus, wobei Zwischenwerte mit einer Nachkommaziffer mehr berechnet werden.

Ich hoffe, dass das umfangreiche Aufgabenmaterial für die Vorbereitung eine nützliche Arbeitshilfe bietet und mit dazu beiträgt, die bevorstehende Abschlussprüfung erfolgreich zu absolvieren. Für kritische Anmerkungen und Anregungen bin ich jederzeit offen und dankbar.

Ich wünsche allen Schülerinnen und Schülern der Abschlussklassen viel Erfolg bei der kommenden Abschlussprüfung.

Achim Olpp

Inhaltsverzeichnis

Prüfung 2007 – Aufgaben und Lösungen   —— 2007.1
Prüfung 2008 – Aufgaben und Lösungen   —— 2008.1
Prüfung 2009 – Aufgaben und Lösungen   —— 2009.1
Prüfung 2010 – Aufgaben und Lösungen   —— 2010.1
Prüfung 2011 – Aufgaben und Lösungen   —— 2011.1

Übungsaufgaben

	Pflichtbereich Aufgaben	Pflichtbereich Lösungen	Wahlbereich Aufgaben	Wahlbereich Lösungen
Algebra			45	59
Lineare Gleichungssysteme	2	25		
Quadratische Gleichungen	3	26		
Bruchgleichungen	4	27		
Quadratische Funktionen	5	28		
Trigonometrie			48	73
Dreiecke	7	31		
Vierecke	8	31		
Vielecke	9	32		
Stereometrie			52	90
Quadratische Pyramide	10	33		
Andere Pyramiden	11	33		
Vergleich von Körpern	12	34		
Zusammengesetzte Körper	13	34		
Sachrechnen				
Prozentrechnen	14	35		
Zinsrechnen	15	35		
Zinseszins	16	36		
Zuwachssparen	17	36		
Ratensparen	18	37		
Kreditformen	19	37		
Diagramme	20	38		
Daten und Zufall				
Daten	21	40		
Wahrscheinlichkeitsrechnung	23	42	56	103

Prüfung 2007

Pflicht- und Wahlbereich
Aufgaben und Lösungen

Aufgaben (Pflichtbereich 2007)

Aufgabe 1

Von einer quadratischen Pyramide sind gegeben:
M = 63,0 cm² (Mantelfläche)
a = 4,2 cm
Berechnen Sie den Winkel ε zwischen der Seitenkante und der Grundfläche der Pyramide.

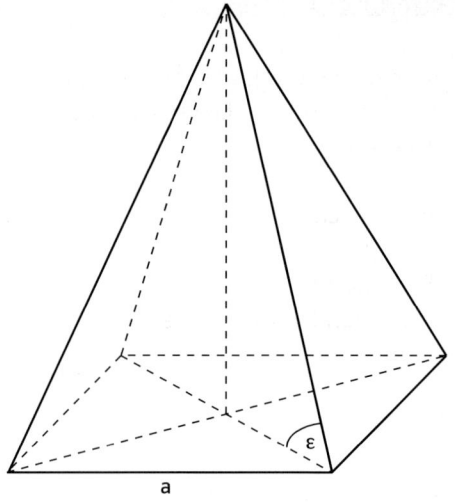

Aufgabe 2 .

Die Skizze zeigt den Achsenschnitt eines Kegels.
Es gilt:
s = 6,2 cm
γ = 48,0°
Eine Kugel hat das gleiche Volumen wie der Kegel.
Berechnen Sie den Radius der Kugel.

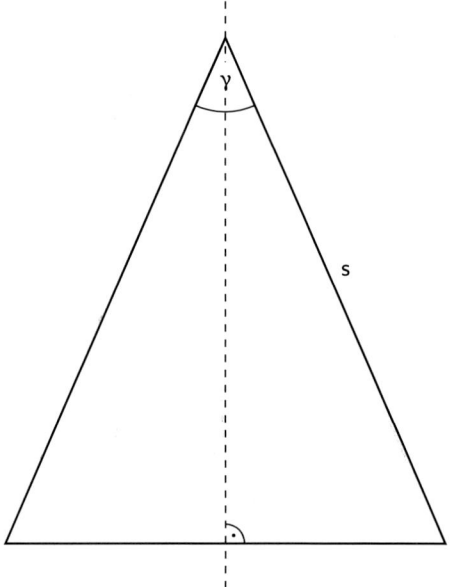

Aufgaben (Pflichtbereich 2007)

Aufgabe 3

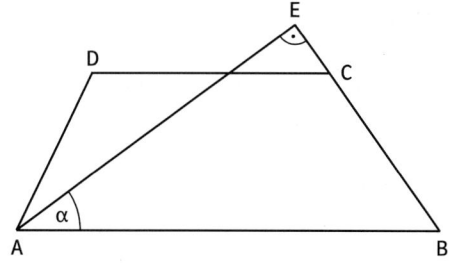

Gegeben sind das gleichschenklige Trapez ABCD und das rechtwinklige Dreieck ABE.
Es gilt:
$\overline{AB}$ = 18,0 cm
α = 36,0°
$\overline{CD}$ = 10,0 cm
Berechnen Sie die Länge $\overline{CE}$.

Aufgabe 4

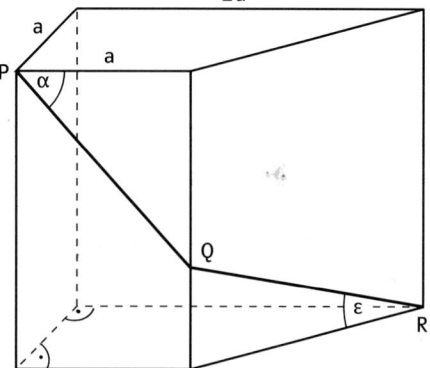

Auf dem Prisma liegt der Streckenzug PQR mit der Länge 9,1 cm.
Es gilt:
a = 2,8 cm
α = 47,9°
Berechnen Sie den Winkel ε.

Aufgabe 5

Lösen Sie die Gleichung:
$$\frac{x^2 + x + 4}{3} + \frac{(x-2)(x+3)}{2} = \frac{(x-1)^2}{3}$$

Aufgaben (Pflichtbereich 2007)

Aufgabe 6

Eine Parabel hat die Gleichung $y = ax^2 - 4,5$ und geht durch den Punkt P(–2|–2,5).
Berechnen Sie a.
Zeichnen Sie das Schaubild der Parabel in ein Koordinatensystem.
Berechnen Sie die Koordinaten der Schnittpunkte von Parabel und x-Achse.

Aufgabe 7

Der Mehrwertsteuersatz wurde in Deutschland am 01. 01. 2007 von 16 % auf 19 % angehoben. Der Endpreis eines Mountainbikes hat sich dadurch um 40,50 € erhöht.
Wie viel Euro kostet jetzt das Mountainbike einschließlich der Mehrwertsteuer?
Guido behauptet: Der Endpreis hat sich durch die Erhöhung der Mehrwertsteuer um 3 % erhöht. Überprüfen Sie diese Behauptung.

Aufgabe 8

Ein Guthaben von 5000,00 € wird für drei Jahre angelegt. Zinsen werden mitverzinst.
Die Zinssätze der ersten beiden Jahre sind:
Zinssatz im 1. Jahr: 2,5 %
Zinssatz im 2. Jahr: 3,25 %
Für die drei Jahre werden insgesamt 503,23 € Zinsen gutgeschrieben.
Wie hoch ist der Zinssatz im dritten Jahr?
Bei welchem jährlich gleichbleibenden Zinssatz wäre nach drei Jahren das gleiche Endkapital erzielt worden?

Aufgabe 1

Quadratische Pyramide mit Grundkante a = 4,2 cm und Mantelflächeninhalt M = 63,0 cm².

Berechnung des Winkels ε zwischen Seitenkante und Grundfläche:
(→ Kosinusfunktion im halben Diagonalschnitt der Pyramide)

$$\cos \varepsilon = \frac{\frac{d}{2}}{s}$$

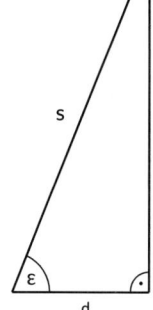

Berechnung von d:
(→ Diagonale im Quadrat)

$d = a \cdot \sqrt{2}$
$d = 4,2 \cdot \sqrt{2}$ 　　　　　　　　$\underline{d = 5,94 \text{ cm}}$

Berechnung von s:
(→ Pythagoras in der halben Seitenfläche)

$$s^2 = h_s^2 + \left(\frac{a}{2}\right)^2$$

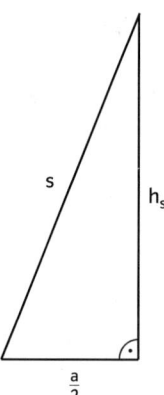

Berechnung von h_s:
(→ Formel für die Mantelfläche der Pyramide)

$M = 2a \cdot h_s \quad |:2a$

$h_s = \frac{M}{2a}$

$h_s = \frac{63,0}{2 \cdot 4,2}$ 　　　　　　　　$\underline{h_s = 7,50 \text{ cm}}$

$s = \sqrt{7,50^2 + \left(\frac{4,2}{2}\right)^2}$ 　　　　$\underline{s = 7,79 \text{ cm}}$

$\cos \varepsilon = \frac{\frac{5,94}{2}}{7,79}$ 　　　　　　　　$\underline{\underline{\varepsilon = 67,6°}}$

Aufgabe 2

Achsenschnitt eines Kegels mit
s = 6,2 cm und γ = 48,0°.

Berechnung des Kugelradius r_{Ku}:
($\rightarrow$ Formel für das Volumen der Kugel)

$V_{Ku} = \frac{4}{3}\pi \cdot r^3 \quad |\cdot 3 \quad |:4 \quad |:\pi$

$r^3 = \frac{3 V_{Ku}}{4\pi} \quad |\sqrt[3]{}$

$r = \sqrt[3]{\frac{3 V_{Ku}}{4\pi}}$

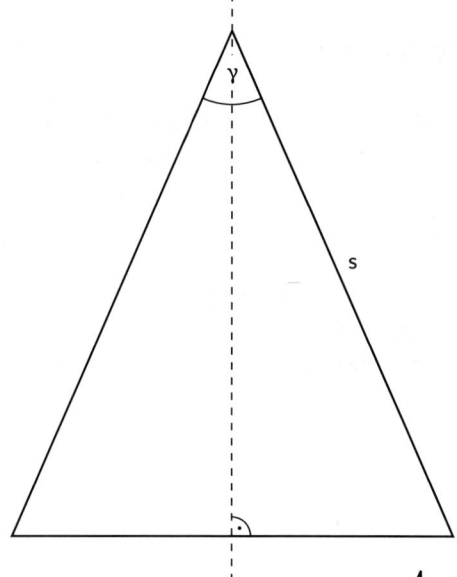

Berechnung des Kegelvolumens V_{Ke}:
($\rightarrow$ Formel für das Kegelvolumen)

$V_{Ke} = \frac{1}{3}\pi r_{Ke}^2 \cdot h_{Ke}$

Berechnung von r_{Ke} und h_{Ke}:
($\rightarrow$ Winkelfunktionen im halben Achsenschnitt)

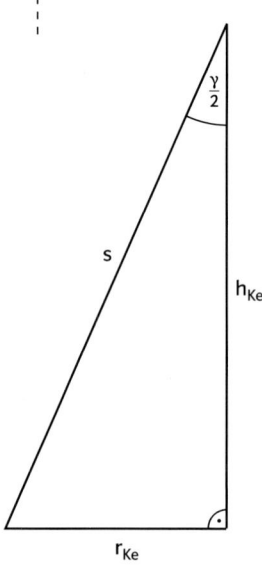

$\sin \frac{\gamma}{2} = \frac{r_{Ke}}{s} \quad |\cdot s$

$r_{Ke} = s \cdot \sin \frac{\gamma}{2}$

$r_{Ke} = 6{,}2 \cdot \sin 24° \qquad\qquad \underline{r_{Ke} = 2{,}52\,\text{cm}}$

$\cos \frac{\gamma}{2} = \frac{h_{Ke}}{s} \quad |\cdot s$

$h_{Ke} = s \cdot \cos \frac{\gamma}{2}$

$h_{Ke} = 6{,}2 \cdot \cos 24° \qquad\qquad \underline{h_{Ke} = 5{,}66\,\text{cm}}$

$V_{Ke} = V_{Ku} = \frac{1}{3}\pi \cdot 2{,}52^2 \cdot 5{,}66 \qquad \underline{V_{Ke} = 37{,}64\,\text{cm}^3}$

$r = \sqrt[3]{\frac{3 \cdot 37{,}64}{4\pi}} \qquad\qquad\qquad\qquad \underline{r = 2{,}1\,\text{cm}}$

Aufgabe 3

Gleichschenkliges Trapez ABCD und rechtwinkliges Dreieck ABE mit $\overline{AB}$ = 18,0 cm; α = 36,0° und $\overline{CD}$ = 10,0 cm.

Berechnung der Länge der Strecke $\overline{CE}$:
(→ Streckendifferenz)

$\overline{CE} = \overline{BE} - \overline{BC}$

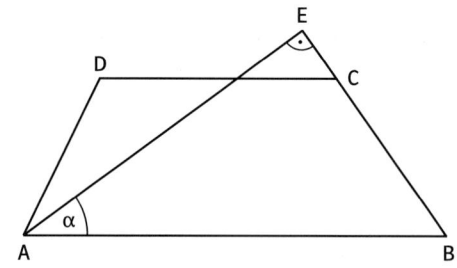

Berechnung der Strecke $\overline{BE}$:
(→ Sinusfunktion im Dreieck ABE)

$\sin \alpha = \dfrac{\overline{BE}}{\overline{AB}}$ | · $\overline{AB}$

$\overline{BE} = \overline{AB} \cdot \sin \alpha$

$\overline{BE}$ = 18,0 · sin 36,0° $\overline{BE}$ = 10,58 cm

Berechnung der Strecke $\overline{BC}$:

$\cos \beta = \dfrac{x}{\overline{BC}}$ | · $\overline{BC}$ | : $\cos \beta$

$\overline{BC} = \dfrac{x}{\cos \beta}$

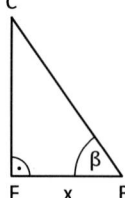

Berechnung von x:
(→ Streckendifferenz im Trapez ABCD)

$x = \dfrac{\overline{AB} - \overline{CD}}{2}$

$x = \dfrac{18,0 - 10,0}{2}$ x = 4,0 cm

Berechnung von β:
(→ Winkelsumme im Dreieck)

β = 180° − 90° − α
β = 180° − 90° − 36,0° ... β = 54,0°

$$\overline{BC} = \frac{4{,}0}{\cos 54{,}0°}$$ ... $\overline{BC} = 6{,}81\,cm$

$\overline{CE} = 10{,}58 − 6{,}81$ ... $\overline{CE} = 3{,}8\,cm$

Aufgabe 4

Streckenzug PQR mit der Länge 9,1 cm auf einem Prisma mit a = 2,8 cm und α = 47,9°.

Berechnung des Winkels ε:
(→ Kosinusfunktion
im rechtwinkligen Dreieck SRQ)

$$\cos ε = \frac{\overline{SR}}{\overline{QR}}$$

Berechnung von $\overline{SR}$ = d:
(→ Pythagoras im Teildreieck der Grundfläche)

$d^2 = a^2 + a^2$
$d^2 = 2a^2$ | $\sqrt{}$
$d = a\sqrt{2}$

$d = 2{,}8 \cdot \sqrt{2}$ ... $d = 3{,}96\,cm$

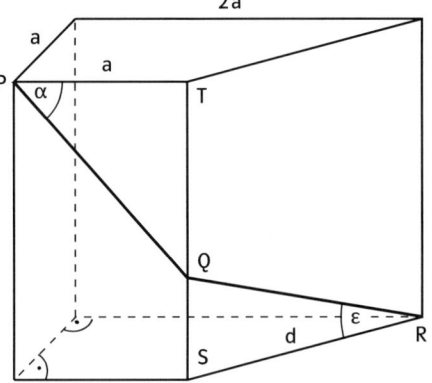

Berechnung der Strecke $\overline{QR}$:
(→ Streckendifferenz)

$\overline{QR} = 9{,}1 − \overline{PQ}$

Berechnung der Strecke $\overline{PQ}$:
($\rightarrow$ Kosinusfunktion im rechtwinkligen Dreieck PQT)

$\cos \alpha = \dfrac{a}{\overline{PQ}}$ $\quad | \cdot \overline{PQ} \quad |:\cos \alpha$

$\overline{PQ} = \dfrac{a}{\cos \alpha}$

$\overline{PQ} = \dfrac{2{,}8}{\cos 47{,}9°}$ $\qquad\qquad\qquad\qquad \overline{PQ} = 4{,}16\,\text{cm}$

$\overline{QR} = 9{,}1 - 4{,}16$ $\qquad\qquad\qquad\qquad \overline{QR} = 4{,}92\,\text{cm}$

$\cos \varepsilon = \dfrac{3{,}96}{4{,}92}$ $\qquad\qquad\qquad\qquad\qquad \varepsilon = 36{,}4°$

Aufgabe 5

Lösung der Gleichung mit Brüchen:

$$\dfrac{x^2 + x + 4}{3} + \dfrac{(x-2)(x+3)}{2} = \dfrac{(x-1)^2}{3}$$

Gemeinsamer Nenner ist die Zahl 6.

$\dfrac{x^2 + x + 4}{3} + \dfrac{(x-2)(x+3)}{2} = \dfrac{(x-1)^2}{3}$ $\quad | \cdot 6$

$\dfrac{(x^2 + x + 4)\cdot 6}{3} + \dfrac{(x-2)(x+3)\cdot 6}{2} = \dfrac{(x-1)^2 \cdot 6}{3}$

$2(x^2 + x + 4) + 3(x-2)(x+3) = 2(x-1)^2$ $\quad |T$
$2x^2 + 2x + 8 + 3x^2 + 3x - 18 = 2x^2 - 4x + 2$ $\quad |-2x^2 + 4x - 2$
$\qquad\qquad\qquad 3x^2 + 9x - 12 = 0$ $\quad |:3$
$\qquad\qquad\qquad\quad x^2 + 3x - 4 = 0$

($\rightarrow$ Lösung mit Lösungsformel)

$x_{1,2} = -1{,}5 \pm \sqrt{1{,}5^2 - (-4)}$
$x_{1,2} = -1{,}5 \pm 2{,}5$ $\qquad\qquad\qquad\qquad x_1 = 1;\ x_2 = -4$

Aufgabe 6

Parabel mit der Gleichung
$y = ax^2 - 4{,}5$ geht durch den Punkt
$P(-2|-2{,}5)$.

Bestimmung des Dehnungsfaktors a:
(→ Einsetzen der Koordinaten von P)

$-2{,}5 = 4a - 4{,}5 \quad |+4{,}5$
$2 = 4a$ $\qquad\qquad\qquad\qquad\qquad a = \dfrac{1}{2}$

Für die Gleichung der Parabel gilt somit: $\qquad y = \dfrac{1}{2}x^2 - 4{,}5$

Wertetabelle für die Parabel mit der Gleichung $y = \dfrac{1}{2}x^2 - 4{,}5$:

x	-4	-3	-2	-1	0	1	2	3	4
$y = \dfrac{1}{2}x^2 - 4{,}5$	3,5	0	-2,5	-4	-4,5	-4	-2,5	0	3,5

Zeichnung:

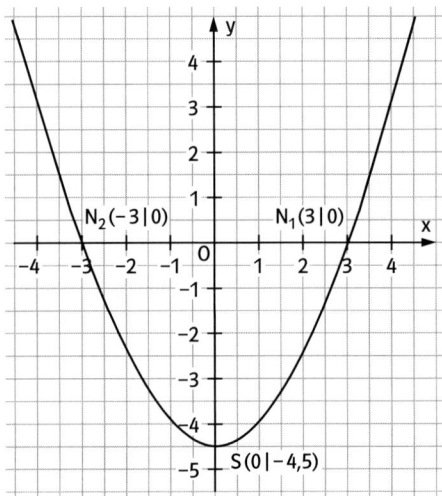

Berechnung der Koordinaten der Schnittpunkte von Parabel und x-Achse:

$\frac{1}{2}x^2 - 4{,}5 = 0 \qquad |+4{,}5$

$\qquad \frac{1}{2}x^2 = 4{,}5 \qquad |\cdot 2$

$\qquad x^2 = 9 \qquad |\sqrt{}$

$\qquad x_1 = 3; \; x_2 = -3 \hfill N_1(3\,|\,0); \; N_2(-3\,|\,0)$

Aufgabe 7

Anhebung des Mehrwertsteuersatzes
zum 01. 01. 2007 von 16% auf 19%.

Berechnung des Preises ohne MwSt. (P_{netto}):

$p\% = \dfrac{\text{Verteuerung}}{P_{netto}}$

$P_{netto} = \dfrac{40{,}50}{0{,}03} \hfill P_{netto} = 1350\,€$

Berechnung des Preises mit neuer MwSt. (P_{neu}):

$P_{neu} = P_{netto} \cdot 1{,}19$

$P_{neu} = 1350 \cdot 1{,}19 \hfill P_{neu} = 1606{,}50\,€$

Berechnung des Preises mit alter MwSt. (P_{alt}):

$P_{alt} = 1350 \cdot 1{,}16 \hfill P_{alt} = 1566\,€$

Berechnung der prozentualen Erhöhung:

$q = \dfrac{P_{neu}}{P_{alt}}$

$q = \dfrac{1606{,}50}{1566}$

$q = 1{,}0259 \hfill p\% = 2{,}6\%$
Die Behauptung von Guido stimmt nicht.

Aufgabe 8

Zuwachssparen mit einem Anfangskapital von 5000 € und zwei Zinssätzen von 2,5 % und 3,25 % sowie dem Gesamtzinsbetrag von 503,23 €.

Berechnung des Guthabens K_3:
($\rightarrow$ Summe von Anfangskapital und Gesamtzinsen)
$K_3 = K_0 + Z$
$K_3 = 5000 + 503,23$ $\hspace{4cm}$ $\underline{K_3 = 5503,23\ €}$

Berechnung des Zinssatzes für das 3. Jahr:
$K_3 = K_0 \cdot q_1 \cdot q_2 \cdot q_3$
$5503,23 = 5000 \cdot 1,025 \cdot 1,0325 \cdot q_3$
$q_3 = 1,04$ $\hspace{6cm}$ $\underline{p_3\% = 4,0\%}$

Der Zinssatz im 3. Jahr beträgt 4,0 %.

Berechnung des jährlich gleichbleibenden Zinssatzes:
$K_3 = K_0 \cdot q^3$

$q = \sqrt[3]{\dfrac{K_3}{K_0}}$

$q = \sqrt[3]{\dfrac{5503,23}{5000}}$

$q = 1,03248$ $\hspace{6cm}$ $\underline{p\% = 3,25\%}$

Mit einem jährlich gleichbleibenden Zinssatz von 3,25 % wäre nach drei Jahren das gleiche Endkapital erzielt worden.

Aufgabe 1 (Wahlbereich 2007)

a) Gegeben sind das gleichschenklige Dreieck ABC und das rechtwinklige Dreieck CDE.
Es gilt:
$\overline{AC} = \overline{BC}$
$\overline{AB} = 10{,}0\,\text{cm}$
$\overline{AD} = 3{,}6\,\text{cm}$
$\alpha = 58{,}0°$
Berechnen Sie den Flächeninhalt des Dreiecks BFE.

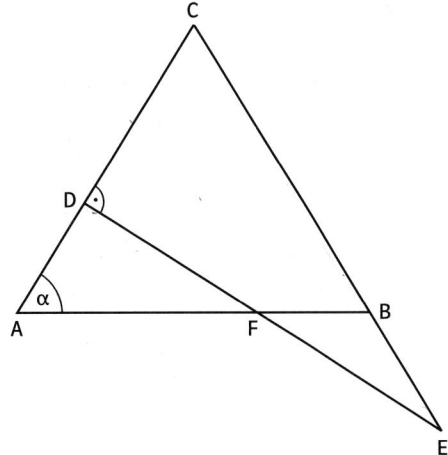

b) Im rechtwinkligen Dreieck ABC ist D der Mittelpunkt der Seite $\overline{AC}$. Zeigen Sie ohne Verwendung gerundeter Werte, dass der Flächeninhalt des Vierecks EBCD mit der Formel
$$A = \frac{13}{6} e^2 \sqrt{3}$$
berechnet werden kann.

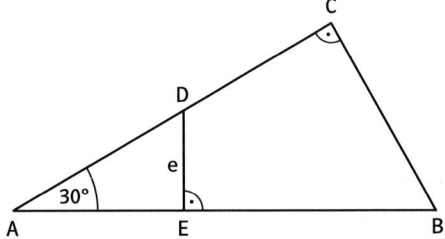

Aufgabe 1 | Lösungshinweis

a) Der gesuchte Flächeninhalt des Dreiecks BFE kann über die Differenz der Flächeninhalte des Dreiecks DEC und des Vierecks FBCD ermittelt werden.
Der Flächeninhalt des Vierecks FBCD ergibt sich aus der Differenz der Flächeninhalte des Dreiecks ABC und des Dreiecks AFD.
Mit Winkelfunktionen und Streckendifferenzen können die dafür notwendigen Größen berechnet werden. Dazu zerlegt man das gleichschenklige Dreieck ABC in zwei rechtwinklige Teildreiecke. Ebenso kann in dem rechtwinkligen Dreieck AFD gerechnet werden.

b) Zum Nachweis der Formel für den Flächeninhalt des Vierecks EBCD muss der Flächeninhalt des Dreiecks AED vom Flächeninhalt des Dreiecks ABC subtrahiert werden.
Diese beiden Dreiecke sind jeweils halbe gleichseitige Dreiecke, in denen die Seiten mit den besonderen Werten für 30° und 60° und den Eigenschaften dieser Dreiecksform berechnet werden können.

a) Gleichschenkliges Dreieck ABC und rechtwinkliges Dreieck CDE mit $\overline{AC} = \overline{BC}$; $\overline{AB} = 10{,}0\,\text{cm}$; $\overline{AD} = 3{,}6\,\text{cm}$ und $\alpha = 58{,}0°$.

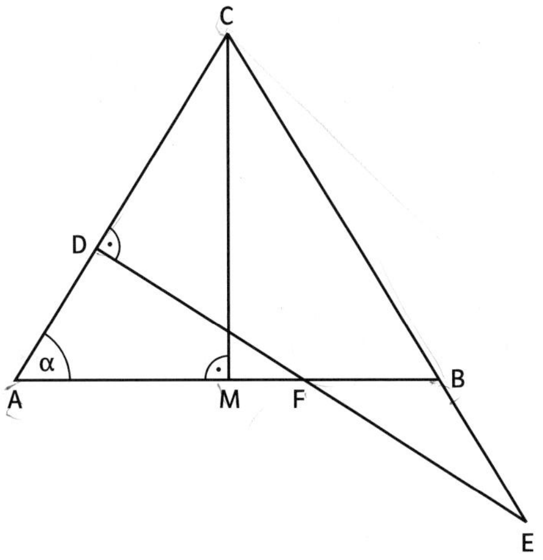

Berechnung des Flächeninhalts des Dreiecks BFE:
(→ Differenz der Flächeninhalte)

$A_{BFE} = A_{DEC} - A_{FBCD}$

Berechnung des Vierecks FBCD:
(→ Differenz der Flächeninhalte)

$A_{FBCD} = A_{ABC} - A_{AFD}$

Berechnung des Dreiecks ABC:
(→ Flächeninhaltsformel)

$A_{ABC} = \dfrac{\overline{AB} \cdot \overline{CM}}{2}$

Berechnung der Höhe $\overline{CM}$:
(→ Tangensfunktion im Dreieck AMC)

$\tan \alpha = \dfrac{\overline{CM}}{\overline{AM}}$ $\mid \cdot \overline{AM}$

$\overline{CM} = \overline{AM} \cdot \tan \alpha$
$\overline{CM} = 5{,}0 \cdot \tan 58{,}0°$

$\underline{\underline{\overline{CM} = 8{,}00\,\text{cm}}}$

$A_{ABC} = \dfrac{10{,}0 \cdot 8{,}00}{2}$

$\underline{\underline{A_{ABC} = 40{,}00\,\text{cm}^2}}$

Berechnung des Dreiecks AFD:
(→ Flächeninhaltsformel)

$A_{AFD} = \dfrac{\overline{AD} \cdot \overline{DF}}{2}$

Aufgabe 1 | Lösung

Berechnung der Strecke $\overline{DF}$:
(→ Tangensfunktion im Dreieck AFD)

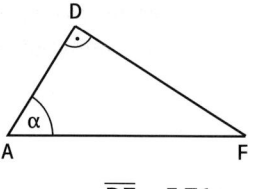

$\tan \alpha = \dfrac{\overline{DF}}{\overline{AD}}$ $\quad | \cdot \overline{AD}$

$\overline{DF} = \overline{AD} \cdot \tan \alpha$

$\overline{DF} = 3{,}6 \cdot \tan 58{,}0°$

$\underline{\overline{DF} = 5{,}76 \,\text{cm}}$

$A_{AFD} = \dfrac{3{,}6 \cdot 5{,}76}{2}$

$\underline{A_{AFD} = 10{,}37 \,\text{cm}^2}$

$A_{FBCD} = 40{,}00 - 10{,}37$

$\underline{A_{FBCD} = 29{,}63 \,\text{cm}^2}$

Berechnung des Dreiecks DEC:
(→ Flächeninhaltsformel)

$A_{DEC} = \dfrac{\overline{CD} \cdot \overline{DE}}{2}$

Berechnung der Strecke $\overline{CD}$:
(→ Streckendifferenz)

$\overline{CD} = \overline{AC} - \overline{AD}$

Berechnung der Strecke $\overline{AC}$:
(→ Kosinusfunktion im Teildreieck AMC)

$\cos \alpha = \dfrac{\overline{AM}}{\overline{AC}}$ $\quad | \cdot \overline{AC} \quad |:\cos \alpha$

$\overline{AC} = \dfrac{\overline{AM}}{\cos \alpha}$

$\overline{AC} = \dfrac{5{,}0}{\cos 58{,}0°}$

$\underline{\overline{AC} = 9{,}44 \,\text{cm}}$

$\overline{CD} = 9{,}44 - 3{,}6$

$\underline{\overline{CD} = 5{,}84 \,\text{cm}}$

Berechnung der Strecke $\overline{DE}$:
($\rightarrow$ Tangensfunktion im Dreieck DEC)

$\tan \gamma = \dfrac{\overline{DE}}{\overline{CD}}$ $\quad | \cdot \overline{CD}$

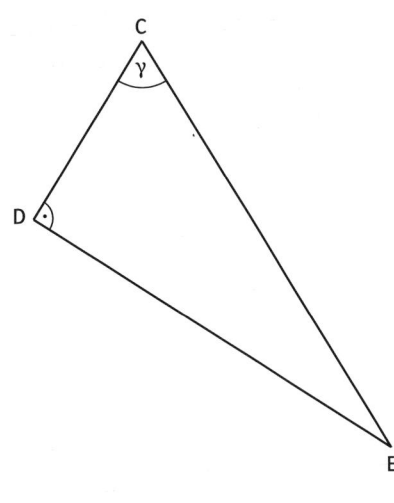

Berechnung von γ:
($\rightarrow$ Winkelsumme im Dreieck)

$\gamma = 180° - 2\alpha$
$\gamma = 180° - 2 \cdot 58{,}0°$
$\gamma = 64{,}0°$
$\overline{DE} = \overline{CD} \cdot \tan \gamma$
$\overline{DE} = 5{,}84 \cdot \tan 64{,}0°$

$\overline{DE} = 11{,}97\,\text{cm}$

$A_{DEC} = \dfrac{5{,}84 \cdot 11{,}97}{2}$

$A_{DEC} = 34{,}95\,\text{cm}^2$

$A_{BFE} = 34{,}95 - 29{,}63$

$A_{BFE} = 5{,}3\,\text{cm}^2$

b) Rechtwinkliges Dreieck, in das ein kleineres rechtwinkliges Dreieck eingezeichnet ist.

Nachweis der Flächenformel des Vierecks EBCD:
($\rightarrow$ Flächendifferenz)

$A_{EBCD} = A_{ABC} - A_{AED}$

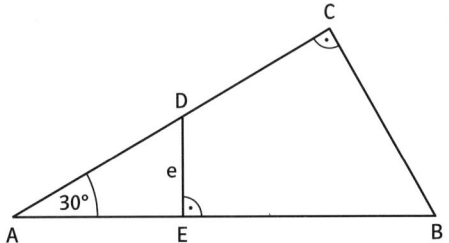

Berechnung des Dreiecks AED:
($\rightarrow$ Dreiecksflächenformel)

$A_{AED} = \dfrac{\overline{AE} \cdot \overline{DE}}{2}$

Aufgabe 1 | Lösung

Berechnung der Strecke $\overline{AE}$:
(→ Höhe im gleichseitigen Dreieck)

Das Dreieck ist ein halbes gleichseitiges Dreieck mit der Seitenlänge $2e = \overline{AD}$.

$$\overline{AE} = \frac{\overline{AD}}{2} \cdot \sqrt{3}$$

$$\overline{AE} = \frac{2e}{2} \cdot \sqrt{3} \qquad \underline{\underline{\overline{AE} = e\sqrt{3}}}$$

$$A_{AED} = \frac{e\sqrt{3} \cdot e}{2} \qquad \underline{\underline{A_{AED} = \frac{e^2\sqrt{3}}{2}}}$$

Berechnung des Dreiecks ABC:
(→ Flächenformel)

$$A_{ABC} = \frac{\overline{AC} \cdot \overline{BC}}{2}$$

$\overline{AC}$ ist doppelt so lang wie $\overline{AD}$. $\qquad \underline{\underline{\overline{AC} = 4e}}$

Berechnung der Strecke $\overline{BC}$:
(→ Tangensfunktion im Dreieck ABC)

$$\tan 30° = \frac{\overline{BC}}{\overline{AC}} \qquad | \cdot \overline{AC}$$

$$\overline{BC} = \overline{AC} \cdot \tan 30°$$

$$\overline{BC} = 4e \cdot \frac{\sqrt{3}}{3} \qquad \underline{\underline{\overline{BC} = \frac{4}{3}e\sqrt{3}}}$$

$$A_{ABC} = \frac{4e \cdot \frac{4}{3}e\sqrt{3}}{2} \qquad \underline{\underline{A_{ABC} = \frac{8e^2\sqrt{3}}{3}}}$$

$$A_{EBCD} = \frac{8e^2\sqrt{3}}{3} - \frac{e^2\sqrt{3}}{2}$$

$$A_{EBCD} = \frac{16e^2\sqrt{3}}{6} - \frac{3e^2\sqrt{3}}{6} \qquad \underline{\underline{A_{EBCD} = \frac{13e^2\sqrt{3}}{6}}}$$

Aufgabe 2 (Wahlbereich 2007)

a)

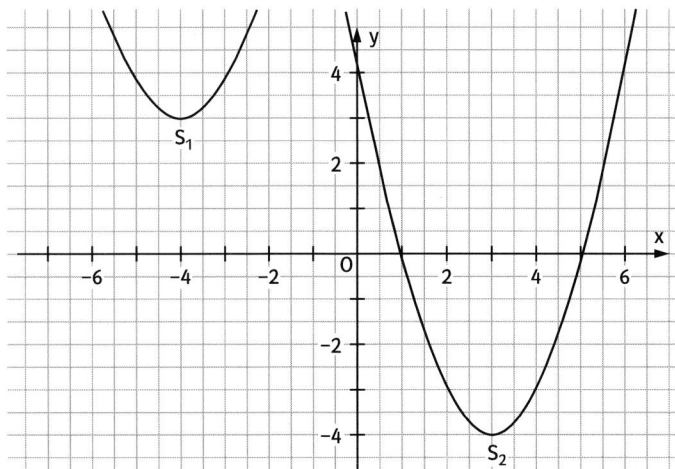

Bestimmen Sie die Gleichungen der beiden verschobenen Normalparabeln (entnehmen Sie die erforderlichen Werte der Zeichnung).
Berechnen Sie die Koordinaten des Schnittpunkts P der beiden Parabeln.
Die Gerade g geht durch die Punkte P und S_1.
Die Gerade h verläuft parallel zu g und geht durch S_2.
Berechnen Sie die Gleichung von h.
Die Gerade h bildet mit der x-Achse und der y-Achse ein Dreieck.
Berechnen Sie seinen Flächeninhalt.

b) Geben Sie die Definitionsmenge und die Lösungsmenge der Gleichung an:
$$\frac{24x^2 - 5x - 26}{(6x + 4)(3x - 2)} = \frac{4x - 5}{3x - 2} - \frac{2x + 3}{2(3x + 2)}$$

Aufgabe 2 | Lösungshinweis

a) Aus dem Schaubild lassen sich die Koordinaten der Scheitelpunkte der Parabeln ablesen. Mit der Scheitelform können dann die Parabelgleichungen bestimmt werden.
Die Koordinaten des Schnittpunkts P kann man durch Gleichsetzen der beiden Gleichungen berechnen.
Die Koordinaten der Punkte P und S_1 setzt man in die allgemeine Geradengleichung ein und berechnet m und b aus dem Gleichungssystem. Die Gerade h hat dieselbe Steigung; den y-Achsenabschnitt erhält man dann durch Punktprobe mit S_2.
Das durch h und die beiden Achsen gebildete Dreieck ist rechtwinklig. Sein Flächeninhalt kann mit der Formel berechnet werden.

b) Durch Faktorisieren der drei Nenner kann man den Hauptnenner der Bruchgleichung erkennen. Daraus lässt sich die Definitionsmenge der Bruchgleichung ersehen. Multipliziert man die Gleichung auf beiden Seiten mit dem Hauptnenner, so kann man die Bruchterme so kürzen, dass eine gemischt quadratische Gleichung entsteht.
Beim Umformen der Gleichung in Normalform muss man vor allem auf die Minuszeichen vor der Klammer achten.
Nach dem Lösen der quadratischen Gleichung mit der Lösungsformel muss man die Lösungen mit der Definitionsmenge vergleichen und gegebenenfalls Lösungen ausschließen.

Aufgabe 2 | Lösung

a) Schaubilder von zwei verschobenen Normalparabeln.

Bestimmung der Gleichungen der Parabeln p_1 und p_2:
($\rightarrow$ Scheitelform der Parabelgleichung $y = (x - d)^2 + c$)

Scheitelkoordinaten aus der Zeichnung:
$S_1(-4 | 3)$: $\qquad\qquad\qquad\qquad\qquad$ p_1: $y = (x + 4)^2 + 3$
$S_2(3 | -4)$: $\qquad\qquad\qquad\qquad\qquad$ p_2: $y = (x - 3)^2 - 4$

Berechnung der Koordinaten des Schnittpunkts P:
($\rightarrow$ Gleichsetzen der Parabelgleichungen)

$$(x + 4)^2 + 3 = (x - 3)^2 - 4$$
$$x^2 + 8x + 16 + 3 = x^2 - 6x + 9 - 4$$
$$x^2 + 8x + 19 = x^2 - 6x + 5 \qquad | -x^2 + 6x - 19$$
$$14x = -14 \qquad |:14$$
$$x = -1$$

Eingesetzt in die Parabelgleichung $y = (x + 4)^2 + 3$:
$$y = (-1 + 4)^2 + 3$$
$$y = 12 \qquad\qquad\qquad\qquad\qquad P(-1|12)$$

Berechnung der Geradengleichung von g:
($\rightarrow$ Einsetzen der Koordinaten von P und S_1 in $y = mx + b$)

$P(-1|12)$: $\quad 12 = m \cdot (-1) + b \qquad | + m$
$S_1(-4|3)$: $\quad\;\; 3 = m \cdot (-4) + b \qquad | + 4m$

$\qquad 12 + m = b$
$\qquad\;\; 3 + 4m = b$

$\qquad\quad 4m + 3 = m + 12 \qquad |-m - 3$
$\qquad\qquad\; 3m = 9 \qquad\qquad\; |:3$
$\qquad\qquad\;\; m = 3$

Für $m = 3$ eingesetzt in $b = 12 + m$ ergibt sich:
$\qquad\qquad b = 12 + 3$
$\qquad\qquad b = 15 \qquad\qquad\qquad\qquad$ g: $y = 3x + 15$

Aufgabe 2 | Lösung

Berechnung der Geradengleichung von h:
($\rightarrow$ Einsetzen der Koordinaten von S_2 in $y = mx + b$)

Die beiden Geraden sind parallel, also haben sie dieselbe Steigung.
$S_2(3|-4)$: $-4 = 3 \cdot 3 + b$ $\quad |-9$
$\qquad\qquad\quad b = -13$ $\hfill$ h: $y = 3x - 13$

Bestimmung der Schnittpunkte von h mit den Koordinatenachsen:
Schnittpunkt R mit der y-Achse
($\rightarrow x = 0$)
$\qquad y_R = 3 \cdot 0 - 13$
$\qquad y_R = -13$ $\hfill R(0|-13)$

Schnittpunkt T mit der x-Achse
($\rightarrow y = 0$)
$\qquad 0 = 3x_T - 13 \quad |+13$
$\qquad 3x_T = 13 \quad |:13$
$\qquad x_T = \frac{13}{3}$ $\hfill T\left(\frac{13}{3}|0\right)$

Berechnung des Flächeninhaltes des Dreiecks A_{ORT}:
($\rightarrow$ Flächenformel für das rechtwinklige Dreieck)

$A = \frac{\overline{OT} \cdot \overline{OR}}{2}$

$A = \frac{\frac{13}{3} \cdot 13}{2}$

$A = \frac{169}{6}$ FE $\hfill A = 28{,}2$ FE

22 | Wahlbereich 2007

b) Lösung der Bruchgleichung:
$$\frac{24x^2 - 5x - 26}{(6x + 4)(3x - 2)} = \frac{4x - 5}{3x - 2} - \frac{2x + 3}{2(3x + 2)}$$

Bestimmung des Hauptnenners:
(→ Faktorisieren der Nenner)

$$(6x + 4)(3x - 2) = 2(3x + 2)(3x - 2)$$
$$3x - 2 = (3x - 2)$$
$$2(3x + 2) = 2(3x + 2)$$

HN: $2(3x + 2)(3x - 2)$

Bestimmung der Definitionsmenge: $\qquad D = \mathbb{R} \setminus \left\{\frac{2}{3};\ -\frac{2}{3}\right\}$

$\frac{24x^2 - 5x - 26}{(6x + 4)(3x - 2)} = \frac{4x - 5}{3x - 2} - \frac{2x + 3}{2(3x + 2)}$ $\qquad |\cdot$ HN

$24x^2 - 5x - 26 = 2(3x + 2)(4x - 5) - (3x - 2)(2x + 3)$ $\qquad |$T

$24x^2 - 5x - 26 = 2(12x^2 - 15x + 8x - 10) - (6x^2 + 9x - 4x - 6)$ $\qquad |$T

$24x^2 - 5x - 26 = 24x^2 - 30x + 16x - 20 - 6x^2 - 9x + 4x + 6$ $\qquad |$T

$24x^2 - 5x - 26 = 18x^2 - 19x - 14$ $\qquad |-18x^2 + 19x + 14$

$6x^2 + 14x - 12 = 0$ $\qquad |:6$

$x^2 + \frac{7}{3}x - 2 = 0$

(→ p, q-Lösungsformel)

$x_{1,2} = -\frac{7}{6} \pm \sqrt{\left(\frac{7}{6}\right)^2 + 20}$

$x_{1,2} = -\frac{7}{6} \pm \sqrt{\frac{49}{36} + \frac{72}{36}}$

$x_{1,2} = -\frac{7}{6} \pm \frac{11}{6}$

$x_1 = \frac{2}{3}$

$x_2 = -3$

Da $x = \frac{2}{3}$ nicht zur Definitionsmenge gehört,
heißt die Lösungsmenge $\qquad\qquad\qquad\qquad\qquad \underline{\underline{L = \{-3\}}}$

Aufgabe 3 (Wahlbereich 2007)

a) Ein regelmäßiges Fünfeck hat die Seitenlänge a = 3,6 cm.
Verlängert man alle Fünfeckseiten, so entsteht das Netz einer regelmäßigen Pyramide.
Berechnen Sie die Mantelfläche und das Volumen der Pyramide.

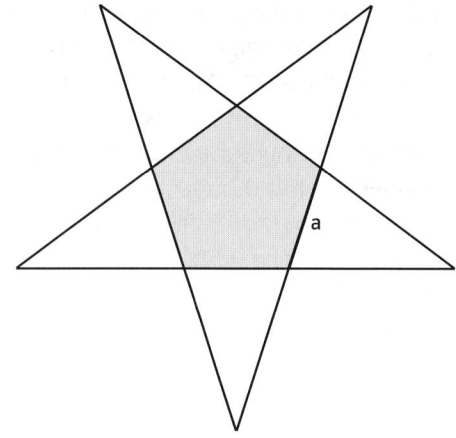

b) Der Achsenschnitt eines Zylinders ist ein Quadrat mit der Seitenlänge e. Aus dem Zylinder wird ein Kegel mit halber Zylinderhöhe herausgearbeitet und oben aufgesetzt.
Weisen Sie nach, dass die Oberfläche des neu entstandenen Körpers um
$$\frac{\pi e^2}{2}(\sqrt{2} - 1)$$
größer ist als die des Zylinders.

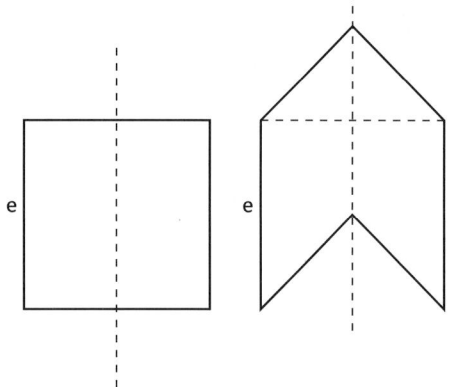

Aufgabe 3 | Lösungshinweis

a) Die Grundfläche der Pyramide ist ein regelmäßiges Fünfeck, das sich in fünf gleichschenklige Dreiecke aufteilen lässt. Zunächst bestimmt man den Mittelpunktswinkel. Anschließend lassen sich die Innenwinkel des Fünfecks berechnen. Über eine Winkeldifferenz erhält man dann die Basiswinkel des Manteldreiecks. Mithilfe einer Winkelfunktion gelangt man zur Höhe des Manteldreiecks und kann somit die Mantelfläche der Pyramide berechnen.
Über den Mittelpunktswinkel und die Grundkante bestimmt man die Höhe eines Grundflächendreiecks. Damit kann man die Grundfläche der Pyramide berechnen. Mithilfe des Satzes von Pythagoras berechnet man die Körperhöhe der Pyramide. Anschließend berechnet man das Volumen der Pyramide.

b) Zum Nachweis der Oberflächendifferenz der beiden Körper genügt es, die Grundfläche des Zylinders mit der Mantelfläche des aufgesetzten Kegels zu vergleichen. Die Mantelflächen der Zylinder können unberücksichtigt bleiben. Über die Kreisflächenformel bestimmt man zunächst die Grundfläche des Zylinders. Die Mantellinie des aufgesetzten Kegels im neu entstandenen Körper ist die Hypotenuse eines rechtwinklig-gleichschenkligen Dreiecks (halbes Quadrat), dessen Katheten die Höhe des Kegels und der Radius der Grundfläche sind. Mit der Mantellinie berechnet man dann die Mantelfläche. Das Doppelte der Differenz von Kegelmantelfläche und Grundfläche des Zylinders ist die Vergrößerung der Oberfläche des neu entstandenen Körpers.

Aufgabe 3 | Lösung

a) Netz einer regelmäßigen fünfeckigen Pyramide mit a = 3,6 cm.

Berechnung einer Mantelfläche:
(→ Mantelflächenformel)

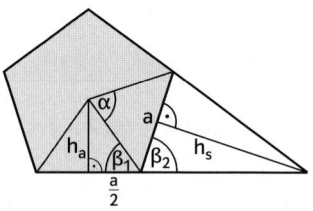

$$M = 5 \cdot \frac{a \cdot h_s}{2}$$

Berechnung des Mittelpunktswinkels:
(→ regelmäßiges Fünfeck)

$\alpha = \frac{360°}{5}$ $\qquad\qquad\underline{\underline{\alpha = 72°}}$

Berechnung von β_1:
$\beta_1 = (180° - \alpha) : 2$
$\beta_1 = (180° - 72°) : 2$ $\qquad\underline{\underline{\beta_1 = 54°}}$

Berechnung von β_2:
$\beta_2 = 180° - 2 \cdot \beta_1$
$\beta_2 = 180° - 2 \cdot 54°$ $\qquad\underline{\underline{\beta_2 = 72°}}$

Berechnung der Höhe der Seitenfläche h_s:
(→ Tangensfunktion im Manteldreieck)

$\tan \beta_2 = \frac{h_s}{\frac{a}{2}} \qquad | \cdot \frac{a}{2}$

$h_s = \frac{a}{2} \cdot \tan \beta_2$

$h_s = 1{,}8 \cdot \tan 72°$ $\qquad\underline{\underline{h_s = 5{,}54\,\text{cm}}}$

$M = 5 \cdot \frac{3{,}6 \cdot 5{,}54}{2}$ $\qquad\underline{\underline{M = 49{,}9\,\text{cm}^2}}$

Berechnung des Volumens der Pyramide:
(→ Volumenformel)

$V = \frac{1}{3} \cdot A \cdot h$

Berechnung der Grundfläche A:
(→ Flächenformel für das Dreieck)

$A = 5 \cdot \dfrac{a \cdot h_a}{2}$

$A = 5 \cdot \dfrac{3{,}6 \cdot 2{,}48}{2}$ $\hspace{2cm}$ $\underline{\underline{A = 22{,}32\,\text{cm}^2}}$

Berechnung der Höhe h_a im Grundflächendreieck:
(→ Tangensfunktion in einem Grundflächendreieck)

$\tan \dfrac{\alpha}{2} = \dfrac{\frac{a}{2}}{h_a}$ $\hspace{1cm}|\cdot h_a \hspace{1cm} |:\tan\dfrac{\alpha}{2}$

$h_a = \dfrac{\frac{a}{2}}{\tan\frac{\alpha}{2}}$

$h_a = \dfrac{1{,}8}{\tan 36°}$ $\hspace{3cm}$ $\underline{\underline{h_a = 2{,}48\,\text{cm}}}$

Berechnung der Pyramidenhöhe h:
(→ Satz von Pythagoras)

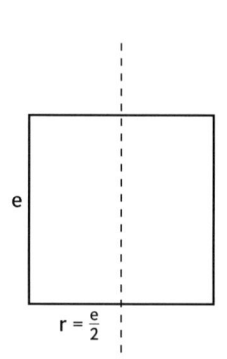

$h_s^2 = h^2 + h_a^2 \hspace{1cm} |-h_a^2$
$h^2 = h_s^2 - h_a^2 \hspace{1cm} |\sqrt{}$
$h = \sqrt{5{,}54^2 - 2{,}48^2}$ $\hspace{1.5cm}$ $\underline{\underline{h = 4{,}95\,\text{cm}}}$

$V = \dfrac{1}{3} \cdot 22{,}32 \cdot 4{,}95$ $\hspace{2cm}$ $\underline{\underline{V = 36{,}8\,\text{cm}^3}}$

b) Achsenschnitt eines Zylinders ist ein Quadrat mit a = e.

Berechnung der Grundfläche des Zylinders:
(→ Kreisflächenformel)

$A = \pi \cdot r^2$

$A = \pi \cdot \left(\dfrac{e}{2}\right)^2$

$A = \dfrac{\pi \cdot e^2}{4}$

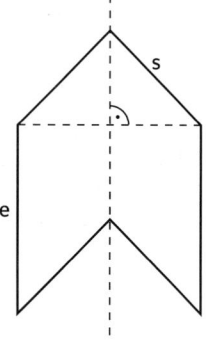

Aufgabe 3 | Lösung

Berechnung der Mantelfläche des Kegels:
(→ Mantelflächenformel)

$M = \pi \cdot r \cdot s$

Berechnung der Mantellinie s:
(→ Eigenschaften des gleichschenklig-rechtwinkligen Dreiecks)

$s = \dfrac{d}{2}$

$s = \dfrac{e\sqrt{2}}{2}$

$M = \pi \cdot \dfrac{e}{2} \cdot \dfrac{e\sqrt{2}}{2}$

$M = \pi \cdot \dfrac{e^2}{4}\sqrt{2}$

Berechnung der Flächendifferenz:
(→ Subtraktion der Flächeninhalte)

$D = 2 \cdot M - 2 \cdot A$

$D = 2 \cdot \pi \cdot \dfrac{e^2}{4}\sqrt{2} - 2 \cdot \pi \cdot \dfrac{e^2}{4}$

$D = \dfrac{\pi e^2}{2}\sqrt{2} - \dfrac{\pi e^2}{2}$ $\qquad\qquad\qquad\qquad D = \dfrac{\pi e^2}{2}(\sqrt{2} - 1)$

Aufgabe 4 (Wahlbereich 2007)

a) Das Rechteck ABCD hat die Seitenlängen $\overline{AB}$ = 6,0 cm und $\overline{BC}$ = 3,0 cm.
Von seiner Fläche werden 80 % durch das gleichschenklige Dreieck ABE überdeckt.
Berechnen Sie den Abstand des Punktes E von der Strecke $\overline{AB}$.

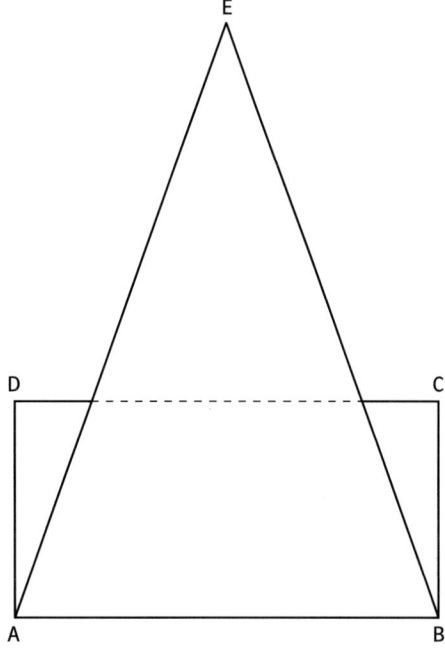

b) Ein kegelförmiges Gefäß ist gegeben durch:
h = 8,0 cm
r = 3,5 cm
Es ist zu $\frac{7}{8}$ seiner Höhe mit Wasser gefüllt.
Eine Kugel taucht vollständig in das Gefäß ein. Dadurch steigt der Wasserspiegel genau bis zum Rand des Gefäßes.
Bestimmen Sie den Radius der Kugel.

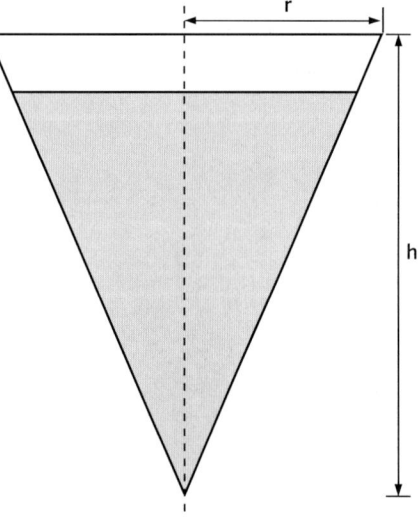

Aufgabe 4 | Lösungshinweis

a) Das gleichschenklige Dreieck ABE überdeckt 80% der Fläche des Rechtecks ABCD. Die Flächeninhalte der beiden Restdreiecke AHD und BCG, die durch die Überdeckung entstehen, betragen somit jeweils 10% der Rechteckfläche. Damit lässt sich der Flächeninhalt eines der Restdreiecke AHD bzw. BCG bestimmen. Mithilfe der Dreiecksflächenformel für rechtwinklige Dreiecke berechnet man die fehlende Kathete $\overline{DH}$ bzw. $\overline{CG}$ des rechtwinkligen Restdreiecks. Über die Tangensfunktion gelangt man im Restdreieck AHD zum Winkel α_1 und über die Winkeldifferenz zum Winkel α_2. Mit der Tangensfunktion lässt sich anschließend im rechtwinkligen Teildreieck AFE der Abstand des Punktes E von der Strecke $\overline{AB}$ berechnen. Man kann auch den Abstand des Punktes E von der Strecke $\overline{AB}$ im Dreieck AFE mit dem 2. Strahlensatz berechnen.

b) Zunächst berechnet man das Volumen des kegelförmigen Gefäßes, dessen Radius und Höhe bekannt sind. Da das Gefäß zu $\frac{7}{8}$ seiner Höhe gefüllt ist, ist die Wasserstandshöhe h_1 bekannt. Mithilfe des 2. Strahlensatzes kann dann der Radius r_1 des mit Wasser gefüllten Kegels berechnet werden. Anschließend bestimmt man das Volumen der kegelförmigen Wassermenge. Die Differenz der beiden Kegelvolumina entspricht dem Kugelvolumen. Aus dem somit bestimmten Kugelvolumen erhält man dann den Radius der Kugel.

a) Rechteck mit den Seitenlängen
$\overline{AB}$ = 6,0 cm und $\overline{BC}$ = 3,0 cm.
Das Dreieck ABE überdeckt 80 % der Fläche.

Berechnung des Flächeninhalts A_{AHD}:
(→ Rechtecksflächenformel, prozentualer Anteil)

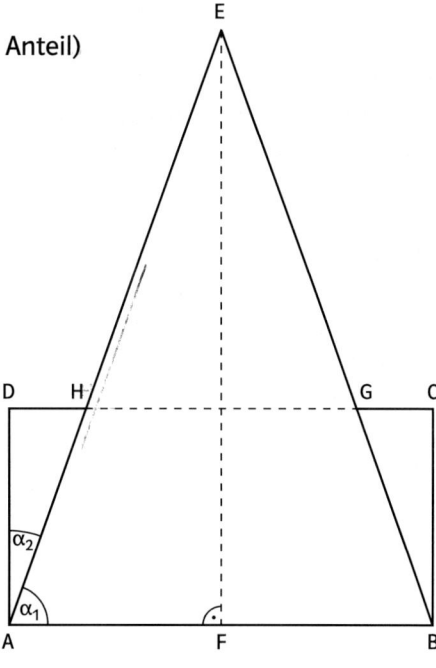

$A_{AHD} = A_{ABCD} \cdot 0{,}1$
$A_{AHD} = 6{,}0 \cdot 3{,}0 \cdot 0{,}1$ \hfill $\underline{A_{AHD} = 1{,}8\ cm^2}$

Berechnung der Strecke $\overline{DH} = \overline{CG}$:
(→ Dreiecksflächenformel)

$A_{AHD} = \dfrac{\overline{AD} \cdot \overline{DH}}{2}$ \quad $|\cdot 2$ \quad $|:\overline{AD}$

$\overline{DH} = \dfrac{2 \cdot A_{AHD}}{\overline{AD}}$

$\overline{DH} = \dfrac{2 \cdot 1{,}8}{3{,}0}$ \hfill $\underline{\overline{DH} = 1{,}2\ cm}$

Berechnung von α_1 bzw. α_2:
(→ Tangensfunktion im Teildreieck AHD)

$\tan \alpha_2 = \dfrac{\overline{DH}}{\overline{AD}}$

$\tan \alpha_2 = \dfrac{1{,}2}{3{,}0}$ $\qquad\qquad\qquad\qquad\qquad\qquad\qquad\underline{\alpha_2 = 21{,}8°}$

(→ Winkeldifferenz)

$\alpha_1 = 90° - \alpha_2$
$\alpha_1 = 90° - 21{,}8°$ $\qquad\qquad\qquad\qquad\qquad\qquad\underline{\alpha_1 = 68{,}2°}$

Berechnung des Abstandes $\overline{EF}$:
(→ Tangensfunktion im Dreieck AFE)

$\tan \alpha_1 = \dfrac{\overline{EF}}{\overline{AF}}$

$\overline{EF} = \overline{AF} \cdot \tan \alpha_1$

$\overline{EF} = 3{,}0 \cdot \tan 68{,}2°$ $\qquad\qquad\qquad\qquad\qquad\underline{\overline{EF} = 7{,}5\,\text{cm}}$

b) Kegelförmiges Gefäß mit
$h = 8{,}0\,\text{cm}$ und $r = 3{,}5\,\text{cm}$; $\tfrac{7}{8}$ seiner
Höhe mit Wasser gefüllt.

Berechnung des Volumens V_{Ke}:
(→ Volumenformel des Kegels)

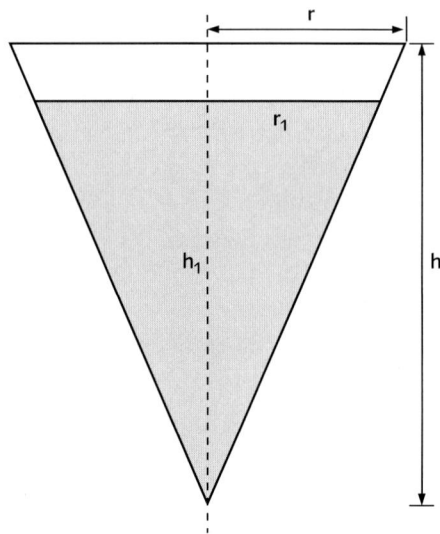

$V_{Ke} = \dfrac{1}{3}\pi r^2 h$

$V_{Ke} = \dfrac{1}{3} \cdot \pi \cdot 3{,}5^2 \cdot 8{,}0$ $\qquad\qquad\qquad\qquad\underline{V_{Ke} = 102{,}6\,\text{cm}^3}$

Berechnung des Radius r_1:
($\rightarrow$ 2. Strahlensatz)

$\dfrac{r_1}{r} = \dfrac{h_1}{h}$ $\quad | \cdot r$

$r_1 = \dfrac{h_1}{h} \cdot r$

$r_1 = \dfrac{7{,}0}{8{,}0} \cdot 3{,}5$ $\hfill r_1 = 3{,}06\,\text{cm}$

Berechnung des Wasservolumens V_{Wasser}:
($\rightarrow$ Volumenformel des Kegels)

$V_{Wasser} = \dfrac{1}{3} \cdot \pi \cdot r_1^2 \cdot h_1$

$V_{Wasser} = \dfrac{1}{3} \cdot \pi \cdot 3{,}06^2 \cdot 7{,}0$ $\hfill V_{Wasser} = 68{,}64\,\text{cm}^3$

Berechnung des Kugelvolumens V_{Ku}:
($\rightarrow$ Volumendifferenz)

$V_{Ku} = V_{Ke} - V_{Wasser}$
$V_{Ku} = 102{,}6 - 68{,}64$ $\hfill V_{Ku} = 33{,}96\,\text{cm}^3$

Berechnung des Radius der Kugel r_{Ku}:
($\rightarrow$ Volumenformel der Kugel)

$V_{Ku} = \dfrac{4}{3} \cdot \pi \cdot r_{Ku}^3$ $\quad | \cdot \dfrac{3}{4}$ $\quad | : \pi$

$r_{Ku}^3 = \dfrac{3 \cdot V_{Ku}}{4\pi}$ $\quad | \sqrt[3]{}$

$r_{Ku} = \sqrt[3]{\dfrac{3 \cdot V_{Ku}}{4 \cdot \pi}}$

$r_{Ku} = \sqrt[3]{\dfrac{3 \cdot 33{,}96}{4 \cdot \pi}}$ $\hfill r_{Ku} = 2{,}0\,\text{cm}$

Prüfung 2008

Pflicht- und Wahlbereich
Aufgaben und Lösungen

Aufgaben (Pflichtbereich 2008)

Aufgabe 1

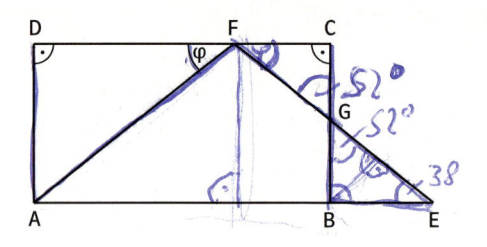

Gegeben sind das Rechteck ABCD und das gleichschenklige Dreieck AEF.
Es gilt:
φ = 38,0°
$\overline{AD}$ = 5,4 cm
$\overline{FG}$ = 4,2 cm
$\overline{AF} = \overline{EF}$
Berechnen Sie den Flächeninhalt des Dreiecks BEG.

Aufgabe 2

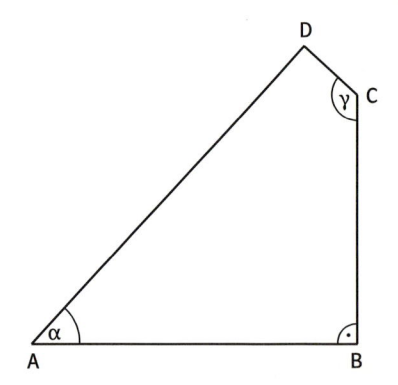

Vom Viereck ABCD sind bekannt:
$\overline{BC}$ = 6,6 cm
$\overline{AD}$ = 10,8 cm
α = 47,0°
γ = 132,0°
Berechnen Sie den Abstand des Punktes D von $\overline{AB}$.
Berechnen Sie die Länge $\overline{AC}$.

Aufgabe 3

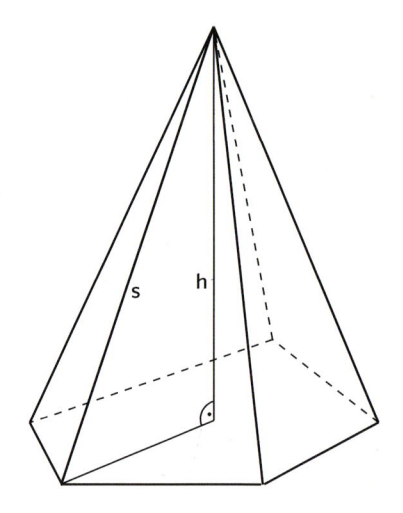

Von einer regelmäßigen fünfseitigen Pyramide sind bekannt:
h = 8,4 cm
s = 10,2 cm
Berechnen Sie das Volumen der Pyramide.

Aufgabe 4

Ein zusammengesetzter Körper besteht aus einem Zylinder und einem Kegel.
Der Achsenschnitt des Zylinders ist ein Quadrat.
Es gilt:
A_{ges} = 67,0 cm² (Flächeninhalt der nebenstehenden Achsenschnittfläche)
a = 6,2 cm
Berechnen Sie die Oberfläche des zusammengesetzten Körpers.

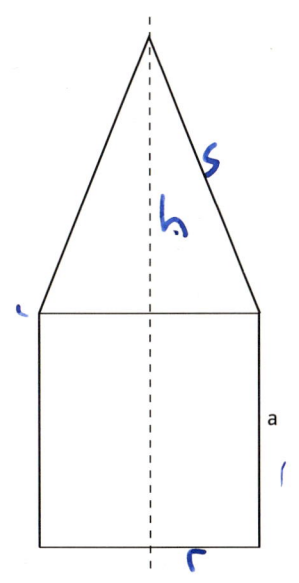

Aufgabe 5

Geben Sie die Definitionsmenge und die Lösungsmenge der Gleichung an:

$$\frac{4x^2 + 3x - 6}{x^2 + 2x} + \frac{4 + x}{x + 2} = \frac{1 - 3x}{x}$$

Aufgabe 6

Lösen Sie das Gleichungssystem:
$$\frac{3y - 7}{2} - 5 = x$$
$$y - 6 = \frac{x + 3}{5}$$

Aufgaben (Pflichtbereich 2008)

Aufgabe 7

Gabi legt bei ihrer Bank 2500,00 € zu folgenden Zinssätzen auf drei Jahre an:
1. Jahr: 3,50 %
2. Jahr: 3,75 %
3. Jahr: 4,25 %
Zinsen werden mitverzinst.
Das angesparte Geld lässt sie nach Ablauf der drei Jahre ein weiteres Jahr bei der Bank.
Für dieses vierte Jahr erhält sie 132,93 € Zinsen.
Wie hoch ist der Zinssatz im vierten Jahr?

Aufgabe 8

In einem Behälter liegen fünf blaue, drei weiße und zwei rote Kugeln.
Mona zieht eine Kugel, notiert die Farbe und legt die Kugel wieder zurück.
Danach zieht sie eine zweite Kugel.
- Wie groß ist die Wahrscheinlichkeit, dass zwei gleichfarbige Kugeln gezogen werden?
- Wie groß ist die Wahrscheinlichkeit, dass von den beiden gezogenen Kugeln eine rot und eine weiß ist?

Aufgabe 1

Rechteck ABCD und gleichschenkliges Dreieck AEF: $\varphi = 38{,}0°$; $\overline{AD} = 5{,}4\,\text{cm}$; $\overline{FG} = 4{,}2\,\text{cm}$ und $\overline{AF} = \overline{EF}$.

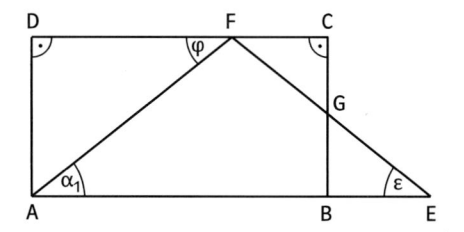

Berechnung des Flächeninhalts des Dreiecks BEG:
(→ Flächenformel des rechtwinkligen Dreiecks)

$$A_{BEG} = \frac{\overline{BE} \cdot \overline{BG}}{2}$$

Berechnung der Strecke $\overline{AF} = \overline{EF}$:
(→ Sinusfunktion im Dreieck AFD)

$\sin \varphi = \dfrac{\overline{AD}}{\overline{AF}}$ $\quad | \cdot \overline{AF} \quad |:\sin \varphi$

$\overline{AF} = \dfrac{\overline{AD}}{\sin \varphi}$

$\overline{AF} = \dfrac{5{,}4}{\sin 38{,}0°}$ $\hspace{4em} \underline{\overline{AF} = \overline{EF} = 8{,}77\,\text{cm}}$

Berechnung der Strecke $\overline{EG}$:
(→ Streckendifferenz)

$\overline{EG} = \overline{EF} - \overline{FG}$
$\overline{EG} = 8{,}77 - 4{,}2$ $\hspace{4em} \underline{\overline{EG} = 4{,}57\,\text{cm}}$

Berechnung des Winkels ε:
(→ $\alpha_1 = \varphi$; Wechselwinkel; $\varepsilon = \alpha_1$; Basiswinkel im gleichschenkligen Dreieck AEF)

$\varepsilon = \varphi$ $\hspace{4em} \underline{\varepsilon = 38{,}0°}$

Berechnung der Strecke $\overline{BG}$:
($\rightarrow$ Sinusfunktion im Dreieck BEG)

$\sin \varepsilon = \dfrac{\overline{BG}}{\overline{EG}}$ $\qquad | \cdot \overline{EG}$

$\overline{BG} = \overline{EG} \cdot \sin \varepsilon$
$\overline{BG} = 4{,}57 \cdot \sin 38{,}0°$ $\qquad\qquad\qquad\qquad \underline{\underline{\overline{BG} = 2{,}81\,\text{cm}}}$

Berechnung der Strecke $\overline{BE}$:
($\rightarrow$ Pythagoras im Dreieck BEG)

$\overline{BE}^2 = \overline{EG}^2 - \overline{BG}^2$
$\overline{BE}^2 = 4{,}57^2 - 2{,}81^2$ $\qquad\qquad\qquad\qquad \underline{\underline{\overline{BE} = 3{,}60\,\text{cm}}}$

$A_{BEG} = \dfrac{3{,}60 \cdot 2{,}81}{2}$ $\qquad\qquad\qquad\qquad \underline{\underline{A_{BEG} = 5{,}1\,\text{cm}^2}}$

Aufgabe 2

Viereck ABCD:
$\overline{BC} = 6{,}6\,\text{cm}$; $\overline{AD} = 10{,}8\,\text{cm}$; $\alpha = 47{,}0°$;
$\gamma = 132{,}0°$

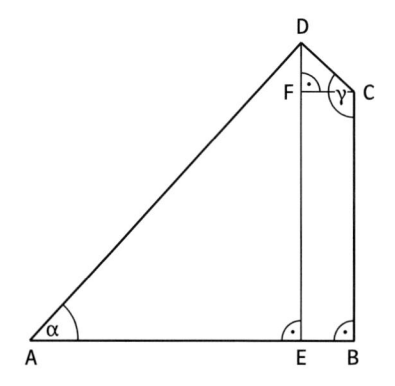

Berechnung des Abstands $\overline{DE}$ des Punktes D von $\overline{AB}$:
($\rightarrow$ Sinusfunktion im Dreieck AED)

$\sin \alpha = \dfrac{\overline{DE}}{\overline{AD}}$ $\qquad | \cdot \overline{AD}$

$\overline{DE} = \overline{AD} \cdot \sin \alpha$
$\overline{DE} = 10{,}8 \cdot \sin 47{,}0°$ $\qquad\qquad\qquad\qquad \underline{\underline{\overline{DE} = 7{,}9\,\text{cm}}}$

Berechnung der Länge $\overline{AC}$:
($\rightarrow$ Pythagoras im Dreieck ABC)

$\overline{AC}^2 = \overline{AB}^2 + \overline{BC}^2$

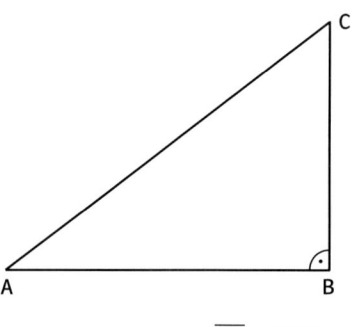

Berechnung der Strecke $\overline{AE}$:
($\rightarrow$ Pythagoras im Dreieck AED)

$\overline{AE}^2 = \overline{AD}^2 - \overline{DE}^2$
$\overline{AE}^2 = 10{,}8^2 - 7{,}9^2$ $\qquad\qquad\qquad\qquad \underline{\underline{\overline{AE} = 7{,}37\,\text{cm}}}$

Berechnung der Strecke $\overline{DF}$:
($\rightarrow$ Streckendifferenz; $\overline{EF} = \overline{BC}$)

$\overline{DF} = \overline{DE} - \overline{BC}$
$\overline{DF} = 7{,}9 - 6{,}6$ $\hspace{4cm}$ $\underline{\underline{\overline{DF} = 1{,}3 \text{ cm}}}$

Berechnung der Strecke $\overline{CF} = \overline{BE}$:
($\rightarrow$ Tangensfunktion im Dreieck FCD)

$\tan \gamma_1 = \dfrac{\overline{DF}}{\overline{CF}}$ $\quad |\cdot \overline{CF} \quad |:\tan \gamma_1$

$\overline{CF} = \dfrac{\overline{DF}}{\tan \gamma_1}$

  Berechnung des Winkels γ_1:
  ($\rightarrow$ Winkeldifferenz)

  $\gamma_1 = \gamma - 90°$
  $\gamma_1 = 132{,}0° - 90{,}0°$ $\hspace{3cm}$ $\underline{\underline{\gamma_1 = 42{,}0°}}$

$\overline{CF} = \dfrac{1{,}3}{\tan 42{,}0°}$ $\hspace{5cm}$ $\underline{\underline{\overline{CF} = 1{,}44 \text{ cm}}}$

Berechnung der Strecke $\overline{AB}$:
($\rightarrow$ Streckensumme)

$\overline{AB} = \overline{AE} + \overline{BE}$
$\overline{AB} = 7{,}37 + 1{,}44$ $\hspace{4cm}$ $\underline{\underline{\overline{AB} = 8{,}81 \text{ cm}}}$

$\overline{AC}^2 = 8{,}81^2 + 6{,}6^2$ $\hspace{4cm}$ $\underline{\underline{\overline{AC} = 11{,}0 \text{ cm}}}$

Aufgabe 3

Regelmäßige fünfseitige Pyramide
mit h = 8,4 cm und s = 10,2 cm

Berechnung des Pyramidenvolumens V:
($\rightarrow$ Volumenformel der Pyramide)

$$V = \frac{1}{3} G \cdot h$$

Berechnung der Grundfläche G:
($\rightarrow$ Flächenformel für das Fünfeck)

$$G = 5 \cdot \frac{a \cdot h_a}{2}$$

Berechnung des Umkreisradius r:
($\rightarrow$ Pythagoras im Achsenschnitt)

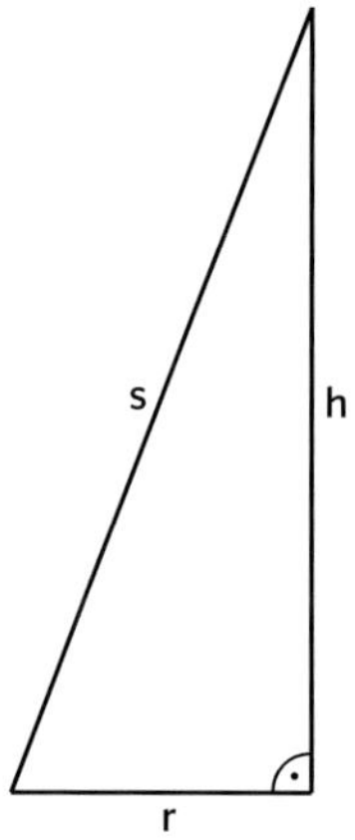

$r^2 = s^2 - h^2$
$r^2 = 10{,}2^2 - 8{,}4^2$

$\underline{r = 5{,}79\,\text{cm}}$

Berechnung der Grundkante a:
($\rightarrow$ Sinusfunktion in einem Teildreieck der Grundfläche)

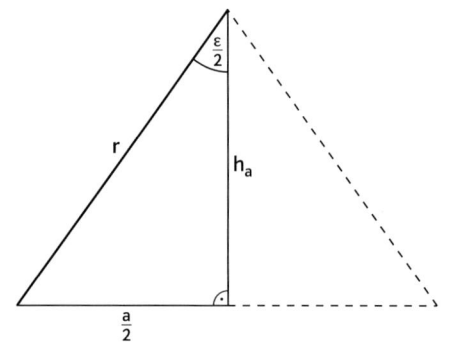

$\sin\frac{\varepsilon}{2} = \frac{\frac{a}{2}}{r}$ $\quad | \cdot 2r$
$a = 2r \cdot \sin\frac{\varepsilon}{2}$

Berechnung des Mittelpunktswinkels ε:
($\rightarrow$ Mittelpunktswinkel im Fünfeck)

$\varepsilon = 360° : 5$
$\varepsilon = 72°$ $\qquad\qquad\qquad\qquad \underline{\varepsilon = 72°}$

$\frac{\varepsilon}{2} = 36{,}0°$

$a = 2 \cdot 5{,}79 \cdot \sin 36{,}0°$ $\qquad\qquad \underline{a = 6{,}81\,\text{cm}}$

Berechnung der Dreieckshöhe h_a in der Grundfläche:
($\rightarrow$ Kosinusfunktion im Teildreieck der Grundfläche)

$\cos \frac{\varepsilon}{2} = \frac{h_a}{r}$ $\quad | \cdot r$

$h_a = r \cdot \cos \frac{\varepsilon}{2}$

$h_a = 5{,}79 \cdot \cos 36{,}0°$ $\qquad\qquad\qquad\qquad$ $\underline{h_a = 4{,}68 \, \text{cm}}$

$G = 5 \cdot \frac{6{,}81 \cdot 4{,}68}{2}$ $\qquad\qquad\qquad\qquad$ $\underline{G = 79{,}68 \, \text{cm}^2}$

$V = \frac{1}{3} \cdot 79{,}68 \cdot 8{,}4$ $\qquad\qquad\qquad\qquad$ $\underline{V = 223{,}1 \, \text{cm}^3}$

Aufgabe 4

Ein aus einem Zylinder und einem Kegel zusammengesetzter Körper. Achsenschnitt des Zylinders ist ein Quadrat.
$A_{ges} = 67{,}0 \, \text{cm}^2$ (Flächeninhalt der gesamten Achsenschnittfläche);
$a = 6{,}2 \, \text{cm}$

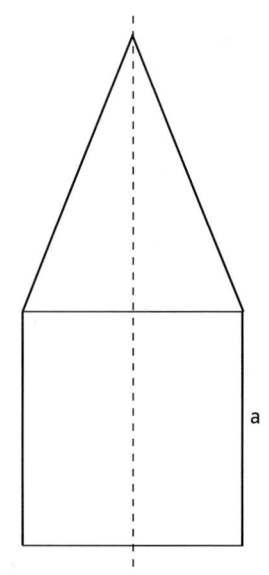

Berechnung der Oberfläche O_{ges} des zusammengesetzten Körpers:
($\rightarrow$ Summe der Teilflächen)

$O = G + M_{Zyl} + M_{Ke}$
$O = \pi r^2 + 2\pi r \cdot h + \pi r s$

Berechnung der Kegelhöhe h:
($\rightarrow$ Flächenformel der zusammengesetzten Fläche)

$A_{ges} = a^2 + \frac{a \cdot h}{2}$ $\quad | - a^2$

$A_{ges} - a^2 = \frac{a \cdot h}{2}$ $\quad | \cdot \frac{2}{a}$

$h = \frac{2(A_{ges} - a^2)}{a}$

$h = \frac{2 \cdot (67{,}0 - 6{,}2^2)}{6{,}2}$ $\qquad\qquad\qquad\qquad$ $\underline{h = 9{,}21 \, \text{cm}}$

Berechnung des Radius r:
(→ halbe Quadratseite)

$r = \dfrac{a}{2}$

$r = \dfrac{6,2}{2}$ $\underline{r = 3,1\,\text{cm}}$

Berechnung der Mantellinie s:
(→ Pythagoras im Achsenschnitt des Kegels)

$s^2 = h^2 + r^2$

$s^2 = 9{,}21^2 + 3{,}1^2$ $\underline{s = 9{,}72\,\text{cm}}$

$O = \pi \cdot 3{,}1^2 + 2\pi \cdot 3{,}1 \cdot 6{,}2 + \pi \cdot 3{,}1 \cdot 9{,}72$
$O = 245{,}6$ $\underline{\underline{O = 245{,}6\,\text{cm}^2}}$

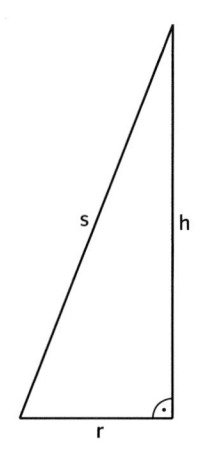

Aufgabe 5

Bruchgleichung

$$\dfrac{4x^2 + 3x - 6}{x^2 + 2x} + \dfrac{4 + x}{x + 2} = \dfrac{1 - 3x}{x}$$

Lösung der Bruchgleichung:

$$\dfrac{4x^2 + 3x - 6}{x^2 + 2x} + \dfrac{4 + x}{x + 2} = \dfrac{1 - 3x}{x}$$

Bestimmung des Hauptnenners:
(→ Faktorisierung der Nenner)

$x^2 + 2x = x(x + 2)$
$x + 2\ \ =\ \ x + 2$
$\underline{\qquad\quad x = x \qquad\quad}$
HN: $\quad x(x + 2)$

Aufgaben | Lösung

Bestimmung der Definitionsmenge: $\quad\quad\quad\quad\quad\quad\quad D = \mathbb{R}\setminus\{0; -2\}$

$$\frac{4x^2 + 3x - 6}{x^2 + 2x} + \frac{4 + x}{x + 2} = \frac{1 - 3x}{x} \quad\quad | \cdot x(x + 2)$$

$$4x^2 + 3x - 6 + x(x + 2) = (1 - 3x)(x + 2) \quad\quad | \text{ T}$$
$$4x^2 + 3x - 6 + x^2 + 2x = x + 2 - 3x^2 - 6x \quad\quad |+3x^2 + 5x - 2$$
$$8x^2 + 12x - 8 = 0 \quad\quad | :8$$
$$x^2 + 1{,}5x - 1 = 0$$

(→ p-q-Lösungsformel)

$$x_{1,2} = -0{,}75 \pm \sqrt{0{,}75^2 - (-1)}$$
$$x_{1,2} = -0{,}75 \pm \sqrt{1{,}5625}$$
$$x_{1,2} = -0{,}75 \pm 1{,}25$$
$$x_1 = 0{,}5$$
$$x_2 = -2$$

Da $x_2 = -2$ nicht zur Definitionsmenge gehört,
ist die Lösungsmenge: $\quad\quad\quad\quad\quad\quad\quad\quad\quad\quad\quad\quad\quad\quad \underline{L = \{0{,}5\}}$

Aufgabe 6

Lineares Gleichungssystem mit 2 Variablen:
(1) $\quad \frac{3y - 7}{2} - 5 = x$
(2) $\quad y - 6 = \frac{x + 3}{5}$

Lösung des Gleichungssystems:

(1) $\quad \frac{3y - 7}{2} - 5 = x \quad\quad\quad\quad | \cdot 2$
(2) $\quad y - 6 = \frac{x + 3}{5} \quad\quad\quad\quad | \cdot 5$

(1') $\quad 3y - 7 - 10 = 2x \quad\quad\quad | -2x + 17$
(2') $\quad\quad\quad 5y - 30 = x + 3 \quad\quad | -x + 30$

(1'') $\quad -2x + 3y = 17$
(2'') $\quad -x + 5y = 33 \quad\quad\quad\quad | \cdot (-2)$

(1''') $\quad -2x + 3y = 17$
(2''') $\quad 2x - 10y = -66$

(→ Lösung mit dem Additionsverfahren)

$-7y = -49 \qquad |:(-7)$
$\underline{y = 7}$

y = 7 eingesetzt in (1″):

$-2x + 3 \cdot 7 = 17 \qquad |-21$
$-2x = -4 \qquad |:(-2)$
$\underline{x = 2}$ $\qquad\qquad\qquad\qquad\qquad\qquad\qquad \underline{L = \{(2;\ 7)\}}$

Aufgabe 7

Zuwachssparen über 3 Jahre

Berechnung des Guthabens K_3 nach drei Jahren:
(→ Zuwachssparen; verschiedene Zinssätze)
$K_3 = K_0 \cdot q_1 \cdot q_2 \cdot q_3$
$K_3 = 2500 \cdot 1{,}035 \cdot 1{,}0375 \cdot 1{,}0425$ $\qquad\qquad \underline{K_3 = 2798{,}62\ €}$

Berechnung des Zinssatzes für das vierte Jahr:
$p_4\% = \dfrac{Z_4}{K_3}$
$p_4\% = \dfrac{132{,}93}{2798{,}62}$
$p_4\% = 0{,}0475$ $\qquad\qquad\qquad\qquad\qquad\qquad \underline{p_4\% = 4{,}75\%}$

Für das vierte Jahr beträgt der Zinssatz 4,75 %.

Aufgabe 8

Gefäß mit 5 blauen, 3 weißen und 2 roten Kugeln – Ziehen von zwei Kugeln mit Zurücklegen

Baumdiagramm:

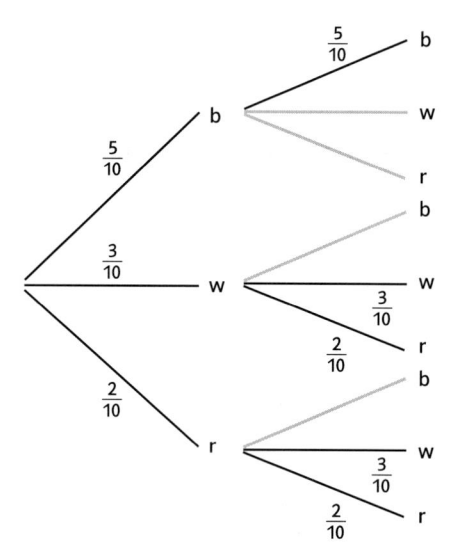

Berechnung von P(gleichfarbige Kugeln):
(→ Produkt- und Summenregel)

P(gleichfarbige Kugeln) = P(b, b) + P(w, w) + P(r, r)

P(gleichfarbige Kugeln) = $\frac{5}{10} \cdot \frac{5}{10} + \frac{3}{10} \cdot \frac{3}{10} + \frac{2}{10} \cdot \frac{2}{10}$

P(gleichfarbige Kugeln) = $\frac{25}{100} + \frac{9}{100} + \frac{4}{100} = \frac{38}{100}$ P(gleichfarbige Kugeln) = 38 %

Die Wahrscheinlichkeit, zwei gleichfarbige Kugeln zu ziehen, beträgt 38 %.

Berechnung von P(eine rote und eine weiße Kugel):
(→ Produkt- und Summenregel)

P(eine rote und eine weiße Kugel) = $\frac{2}{10} \cdot \frac{3}{10} + \frac{3}{10} \cdot \frac{2}{10}$

P(eine rote und eine weiße Kugel) = $2 \cdot \frac{3}{10} \cdot \frac{2}{10}$

P(eine rote und eine weiße Kugel) = $\frac{12}{100}$

     P(eine rote und eine weiße Kugel) = 12 %

Die Wahrscheinlichkeit, dass von den beiden gezogenen Kugeln eine rot und eine weiß ist, beträgt 12 %.

Aufgabe 1 (Wahlbereich 2008)

a) Gegeben ist das Trapez ABCD.
Es gilt:
$\overline{AB}$ = 8,0 cm
$\overline{BC}$ = 4,2 cm
β = 41,0°
$\overline{AD} = \overline{CD}$
Berechnen Sie den Winkel α.

b) Gegeben ist das Dreieck ABC.
Der Punkt M halbiert die Strecke $\overline{BC}$.
Weisen Sie ohne Verwendung gerundeter Werte nach, dass für den Flächeninhalt des Dreiecks ABM gilt:

$A_{ABM} = \frac{e^2}{4}(1 + \sqrt{3})$

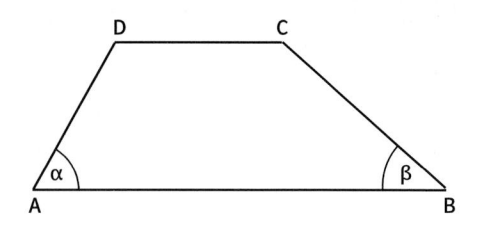

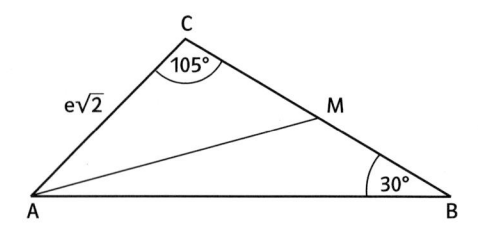

Aufgabe 1 | Lösungshinweis

a) Das Lot von C auf die Seite $\overline{AB}$ erzeugt ein rechtwinkliges Teildreieck, sodass die Trapezhöhe und die Teilstrecken auf der Seite $\overline{AB}$ berechnet werden können.
Die Diagonale $\overline{AC}$ erzeugt ein rechtwinkliges Teildreieck und ein gleichschenkliges Dreieck. Ein Teilwinkel von α kann mit einer Winkelfunktion berechnet werden.
Der andere Teilwinkel ergibt sich über die Wechselwinkeleigenschaft und die Gleichschenkligkeit des Dreiecks ACD.

b) Durch die Höhe auf $\overline{AB}$ mit Fußpunkt D entstehen ein halbes Quadrat und ein halbes gleichseitiges Dreieck. So können diese Höhe und die Streckenlängen des halben gleichseitigen Dreiecks über die besonderen Eigenschaften oder spezielle Winkelfunktionswerte bestimmt werden.
Für den Flächeninhalt des Dreiecks ABM benötigt man eine Höhe des Dreiecks. Dabei bietet sich das Lot von M auf die Strecke $\overline{AB}$ an, Fußpunkt ist der Punkt E. Die Länge der Grundseite $\overline{AB}$ ergibt sich aus der Streckensumme der halben Quadratseite und der Höhe des halben gleichseitigen Dreiecks.

Aufgabe 1 | Lösung

a) Allgemeines Trapez ABCD mit:
$\overline{AB}$ = 8,0 cm
$\overline{BC}$ = 4,2 cm
β = 41,0°
$\overline{AD} = \overline{CD}$

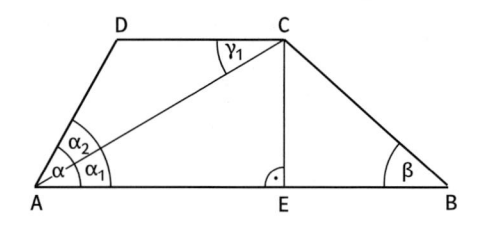

Berechnung des Winkels α:
(→ Summe aus zwei Teilwinkeln)

$\alpha = \alpha_1 + \alpha_2$

Berechnung des Winkels α_1:
(→ Tangensfunktion im rechtwinkligen Dreieck AEC)

$\tan \alpha_1 = \dfrac{\overline{CE}}{\overline{AE}}$

Berechnung der Strecke $\overline{CE}$:
(→ Sinusfunktion im rechtwinkligen Dreieck EBC)

$\sin \beta = \dfrac{\overline{CE}}{\overline{BC}}$ \quad | · $\overline{BC}$

$\overline{CE} = \overline{BC} \cdot \sin \beta$

$\overline{CE} = 4{,}2 \cdot \sin 41{,}0°$ \hfill $\underline{\overline{CE} = 2{,}76\,\text{cm}}$

Berechnung der Strecke $\overline{BE}$:
(→ Kosinusfunktion im rechtwinkligen Dreieck EBC)

$\cos \beta = \dfrac{\overline{BE}}{\overline{BC}}$ \quad | · $\overline{BC}$

$\overline{BE} = \overline{BC} \cdot \cos \beta$

$\overline{BE} = 4{,}2 \cdot \cos 41{,}0°$ \hfill $\underline{\overline{BE} = 3{,}17\,\text{cm}}$

Aufgabe 1 | Lösung

Berechnung der Strecke $\overline{AE}$:
($\rightarrow$ Streckendifferenz)

$\overline{AE} = \overline{AB} - \overline{BE}$
$\overline{AE} = 8{,}0 - 3{,}17$ $\qquad\qquad\qquad\qquad\qquad$ $\underline{\underline{\overline{AE} = 4{,}83\,\text{cm}}}$

$\tan \alpha_1 = \dfrac{2{,}76}{4{,}83}$ $\qquad\qquad\qquad\qquad\qquad\qquad$ $\underline{\underline{\alpha_1 = 29{,}7°}}$

Berechnung von Winkel α_2:
($\rightarrow \gamma_1 = \alpha_1$ als Wechselwinkel)

$\alpha_2 = \gamma_1$ $\qquad\qquad\qquad\qquad\qquad\qquad\qquad$ $\underline{\underline{\alpha_2 = 29{,}7°}}$
($\rightarrow$ Basiswinkel im gleichschenkligen Dreieck ACD)

$\alpha = 29{,}7° + 29{,}7°$ $\qquad\qquad\qquad\qquad\qquad$ $\underline{\underline{\alpha = 59{,}4°}}$

b) Nachweis der allgemeinen Flächenformel für das Dreieck ABM:

$A_{ABM} = \dfrac{e^2}{4}(1 + \sqrt{3})$

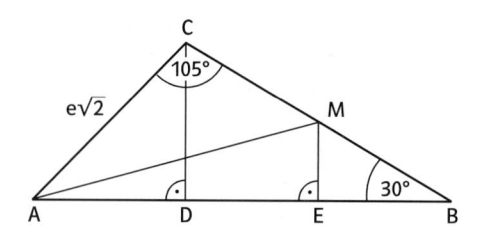

Berechnung der Längen von $\overline{AD}$ und $\overline{CD}$:
($\rightarrow$ Dreieck ACD ist ein halbes Quadrat mit der Diagonalen $\overline{AC}$.)

$\overline{AD} = \dfrac{e\sqrt{2}}{\sqrt{2}}$ $\qquad\qquad\qquad\qquad\qquad\qquad$ $\underline{\underline{\overline{AD} = \overline{CD} = e}}$

Berechnung der Seite $\overline{BC}$:
($\rightarrow$ Dreieck ΔDBC ist ein halbes gleichseitiges Dreieck.)
$\overline{BC} = 2 \cdot \overline{CD}$ $\qquad\qquad\qquad\qquad\qquad\qquad$ $\underline{\underline{\overline{BC} = 2e}}$

Aufgabe 1 | Lösung

Berechnung der Teilstrecke $\overline{BD}$:
(→ Höhe im gleichseitigen Dreieck)

$\overline{BD} = \dfrac{\overline{BC}}{2} \cdot \sqrt{3}$

$\overline{BD} = \dfrac{2e}{2} \cdot \sqrt{3}$ $\qquad\qquad\qquad\qquad\qquad \underline{\underline{\overline{BD} = e \cdot \sqrt{3}}}$

Berechnung der Dreieckshöhe $\overline{EM}$:
(→ Dreiecke DBC und EBM sind ähnlich, M halbiert die Seite $\overline{BC}$.)

$\overline{EM} = \dfrac{\overline{CD}}{2}$ $\qquad\qquad\qquad\qquad\qquad\qquad \underline{\underline{\overline{EM} = \dfrac{e}{2}}}$

Berechnung der Seite $\overline{AB}$:
(→ Streckensumme)

$\overline{AB} = \overline{AD} + \overline{BD}$ $\qquad\qquad\qquad\qquad \underline{\underline{\overline{AD} = e + e \cdot \sqrt{3}}}$

Nachweis der Flächenformel für das Dreieck ABM:
(→ Dreiecksflächenformel)

$A_{ABM} = \dfrac{\overline{AB} \cdot \overline{EM}}{2}$

$A_{ABM} = \dfrac{(e + e\sqrt{3}) \cdot \dfrac{e}{2}}{2}$

$A_{ABM} = \dfrac{e^2 + e^2\sqrt{3}}{4}$ $\qquad\qquad\qquad\quad \underline{\underline{A_{ABM} = \dfrac{e^2}{4}(1 + \sqrt{3})}}$

Aufgabe 2 (Wahlbereich 2008)

a) Von einer quadratischen Pyramide sind bekannt:
a = 7,6 cm
s = 10,2 cm
Der Punkt G halbiert die Seitenkante s. Berechnen Sie den Umfang des Dreiecks $\triangle$AFG.

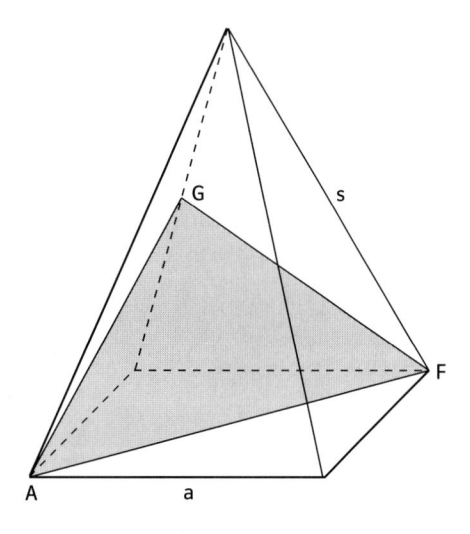

b) Aus einem massiven Kegel wurde ein Teil ausgeschnitten.
Es gilt:
h = 4e
r = 3e
α = 120°
Zeigen Sie ohne Verwendung gerundeter Werte, dass die Oberfläche des neu entstandenen Körpers um
$4e^2(2\pi - 3)$
kleiner ist.

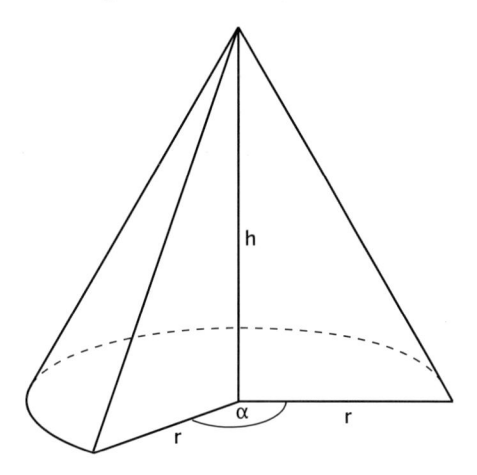

Aufgabe 2 | Lösungshinweis

a) Das gesuchte Dreieck ist gleichschenklig. Die Diagonale der Pyramidengrundfläche ist die Basis des Dreiecks.
Zur Bestimmung der Schenkellänge von $\overline{AG}$ und $\overline{FG}$ rechnet man in der Seitenfläche der Pyramide. Die Seitenflächenhöhe kann mit dem Satz von Pythagoras berechnet werden. Das Lot von G auf die Grundkante mit dem Fußpunkt H ist aufgrund der Ähnlichkeit halb so lang wie die Seitenflächenhöhe.
Im rechtwinkligen Dreieck HFG kann dann $\overline{FG}$ berechnet werden.

b) Zum Nachweis der Differenz der Oberflächen kann man die Oberflächenformeln beider Körper voneinander subtrahieren.
Für den massiven Kegel muss dazu noch s im Achsenschnitt bestimmt werden. Die Oberfläche des ausgeschnittenen Kegels besteht aus Teilen der Kegeloberfläche und den zwei Achsenschnittdreiecken.
Die Differenz lässt sich kürzer bestimmen, indem man jeweils ein Drittel des Mantels und der Grundfläche addiert und davon die beiden Dreiecksflächen subtrahiert.

Aufgabe 2 | Lösung

a) Quadratische Pyramide mit:
a = 7,6 cm
s = 10,2 cm
Punkt G halbiert die Seitenkante s.

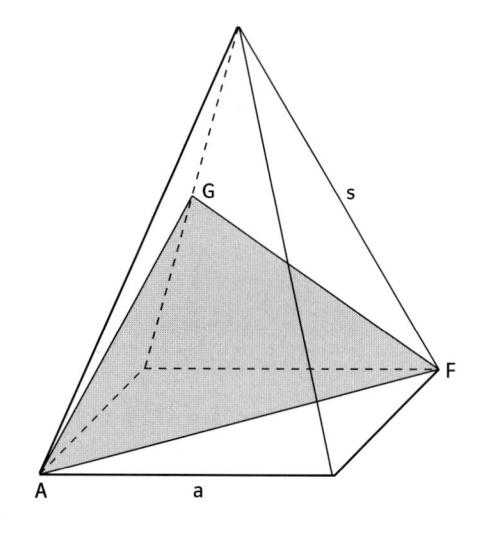

Berechnung des Umfangs des Dreiecks AFG:
(→ Umfangsformel für das Dreieck)

$u = \overline{AF} + \overline{FG} + \overline{AG}$
$u = \overline{AF} + 2 \cdot \overline{FG}$

Berechnung der Strecke $\overline{AF}$:
(→ Diagonale im Quadrat)

$\overline{AF} = a\sqrt{2}$
$\overline{AF} = 7,6 \cdot \sqrt{2}$ $\qquad\qquad \overline{AF} = 10,75 \text{ cm}$

Berechnung der Strecken $\overline{FG} = \overline{AG}$:
(→ Pythagoras im rechtwinkligen Teildreieck HFG)

$\overline{FG}^2 = \overline{FH}^2 + \overline{GH}^2$

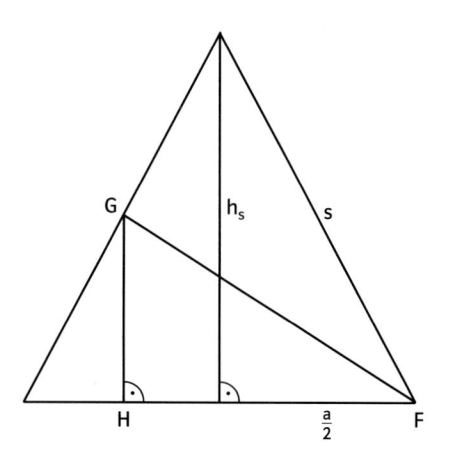

Wahlbereich 2008

Berechnung der Seitenflächenhöhe h_s:
(→ Pythagoras im Teildreieck der Seitenfläche)

$h_s^2 = s^2 - \left(\frac{a}{2}\right)^2$
$h_s^2 = 10{,}2^2 - \left(\frac{7{,}6}{2}\right)^2$ $\quad\quad\quad\quad\quad\quad\quad\quad\quad\underline{h_s = 9{,}47\,\text{cm}}$

Berechnung der Strecken $\overline{FH}$ und $\overline{GH}$:
(→ H teilt die Grundkante a im Verhältnis 3 : 1; Ähnlichkeit)

$\overline{FH} = \frac{3}{4}a$
$\overline{FH} = \frac{3}{4} \cdot 7{,}6$ $\quad\quad\quad\quad\quad\quad\quad\quad\quad\underline{\overline{FH} = 5{,}70\,\text{cm}}$

(→ G halbiert die Seitenkante s; Ähnlichkeit)

$\overline{GH} = \frac{1}{2}h_s$
$\overline{GH} = \frac{1}{2} \cdot 9{,}47$ $\quad\quad\quad\quad\quad\quad\quad\quad\quad\underline{\overline{GH} = 4{,}74\,\text{cm}}$

$\overline{FG}^2 = 5{,}70^2 + 4{,}74^2$ $\quad\quad\quad\quad\quad\quad\underline{\overline{FG} = \overline{AG} = 7{,}41\,\text{cm}}$

$u = 10{,}75 + 2 \cdot 7{,}41$ $\quad\quad\quad\quad\quad\quad\quad\quad\underline{u = 25{,}6\,\text{cm}}$

b) Ausgeschnittener Kegel mit:
$h = 4e$
$r = 3e$
$\alpha = 120°$
Nachweis der Oberflächendifferenz
$D = 4e^2(2\pi - 3)$

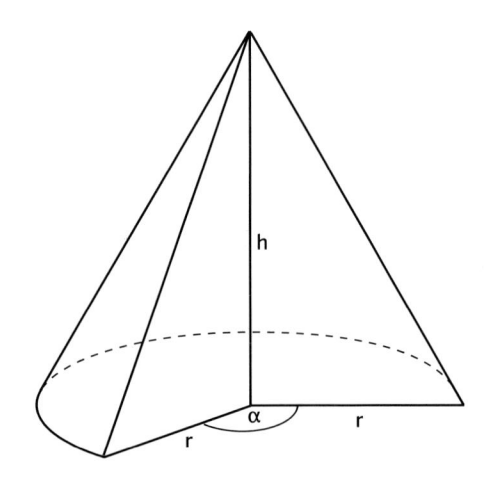

Aufgabe 2 | Lösung

Nachweis der Oberflächendifferenz
$D = 4e^2(2\pi - 3)$:
(→ Kegeloberfläche – Oberfläche des ausgeschnittenen Kegels)

$D = O_{Ke} - O_{Aus}$

Berechnung der Kegeloberfläche:
(→ Oberflächenformel des Kegels)

$O_{Ke} = \pi r s + \pi r^2$

Berechnung der Mantellinie s:
(→ Pythagoras im halben Achsenschnitt)

$s^2 = h^2 + r^2$
$s^2 = (4e)^2 + (3e)^2$
$s^2 = 16e^2 + 9e^2$ $\hspace{4cm}$ $\underline{s = 5e}$

$O_{Ke} = \pi \cdot 3e \cdot 5e + \pi \cdot (3e)^2$ $\hspace{2cm}$ $\underline{O_{Ke} = 24\pi e^2}$

Berechnung der Oberfläche des ausgeschnittenen Kegels O_{Aus}:
(→ Summe der Teilflächen)

$O_{Aus} = \frac{2}{3} M_{Ke} + \frac{2}{3} G_{Ke} + 2 A_\Delta$

$O_{Aus} = \frac{2}{3} \pi r s + \frac{2}{3} \pi r^2 + 2 \cdot \frac{r \cdot h}{2}$

$O_{Aus} = \frac{2}{3} \pi \cdot 3e \cdot 5e + \frac{2}{3} \pi \cdot (3e)^2 + 3e \cdot 4e$ $\hspace{1cm}$ $\underline{O_{Aus} = 16\pi e^2 + 12 e^2}$

$D = 24\pi e^2 - (16\pi e^2 + 12 e^2)$
$D = 8\pi e^2 - 12 e^2$ $\hspace{5cm}$ $\underline{D = 4e^2(2\pi - 3)}$

Aufgabe 3 (Wahlbereich 2008)

a) Eine Parabel p_1 hat die Gleichung $y = -x^2 + 5$.
Eine nach oben geöffnete Normalparabel p_2 hat den Scheitel $S_2(2|-5)$.
Durch die gemeinsamen Punkte der beiden Parabeln verläuft eine Gerade.
Bestimmen Sie die Gleichung dieser Geraden rechnerisch.
Berechnen Sie die Winkel, unter denen die Gerade die x-Achse schneidet.

b) Von einer nach oben geöfneten Normalparabel p_1 sind die Schnittpunkte mit der x-Achse bekannt:
$N_1(1|0)$ und $N_2(5|0)$
Durch den Scheitelpunkt der Parabel p_1 verläuft die Gerade g mit der Steigung $m = -1$.
Auf dieser Geraden liegt der Scheitelpunkt einer zweiten nach oben geöffneten Normalparabel, die mit der x-Achse nur einen gemeinsamen Punkt hat.
Berechnen Sie die Koordinaten des Schnittpunkts der beiden Parabeln.

Aufgabe 3 | Lösungshinweis

a) Die Schnittpunkte der beiden Parabeln p_1 und p_2 bestimmen die Gerade g. Von der Parabel p_1 ist die Gleichung bereits angegeben. Setzt man die Koordinaten des Scheitels S_2 in die Scheitelform einer nach oben geöffneten Normalparabel ein, erhält man die Gleichung der Parabel p_2. Durch Gleichsetzen der beiden Parabelgleichungen p_1 und p_2 werden die Koordinaten der Schnittpunkte berechnet.
Die Koordinaten setzt man in die Geradengleichung $y = mx + b$ ein und erhält ein lineares Gleichungssystem. Die Steigung m und der Achsenabschnitt b lassen sich somit berechnen.
Die Gerade g und die Achsen des Koordinatensystems bilden ein rechtwinkliges Dreieck. Mithilfe der Tangensfunktion kann einer der beiden Schnittwinkel mit der x-Achse berechnet werden. Der zweite Winkel ergibt sich als Nebenwinkel.

b) Setzt man die Koordinaten der beiden Schnittpunkte einer nach oben geöffneten Normalparabel mit der x-Achse in die Parabelgleichung $y = x^2 + px + q$ ein, erhält man ein lineares Gleichungssystem zur Bestimmung von p und q. Durch Umformen der Parabelgleichung in die Scheitelform lässt sich der Scheitel ablesen. Die Koordinaten des Scheitels setzt man zusammen mit dem Steigungswert m in die Geradengleichung $y = mx + b$ ein und erhält damit die vollständige Geradengleichung. Der Schnittpunkt der Geraden g mit der x-Achse ist der Scheitelpunkt der Parabel p_2, deren Gleichung man durch Einsetzen der Scheitelkoordinaten bekommt. Setzt man die beiden Parabelgleichungen p_1 und p_2 gleich, lassen sich die Koordinaten des Schnittpunkts der beiden Parabeln berechnen.

Aufgabe 3 | Lösung

a) Gegeben sind die Parabeln p_1 mit $y = -x^2 + 5$ und die nach oben geöffnete Normalparabel p_2 mit dem Scheitel $S_2(2|-5)$.

Bestimmung der Gleichung der Parabel p_2:
($\rightarrow$ Einsetzen der Scheitelkoordinaten in die Scheitelform)

$y = (x - 2)^2 - 5$
$y = x^2 - 4x + 4 - 5$ $\hspace{2cm}$ $\underline{y = x^2 - 4x - 1}$

Berechnung der Koordinaten der Schnittpunkte P und Q der beiden Parabeln:
($\rightarrow$ Gleichsetzen der Parabelgleichungen)

$x^2 - 4x - 1 = -x^2 + 5$ $\hspace{0.5cm}$ $|+x^2 - 5$
$2x^2 - 4x - 6 = 0$ $\hspace{1.5cm}$ $|:2$
$x^2 - 2x - 3 = 0$

($\rightarrow$ p-q-Lösungsformel)

$x_{1,2} = 1 \pm \sqrt{1^2 - (-3)}$
$x_{1,2} = 1 \pm 2$
$\hspace{0.3cm} x_1 = 3$
$\hspace{0.3cm} x_2 = -1$

($\rightarrow$ Berechnung der y-Werte durch Einsetzen in $y = x^2 - 4x - 1$)

$y_1 = 3^2 - 4 \cdot 3 - 1$
$y_1 = -4$
$y_2 = (-1)^2 - 4 \cdot (-1) - 1$
$y_2 = 4$ $\hspace{4cm}$ $\underline{P(3|-4); \; Q(-1|4)}$

Aufgabe 3 | Lösung

Berechnung der Geradengleichung von g:
(→ Einsetzen der Koordinaten von P und Q in $y = mx + b$)

P: $(3|-4)$ (1) $-4 = 3m + b$
Q: $(-1|4)$ (2) $4 = -m + b$ $\quad|\cdot(-1)$
 (2') $-4 = m - b$
(1) + (2') $ -8 = 4m$ $\quad|:4$
$\underline{m = -2}$

Eingesetzt in (1) erhält man:
$-4 = 3 \cdot (-2) + b$
$\underline{b = 2}$

Die Gerade g durch P und Q hat damit die Gleichung: $\quad\underline{\underline{y = -2x + 2}}$

Berechnung der Schnittwinkel mit der x-Achse:
(→ Tangensfunktion im rechtwinkligen Dreieck)

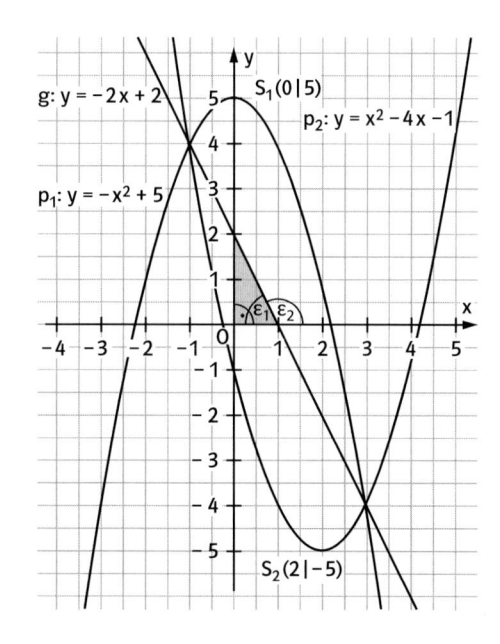

$\tan \varepsilon_1 = \frac{2}{1}$ $\underline{\underline{\varepsilon_1 = 63{,}4°}}$

(→ ε_2 ist Nebenwinkel von ε_1)
$\varepsilon_1 + \varepsilon_2 = 180°$
$\varepsilon_2 = 180° - 63{,}4°$ $\underline{\underline{\varepsilon_2 = 116{,}6°}}$

Aufgabe 3 | Lösung

b) Gegeben sind die Schnittpunkte N_1 und N_2 einer nach oben geöffneten Normalparabel p_1 mit der x-Achse.

Bestimmung der Gleichung der Parabel p_1:
($\rightarrow$ Einsetzen der x-Koordinaten von N_1 und N_2 in $y = x^2 + px + q$)

(1) $\qquad 0 = 1^2 + p + q$
(2) $\qquad 0 = 5^2 + 5p + q \qquad |\cdot(-1)$

(1') $\qquad 0 = 1 + p + q$
(2') $\qquad 0 = -25 - 5p - q$

(1') + (2') $\quad 0 = -24 - 4p \qquad |+4p$
$\qquad\qquad\quad 4p = -24 \qquad\quad |:4$
$\qquad\qquad\quad \underline{p = -6}$

($\rightarrow p = -6$ eingesetzt in Gleichung (1))
$\qquad 0 = 1^2 - 6 + q \qquad |+5$
$\qquad \underline{q = 5}$

Die Parabel p_1 hat damit die Gleichung: $\qquad\qquad\qquad \underline{p_1: y = x^2 - 6x + 5}$

Berechnung des Scheitelpunkts S_1 von p_1:
($\rightarrow$ Umformen in Scheitelform, quadratische Ergänzung)

$y = x^2 - 6x + 5$
$y = (x^2 - 6x + 3^2) + 5 - 3^2$
$y = (x - 3)^2 - 4 \qquad\qquad\qquad\qquad\qquad\qquad\qquad \underline{S_1(3|-4)}$

Berechnung der Geradengleichung von g:

($\rightarrow$ Einsetzen in $y = mx + b$)

Für $m = -1$ und $S_1(3|-4)$ erhält man:
$-4 = (-1) \cdot 3 + b \qquad |+3$
$\underline{b = -1}$
Die Gerade hat damit die Gleichung: $\qquad \underline{g: y = -x - 1}$

Bestimmung der Gleichung der Parabel p_2:

($\rightarrow$ Scheitel von p_2 liegt auf der x-Achse.)

Somit gilt: $y = 0$
und $\qquad y = -x - 1$
$\qquad \quad 0 = -x - 1 \qquad |+x$
$\qquad \quad \underline{x = -1}$

Der Scheitel von p_2 hat damit die Koordinaten: $\qquad \underline{S_2(-1|0)}$
($\rightarrow$ Scheitelform der Parabelgleichung)

Die Parabelgleichung lautet somit: $\qquad \underline{p_2: y = (x+1)^2}$

Aufgabe 3 | Lösung

Berechnung der Koordinaten der Schnittpunkte der beiden Parabeln:
(→ Gleichsetzen der Parabelgleichungen von p_1 und p_2)

$x^2 - 6x + 5 = (x + 1)^2$
$x^2 - 6x + 5 = x^2 + 2x + 1 \quad | -x^2 - 2x - 5$
$\quad\quad -8x = -4 \quad\quad\quad\quad | :(-8)$
$\quad\quad\quad\quad x = 0{,}5$

(→ Einsetzen in die Parabelgleichung g $y = (x + 1)^2$)

$y = (0{,}5 + 1)^2$
$y = 2{,}25$ $\quad\quad\quad\quad\quad\quad\quad\quad\quad\quad\quad$ P(0,5 | 2,25)

Die beiden Parabeln p_1 und p_2 haben den Schnittpunkt P(0,5 | 2,25).

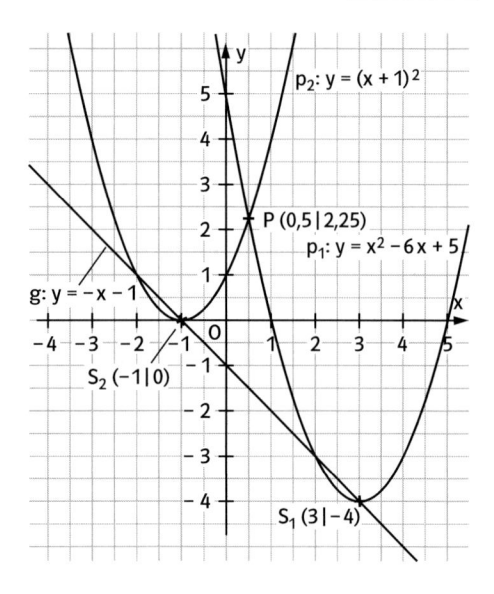

Aufgabe 4 (Wahlbereich 2008)

a) Ein Glücksrad mit den Mittelpunktswinkeln 60°; 120° und 180° ist mit den Zahlen 20; 10 und 6 beschriftet.
Es wird zweimal gedreht.
Wie groß ist die Wahrscheinlichkeit, dass die Summe der erhaltenen Zahlen genau 30 ergibt?
Wie groß ist die Wahrscheinlichkeit, dass die Summe größer als 12 ist?
Mit welcher Wahrscheinlichkeit ist die Summe kleiner als 30?

b) Das regelmäßige Sechseck hat die Seitenlänge $\frac{3}{2}e$.

Die vier grau eingefärbten Dreiecke bilden die Mantelfläche einer quadratischen Pyramide.
Berechnen Sie ohne Verwendung gerundeter Werte das Volumen der Pyramide in Abhängigkeit von e.
Der Neigungswinkel zwischen einer Seitenfläche und der Grundfläche der Pyramide wird mit φ bezeichnet.
Zeigen Sie, dass gilt:
$\tan \varphi = \sqrt{2}$

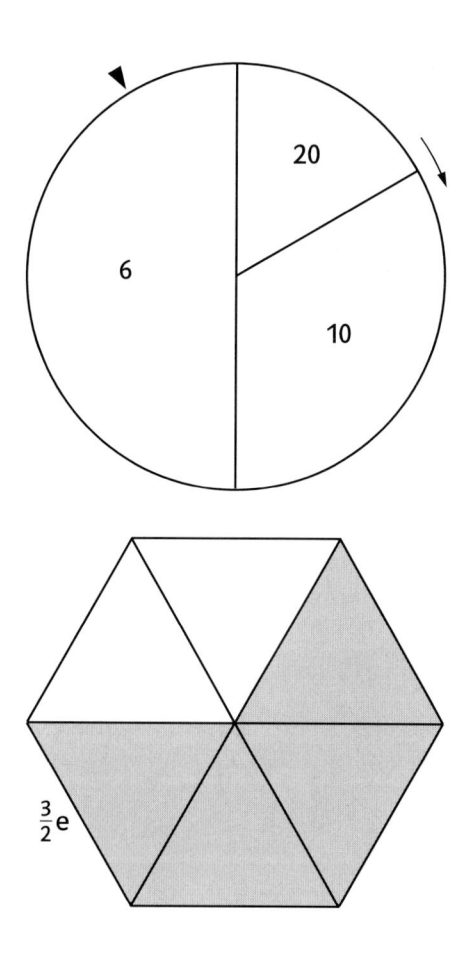

Aufgabe 4 | Lösungshinweis

a) Beim Drehen eines Glücksrades handelt es sich um ein Ziehen mit Zurücklegen. Die Mittelpunktswinkel des Glücksrads bestimmen die Wahrscheinlichkeiten der eingetragenen Zahlenwerte 20; 10 und 6.
Zur Ermittlung der Wahrscheinlichkeiten der jeweiligen Ereignisse kann man ein Baumdiagramm zeichnen. Das Ereignis „Summe der erhaltenen Zahlen ergibt genau 30" wird durch die Pfade P(20; 10) und P(10; 20) beschrieben. Die Wahrscheinlichkeit dieses Ereignisses erhält man durch Anwenden der Summenregel (Addition der einzelnen Wahrscheinlichkeiten).
Das Ereignis „Summe der erhaltenen Zahlen ist größer als 12" ermittelt man vorteilhaft über das Gegenereignis. Zur Bestimmung der Wahrscheinlichkeit des Ereignisses „Summe der erhaltenen Zahlen ist größer als 12" bestimmt man die Wahrscheinlichkeit des Ereignisses P(6; 6) und subtrahiert diesen Wert von 1.
Die Wahrscheinlichkeit des Ereignisses „Summe der erhaltenen Zahlen ist kleiner als 30" lässt sich über die Summe der Wahrscheinlichkeiten der Teilereignisse P(6; 6), P(10; 10) sowie das jeweils Doppelte von P(10; 6) und P(20; 6) berechnen.

b) Die vier eingefärbten Dreiecke des regelmäßigen Sechsecks sind gleichseitig. Sie bilden die Mantelfläche einer quadratischen Pyramide. Zunächst bestimmt man die Höhe h_s des Manteldreiecks. Sie ist die Höhe eines gleichseitigen Dreiecks. Im Parallelschnitt der quadratischen Pyramide lässt sich mithilfe des Satzes von Pythagoras die Körperhöhe der Pyramide berechnen. Mit der Volumenformel für die quadratische Pyramide berechnet man dann das Volumen.
Der Nachweis von $\tan \varphi = \sqrt{2}$ erfolgt im rechtwinkligen Teildreieck der Parallelschnittfläche. Die beiden Katheten sind die halbe Grundkante und die Körperhöhe.

Aufgabe 4 | Lösung

a) Ein Glücksrad mit den Mittelpunktswinkeln 60°; 120° und 180° ist mit den Zahlen 20; 10; und 6 beschriftet. Es wird zweimal gedreht.

Baumdiagramm:
(→ zweistufiger Zufallsversuch)

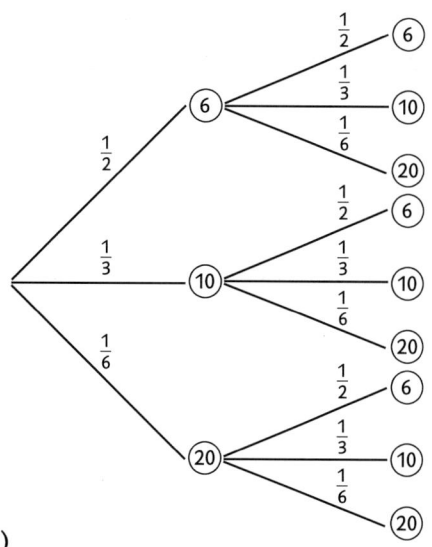

Berechnung von P(Summe genau 30):
(→ Produkt- und Summenregel)

P(Summe genau 30) = P(10; 20) + P(20; 10)
P(Summe genau 30) = 2 · P(10; 20)
P(Summe genau 30) = 2 · $\frac{1}{3}$ · $\frac{1}{6}$
P(Summe genau 30) = $\frac{1}{9}$ P(Summe genau 30) = 11,1 %

Berechnung von P(Summe größer als 12):
(→ Gegenereignis von P(6; 6))

P(Summe > 12) = 1 − P(6; 6)
P(Summe > 12) = 1 − $\frac{1}{2}$ · $\frac{1}{2}$
P(Summe > 12) = 1 − $\frac{1}{4}$
P(Summe > 12) = $\frac{3}{4}$ P(Summe größer als 12) = 75 %

Berechnung von P(Summe kleiner als 30):
(→ Produkt- und Summenregel)

P(Summe < 30) = P(6; 6) + 2 · P(6; 10) + P(10; 10) + 2 · P(6; 20)
P(Summe < 30) = $\frac{1}{2}$ · $\frac{1}{2}$ + 2 · $\frac{1}{2}$ · $\frac{1}{3}$ + $\frac{1}{3}$ · $\frac{1}{3}$ + 2 · $\frac{1}{2}$ · $\frac{1}{6}$
P(Summe < 30) = $\frac{1}{4}$ + $\frac{1}{3}$ + $\frac{1}{9}$ + $\frac{1}{6}$ = $\frac{31}{36}$ P(Summe < 30) = 86,1 %

b) Vier Teildreiecke eines regelmäßigen Sechsecks mit der Seitenlänge $\frac{3}{2}e$ bilden die Mantelfläche einer quadratischen Pyramide.

Berechnung von h_s:
($\rightarrow$ Höhe des gleichseitigen Dreiecks)

$h_s = \dfrac{\frac{3}{2}e}{2}\sqrt{3}$ $\qquad\qquad\qquad\qquad\qquad\qquad\underline{\underline{h_s = \dfrac{3}{4}e\sqrt{3}}}$

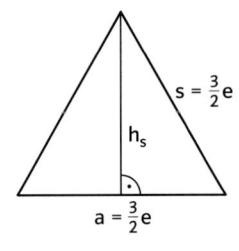

Berechnung der Körperhöhe h:
($\rightarrow$ Satz des Pythagoras im Parallelschnitt)

$h^2 + \left(\dfrac{a}{2}\right)^2 = h_s^2 \qquad\qquad | \left(\dfrac{a}{2}\right)^2$

$h^2 = \left(\dfrac{3}{4}e\sqrt{3}\right)^2 - \left(\dfrac{3}{4}e\right)^2$

$h^2 = \left(3 \cdot \dfrac{9}{16}e^2\right) - \left(\dfrac{9}{16}e^2\right)$

$h^2 = \dfrac{18}{16}e^2 \qquad\qquad\qquad | \sqrt{}$

$h = \dfrac{e}{4}\sqrt{18} \qquad\qquad\qquad\qquad\qquad\qquad \underline{\underline{h = \dfrac{3}{4}e\sqrt{2}}}$

Berechnung des Volumens V:
($\rightarrow$ Volumenformel der Pyramide)

$V = \dfrac{1}{3} \cdot a^2 \cdot h$

$V = \dfrac{1}{3} \cdot \left(\dfrac{3}{2}e\right)^2 \cdot \dfrac{3}{4}e\sqrt{2} \qquad\qquad\qquad \underline{\underline{V = \dfrac{9}{16}e^3\sqrt{2}}}$

Nachweis von tan φ = √2:
(→ Tangensfunktion im Parallelschnitt)

$\tan \varphi = \dfrac{h}{\frac{a}{2}}$

$\tan \varphi = \dfrac{\frac{3}{4}e\sqrt{2}}{\frac{3}{4}e}$

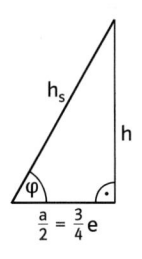

$\tan \varphi = \sqrt{2}$

Prüfung 2009

Pflicht- und Wahlbereich
Aufgaben und Lösungen

Aufgaben (Pflichtbereich 2009)

Aufgabe 1

Gegeben ist ein gleichschenkliges Dreieck ABC mit einem einbeschriebenen Rechteck DEFG.
Es gilt:
$\alpha = 51{,}3°$
$\overline{AG} = 3{,}1\,cm$
$\overline{AB} = 7{,}2\,cm$
$\overline{AC} = \overline{BC}$
Berechnen Sie den Flächeninhalt des Dreiecks GFC.

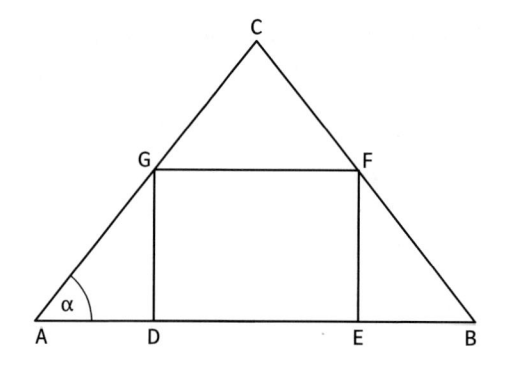

Aufgabe 2

Die Dreiecke ABC und ABD haben die Seite $\overline{AB}$ gemeinsam.
Es gilt:
$\overline{AB} = 6{,}8\,cm$
$\gamma = 57{,}7°$
$\overline{DE} = 3{,}9\,cm$
Berechnen Sie den Abstand des Punktes D von $\overline{AB}$.

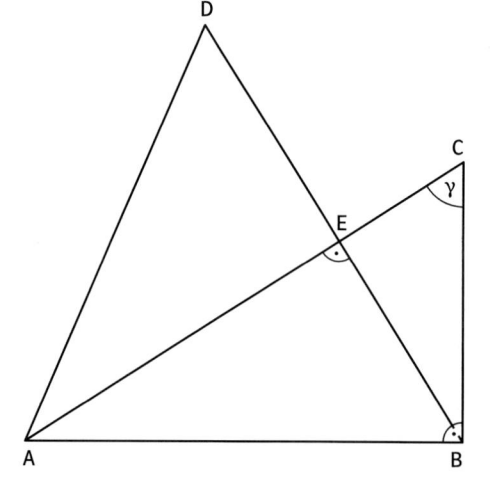

Aufgaben (Pflichtbereich 2009)

Aufgabe 3

Ein zusammengesetzter Körper besteht aus einem Zylinder und einem Kegel.
Es gilt:
$V_K = 223\,\text{cm}^3$ (Volumen des Kegels)
$h_K = 8{,}5\,\text{cm}$ (Höhe des Kegels)
$O_{ges} = 344\,\text{cm}^2$ (Oberfläche des zusammengesetzten Körpers)
Berechnen Sie die Höhe des Zylinders.

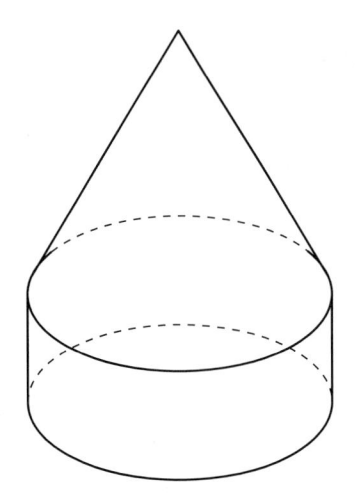

Aufgabe 4

Eine Gerade hat die Gleichung $y = 2x - 5$.
Eine nach oben geöffnete Normalparabel hat den Scheitelpunkt $S(3|-2)$.
Berechnen Sie die Koordinaten der Schnittpunkte von Gerade und Parabel.
Bestimmen Sie die Koordinaten der Schnittpunkte rechnerisch.

Aufgabe 5

Bestimmen Sie die Definitionsmenge und die Lösungsmenge der Gleichung.
$$\frac{x+4}{x-1} - \frac{5}{x} = \frac{3x^2 + x - 7}{x(x-1)}$$

Aufgabe 6

Frau Schön legt einen Betrag von 10 000,00 € für die Dauer von vier Jahren zu einem Zinssatz von 4,2 % an. Zinsen werden mitverzinst.
Frau Reiche will ebenfalls 10 000,00 € anlegen. Die Zinsen sollen mitverzinst werden. Sie möchte jedoch schon nach drei Jahren das gleiche Endkapital wie Frau Schön angespart haben.
Welchen jährlich gleich bleibenden Zinssatz müsste Frau Reiche vereinbaren?

Aufgaben (Pflichtbereich 2009)

Aufgabe 7

Die Jungen der Klassen 8a und 8b werden gemeinsam in einer Sportgruppe unterrichtet.
Beim Ballwurf werden von den 10 Schülern der 8a und den 13 Schülern der 8b folgende Weiten (Angaben in Meter) erzielt:

8a	41,5	27,5	32	39,5	32	29	27	42	51	22,5			
8b	33	19	26	36	25,5	41,5	36,5	30	39,5	29,5	29	45,5	25

Bestimmen Sie jeweils den Zentralwert und den Mittelwert (arithmetisches Mittel) der 8a und der 8b.
Paul aus der Klasse 8a, der am weitesten geworfen hat, wird aus der Wertung genommen, weil er einen zu leichten Ball verwendet hat.
Welche Auswirkungen hat dies auf den Zentralwert und das arithmetische Mittel der 8a?

Aufgabe 8

In einem Gefäß befinden sich eine weiße, vier rote und fünf blaue Kugeln.
Es werden nacheinander zwei Kugeln ohne Zurücklegen gezogen.
Mit welcher Wahrscheinlichkeit werden zwei verschiedenfarbige Kugeln gezogen?
Wie groß ist die Wahrscheinlichkeit, dass höchstens eine der gezogenen Kugeln rot ist?

Aufgabe 1

Gleichschenkliges Dreieck ABC mit einem einbeschriebenen Rechteck DEFG:
$\alpha = 51{,}3°$; $\overline{AG} = 3{,}1\,\text{cm}$; $\overline{AB} = 7{,}2\,\text{cm}$
und $\overline{AC} = \overline{BC}$

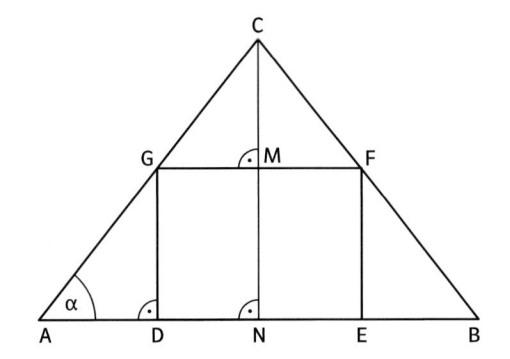

Berechnung des Flächeninhalts des Dreiecks GFC:
(→ Flächenformel des Dreiecks)

$$A_{GFC} = \frac{\overline{FG} \cdot \overline{CM}}{2}$$

Berechnung der Strecke $\overline{AD}$:
(→ Kosinusfunktion im Dreieck ADG)

$\cos\alpha = \dfrac{\overline{AD}}{\overline{AG}}$ $\quad | \cdot \overline{AG}$

$\overline{AD} = \overline{AG} \cdot \cos\alpha$
$\overline{AD} = 3{,}1 \cdot \cos 51{,}3°$ $\qquad\qquad\qquad\qquad \overline{AD} = 1{,}94\,\text{cm}$

Berechnung der Strecke $\overline{DG}$:
(→ Pythagoras im Dreieck ADG)

$\overline{DG}^2 = \overline{AG}^2 - \overline{AD}^2$ $\quad | \sqrt{}$

$\overline{DG} = \sqrt{3{,}1^2 - 1{,}94^2}$ $\qquad\qquad\qquad\qquad \overline{DG} = 2{,}42\,\text{cm}$

Berechnung der Strecke $\overline{CN}$:
(→ Tangensfunktion im Dreieck ANC)

$\tan\alpha = \dfrac{\overline{CN}}{\overline{AN}}$ $\quad | \cdot \overline{AN}$

$\overline{CN} = \overline{AN} \cdot \tan\alpha$
$\overline{CN} = 3{,}6 \cdot \tan 51{,}3°$ $\qquad\qquad\qquad\qquad \overline{CN} = 4{,}49\,\text{cm}$

Berechnung der Strecke $\overline{CM}$:
(→ Streckendifferenz; $\overline{MN} = \overline{DG}$)
$\overline{CM} = \overline{CN} - \overline{MN}$
$\overline{CM} = 4{,}49 - 2{,}42$ $\underline{\underline{\overline{CM} = 2{,}07\,cm}}$

Berechnung der Strecke $\overline{FG}$:
(→ Streckendifferenz)

$\overline{FG} = \overline{AB} - 2 \cdot \overline{AD}$
$\overline{FG} = 7{,}2 - 2 \cdot 1{,}94$ $\underline{\underline{\overline{FG} = 3{,}32\,cm}}$

$A_{GFC} = \dfrac{3{,}32 \cdot 2{,}07}{2}$ $\underline{\underline{A_{GFC} = 3{,}4\,cm^2}}$

Aufgabe 2

Zwei Dreiecke ABC und ABD mit der gemeinsamen Seite $\overline{AB}$.
$\overline{AB} = 6{,}8\,cm$
$\gamma = 57{,}7°$
$\overline{DE} = 3{,}9\,cm$

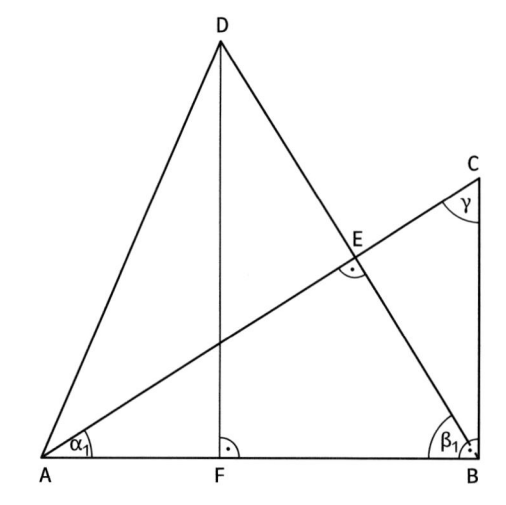

Berechnung des Abstands $\overline{DF}$ des Punktes D von $\overline{AB}$:
(→ Sinusfunktion im Dreieck FBD)

$\sin \beta_1 = \dfrac{\overline{DF}}{\overline{BD}}$ $\mid \cdot \overline{BD}$
$\overline{DF} = \overline{BD} \cdot \sin \beta_1$

Aufgaben | Lösung

Berechnung der Winkel α_1 und β_1:
($\rightarrow$ Winkelsumme im Dreieck ABC
und im Dreieck ABE)

$\alpha_1 = 90° - \gamma$
$\alpha_1 = 90° - 57{,}7°$ $\qquad\qquad\qquad\qquad\qquad\qquad\underline{\alpha_1 = 32{,}3°}$

$\beta_1 = 90° - \alpha_1$
$\beta_1 = 90° - 32{,}3°$ $\qquad\qquad\qquad\qquad\qquad\qquad\underline{\beta_1 = 57{,}7°}$

Berechnung der Strecke $\overline{BE}$:
($\rightarrow$ Sinusfunktion im Dreieck ABE)

$\sin \alpha_1 = \dfrac{\overline{BE}}{\overline{AB}} \qquad | \cdot \overline{AB}$
$\overline{BE} = \overline{AB} \cdot \sin \alpha_1$
$\overline{BE} = 6{,}8 \cdot \sin 32{,}3°$ $\qquad\qquad\qquad\qquad\underline{\overline{BE} = 3{,}63\,\text{cm}}$

Berechnung der Strecke $\overline{BD}$:
($\rightarrow$ Streckensumme)

$\overline{BD} = \overline{DE} + \overline{BE}$
$\overline{BD} = 3{,}9 + 3{,}63$ $\qquad\qquad\qquad\qquad\qquad\underline{\overline{BD} = 7{,}53\,\text{cm}}$

$\overline{DF} = 7{,}53 \cdot \sin 57{,}7°$ $\qquad\qquad\qquad\qquad\underline{\overline{DF} = 6{,}4\,\text{cm}}$

Aufgabe 3

Ein aus einem Zylinder und einem
Kegel zusammengesetzter Körper:
- $V_K = 223\,cm^3$ (Kegelvolumen)
- $h_K = 8,5\,cm$ (Kegelhöhe)
- $O_{ges} = 344\,cm^2$ (Oberfläche des zusammengesetzten Körpers)

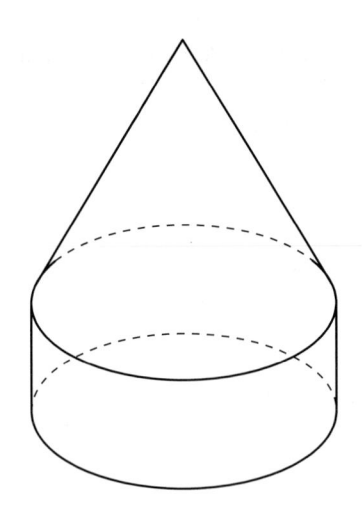

Berechnung der Zylinderhöhe h_Z:
(→ Oberflächenformel des zusammengesetzten Körpers)

$O_{ges} = G + M_Z + M_K$
$O_{ges} = \pi r^2 + 2\pi r \cdot h_Z + \pi r s$

Berechnung des Kegelradius r:
(→ Volumenformel des Kegels; Kegelradius = Zylinderradius)

$V_K = \frac{1}{3} \cdot \pi \cdot r^2 \cdot h_K \qquad |\cdot \frac{3}{\pi \cdot h_K}$

$r^2 = \frac{3V_K}{\pi \cdot h_K} \qquad\qquad |\sqrt{}$

$r = \sqrt{\frac{3V_K}{\pi \cdot h_K}}$

$r = \sqrt{\frac{3 \cdot 223}{\pi \cdot 8,5}} \qquad\qquad\qquad\qquad \underline{r = 5,01\,cm}$

Berechnung der Mantellinie s:
(→ Pythagoras im Achsenschnitt des Kegels)

$s^2 = h_K^2 + r^2$
$s^2 = 8{,}5^2 + 5{,}01^2$

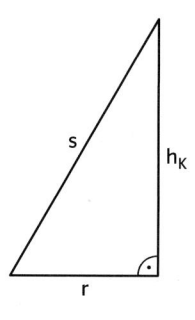

$s = 9{,}87\,\text{cm}$

$O_{ges} = \pi \cdot 5{,}01^2 + 2\pi \cdot 5{,}01 \cdot h_Z + \pi \cdot 5{,}01 \cdot 9{,}87$
$344 = 78{,}85 + 10{,}02\,\pi \cdot h_Z + 155{,}35 \qquad |-234{,}20$
$\qquad\qquad\qquad\qquad\qquad\qquad\qquad\qquad |:(10{,}02 \cdot \pi)$
$10{,}02\,\pi \cdot h_Z = 99{,}80$

$\underline{h_Z = 3{,}5\,\text{cm}}$

Aufgabe 4

Gerade g mit der Gleichung $y = 2x - 5$
und eine nach oben geöffnete Normalparabel p
mit dem Scheitel $S(3|-2)$.

Bestimmung der Parabelgleichung p:
(→ Scheitelform der Parabelgleichung)

$S(3|-2)$: $y = (x-3)^2 - 2$
$\qquad\qquad y = x^2 - 6x + 9 - 2$

$\underline{p: y = x^2 - 6x + 7}$

Berechnung der Koordinaten der Schnittpunkte P_1 und P_2 von Gerade und Parabel:
(→ Gleichsetzen der beiden Funktionsgleichungen)

$x^2 - 6x + 7 = 2x - 5 \qquad |-2x + 5$
$x^2 - 8x + 12 = 0$

(→ Lösungsformel)

$x_{1,2} = +\frac{8}{2} \pm \sqrt{\left(\frac{8}{2}\right)^2 - 12}$
$x_{1,2} = 4 \pm 2$
$x_1 = 6$
$x_2 = 2$

(→ Berechnung der y-Koordinaten durch Einsetzen in $y = 2x - 5$)

$y_1 = 2 \cdot 6 - 5$
$y_1 = 7$ $\qquad\qquad\qquad\qquad\qquad\qquad\qquad$ $\underline{P_1(6|7)}$

$y_2 = 2 \cdot 2 - 5$
$y_2 = -1$ $\qquad\qquad\qquad\qquad\qquad\qquad\qquad$ $\underline{P_2(2|-1)}$

Berechnung der Entfernung der Schnittpunkte P_1 und P_2:
(→ Pythagoras im Koordinatensystem)

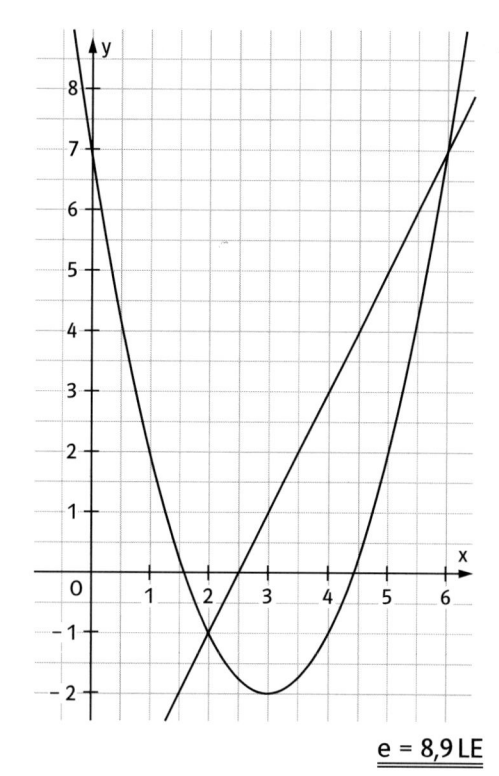

$e^2 = (x_1 - x_2)^2 + (y_1 - y_2)^2$
$e^2 = (6 - 2)^2 + (7 - (-1))^2$
$e^2 = 4^2 + 8^2$

$\underline{e = 8{,}9 \text{ LE}}$

Aufgabe 5

Bruchgleichung

$\dfrac{x+4}{x-1} - \dfrac{5}{x} = \dfrac{3x^2 + x - 7}{x(x-1)}$

Lösung der Bruchgleichung:

$\dfrac{x+4}{x-1} - \dfrac{5}{x} = \dfrac{3x^2 + x - 7}{x(x-1)}$

Bestimmung des Hauptnenners:
(→ Faktorisieren der Nenner)

$\begin{aligned} x - 1 &= x - 1 \\ x &= x \\ x(x-1) &= x(x-1) \\ \hline \text{HN:} \quad & x(x-1) \end{aligned}$

Bestimmung der Definitionsmenge: $\quad\quad\quad\quad\quad\quad\quad\quad\quad\quad\quad\quad$ $\underline{D = R \setminus \{0; 1\}}$

$$\frac{x+4}{x-1} - \frac{5}{x} = \frac{3x^2 + x - 7}{x(x-1)} \quad | \cdot x(x-1)$$
$$(x+4) \cdot x - 5 \cdot (x-1) = 3x^2 + x - 7 \quad | T$$
$$x^2 + 4x - 5x + 5 = 3x^2 + x - 7 \quad | -3x^2 - x + 7$$
$$-2x^2 - 2x + 12 = 0 \quad | :(-2)$$
$$x^2 + x - 6 = 0$$

(→ p-q-Lösungsformel)

$$x_{1,2} = -0{,}5 \pm \sqrt{0{,}5^2 - (-6)}$$
$$x_{1,2} = -0{,}5 \pm \sqrt{6{,}25}$$
$$x_{1,2} = -0{,}5 \pm 2{,}5$$
$$x_1 = 2$$
$$x_2 = -3$$

Für die Lösungsmenge gilt somit: $\quad\quad\quad\quad\quad\quad\quad\quad\quad\quad\quad\quad\quad$ $\underline{L = \{2; -3\}}$

Aufgabe 6

Zinseszinsrechnen über vier bzw. drei Jahre.

Berechnung des Guthabens K_4 von Frau Schöne nach vier Jahren:
(→ Zinseszinsformel)

$$K_4 = K_0 \cdot q^4$$
$$K_4 = 10\,000{,}00\,€ \cdot 1{,}042^4 \quad\quad\quad\quad\quad\quad\quad\quad \underline{K_4 = 11\,788{,}83\,€}$$

Nach 4 Jahren ist das Kapital von Frau Schöne auf 11 788,83 € angewachsen.

Berechnung des Guthabens K_3 von Frau Reiche nach drei Jahren:

$$K_3 = K_0 \cdot q^3 \quad | : K_0$$
$$q^3 = \frac{K_3}{K_0} \quad | \sqrt[3]{}$$
$$q = \sqrt[3]{\frac{11\,788{,}33}{10\,000}}$$
$$q = 1{,}0564 \quad\quad\quad\quad\quad\quad\quad\quad\quad\quad\quad\quad \underline{p\% = 5{,}64\,\%}$$

Frau Reiche müsste einen jährlich gleichbleibenden Zinssatz von 5,64 % vereinbaren.

Aufgabe 7

Vergleich der Messwerte beim Ballwurf der Klassen 8a und 8b.

Erstellung einer Rangliste:
(→ Daten aufsteigend sortiert)

8a	22,5	27	27,5	29	32	32	39,5	41,5	42	51			
8b	19	25	25,5	26	29	29,5	30	33	36	36,5	39,5	41,5	45,5

Bestimmung des Zentralwerts der beiden Klassen 8a bzw. 8b:
Da die Anzahl der Daten der Klasse 8a eine gerade Zahl ist (10 Werte), ist der Zentralwert der Mittelwert des 5. und 6. Werts. Beide Werte sind gleich. Somit gilt:

$$z_{8a} = 32\,m$$

Die Anzahl der Daten der Klasse 8b ist eine ungerade Zahl (13 Werte). Der Zentralwert ist somit der 7. Wert.

$$z_{8b} = 30\,m$$

Berechnung des Mittelwerts (arithmetisches Mittel) der beiden Klassen 8a bzw. 8b:
(→ Formel)

Klasse 8a: $m_{8a} = \dfrac{41,5 + 27,5 + 32 + 39,5 + 32 + 29 + 27 + 42 + 51 + 22,5}{10}$

$$m_{8a} = 34,4\,m$$

Klasse 8b: $m_{8b} = \dfrac{33 + 19 + 26 + 36 + 25,5 + 41,5 + 36,5 + 30 + 39,5 + 29,5 + 29 + 45,5 + 25}{13}$

$$m_{8b} = 32,0\,m$$

Berechnung des Zentralwerts der Klasse 8a ohne Paul:
(→ Anzahl der Werte der 8a verringert sich auf 9 Werte)

Die Anzahl der Werte der Klasse 8a ohne Paul ist eine ungerade Zahl (9 Werte).
Der Zentralwert ist somit der 5. Wert der veränderten Rangliste.

$$z_{8a\,neu} = 32\,m$$

Da der 5. und 6. Wert identisch waren, ändert sich der Zentralwert nicht.

Berechnung des Mittelwerts der Klasse 8a ohne Paul:
(→ Formel)

$$m_{8a\,neu} = \frac{41{,}5 + 27{,}5 + 32 + 39{,}5 + 32 + 29 + 27 + 42 + 22{,}5}{9}$$

$$\underline{\underline{m_{8a\,neu} = 32{,}56\,m}}$$

Der Zentralwert der Klasse 8a ändert sich durch das Streichen des Wertes von Paul nicht, der Mittelwert nimmt hingegen um 1,84 m ab und beträgt somit nur noch 32,56 m.

Aufgabe 8

Gefäß mit einer weißen, vier roten und fünf blauen Kugeln – Ziehen von zwei Kugeln ohne Zurücklegen.

Baumdiagramm:
(→ Zweistufiges Zufallsexperiment)

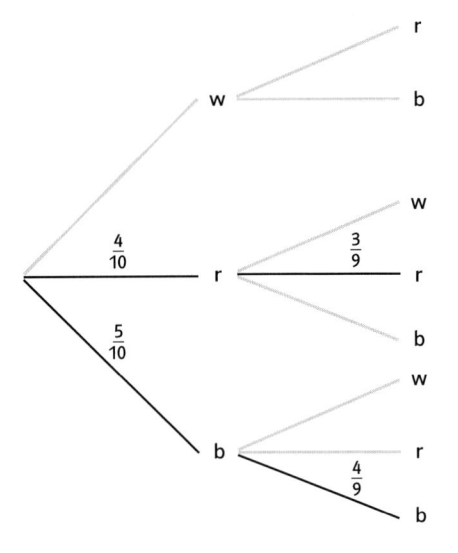

Berechnung von P(verschiedenfarbige Kugeln):
(→ Produkt- und Summenregel; Gegenereignis)

P(verschiedenfarbige Kugeln) = 1 − P(r, r) − P(b, b)

P(verschiedenfarbige Kugeln) = $1 - \frac{4}{10} \cdot \frac{3}{9} - \frac{5}{10} \cdot \frac{4}{9}$

P(verschiedenfarbige Kugeln) = $1 - \frac{12}{90} - \frac{20}{90}$

P(verschiedenfarbige Kugeln) = $\frac{58}{90} = \frac{29}{45} = 64{,}4\,\%$

$$\underline{\underline{P(\text{verschiedenfarbige Kugeln}) = 64{,}4\,\%}}$$

Die Wahrscheinlichkeit, zwei verschiedenfarbige Kugeln zu ziehen, beträgt 64,4 %.

Berechnung von P(höchstens eine rote Kugel):
(→ Gegenereignis)

P(höchstens eine rote Kugel) = 1 − P(r, r)

P(höchstens eine rote Kugel) = $1 - \frac{4}{10} \cdot \frac{3}{9}$

P(höchstens eine rote Kugel) = $1 - \frac{12}{90}$

P(höchstens eine rote Kugel) = $\frac{78}{90} = \frac{39}{45}$ = 86,7 %

<u>P(höchstens eine rote Kugel) = 86,7 %</u>

Die Wahrscheinlichkeit, dass höchstens eine der beiden gezogenen Kugeln rot ist, beträgt 86,7 %.

Aufgabe 1 (Wahlbereich 2009)

a) Auf einem Würfel liegt der Streckenzug RSTU mit der Länge 21,7 cm.
Es gilt:
a = 6,4 cm
α = 55,5°
$\overline{AT} = \overline{FS} = \overline{HR}$
Berechnen Sie die Länge von $\overline{BU}$.

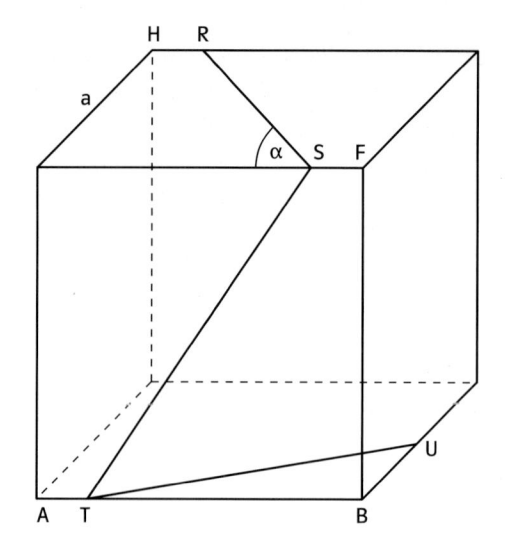

b) Gegeben ist das rechtwinklige Dreieck ABC.
Es gilt:
$\overline{AC} = e\sqrt{6}$
$\overline{CF} = \overline{FB}$
Zeigen Sie ohne Verwendung gerundeter Werte, dass der Umfang des Dreiecks ABC mit der Formel
$u = 3e(\sqrt{2} + \sqrt{6})$
berechnet werden kann.

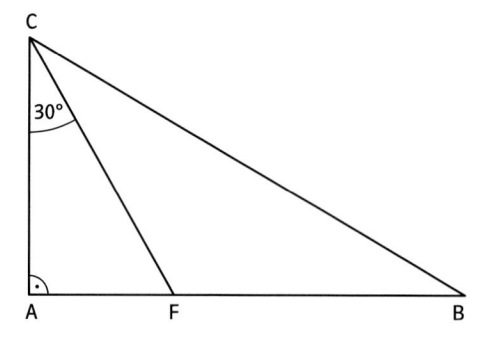

Aufgabe 1 | Lösungshinweis

a) In einem rechtwinkligen Teildreieck auf der Deckfläche lässt sich mit Winkelfunktionen die Teilstrecke $\overline{RS}$ berechnen. Da $\overline{HR}$ und $\overline{AT}$ gleich lang sind, müssen auch $\overline{RS}$ und $\overline{ST}$ gleich lang sein.
Aus der Streckendifferenz ergeben sich die Längen der Teilstrecken $\overline{TU}$ und $\overline{BT}$. Die gesuchte Länge von $\overline{BU}$ kann dann mit dem Satz von Pythagoras berechnet werden.

b) Die beiden Dreiecke AFC und ABC sind jeweils halbe gleichseitige Dreiecke. $\overline{AC}$ ist dann Dreieckshöhe im Dreieck AFC und halbe Dreiecksseite im Dreieck ABC.
Die Größe der beiden Winkel bei F lassen sich über die Winkelsumme im Dreieck AFC und als Nebenwinkel berechnen.
Da das Dreieck FBC gleichschenklig ist, sind auch die beiden Winkel bei B und C gleich groß.
Die Dreiecksseite $\overline{AB}$ ist Dreieckshöhe im Dreieck ABC und lässt sich mit der Formel für die Höhe oder mithilfe von Winkelfunktionen berechnen.

Aufgabe 1 | Lösung

a) Streckenzug RSTU auf einem Würfel mit der Länge 21,7 cm:
a = 6,4 cm; α = 55,5°
$\overline{AT} = \overline{FS} = \overline{HR}$

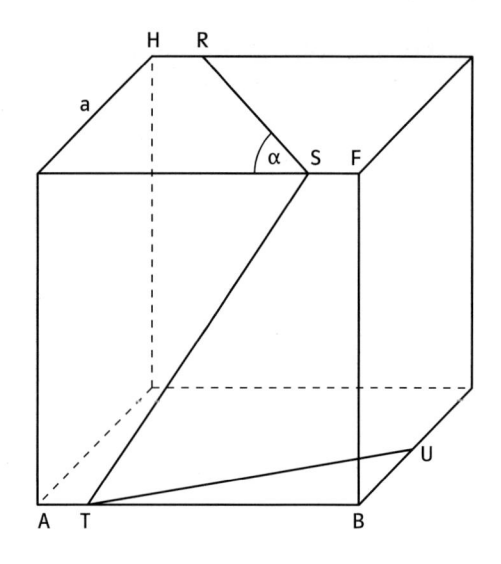

Berechnung der Länge von $\overline{BU}$:
(→ Pythagoras im rechtwinkligen Dreieck TBU)

$\overline{BU}^2 = \overline{TU}^2 - \overline{BT}^2$

Berechnung der Strecke $\overline{RS}$:
(→ Sinusfunktion im rechtwinkligen Dreieck RGS)

$\sin\alpha = \dfrac{\overline{GR}}{\overline{RS}}$ | · RS | : sin α

$\overline{RS} = \dfrac{\overline{GR}}{\sin\alpha}$

$\overline{RS} = \dfrac{6,4}{\sin 55°}$

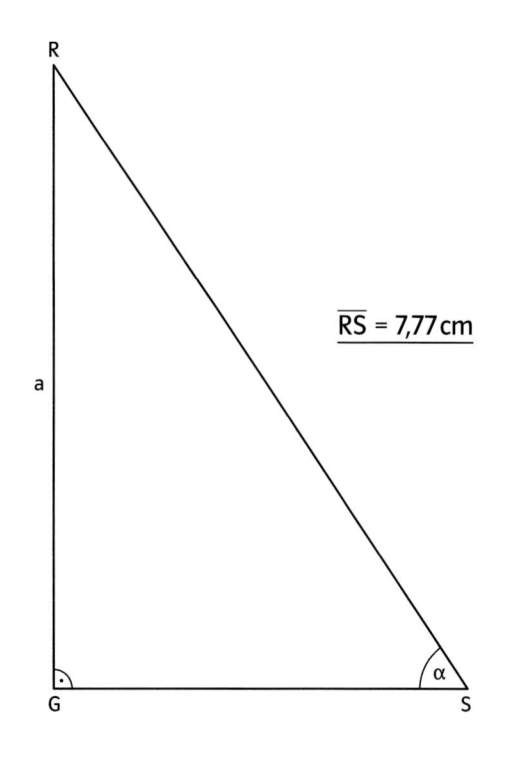

$\overline{RS} = 7,77\,\text{cm}$

18 | Wahlbereich 2009

Aufgabe 1 | Lösung

Berechnung der Strecke $\overline{GR}$:
($\rightarrow$ Pythagoras im Dreieck RGS)

$\overline{GS}^2 = \overline{RS}^2 - a^2$
$\overline{GS}^2 = 7{,}77^2 - 6{,}4^2$ $\hspace{4cm}$ $\underline{GS = 4{,}41\,cm}$

Berechnung der Strecken $\overline{AT} = \overline{FS} = \overline{HR}$:
($\rightarrow$ Streckendifferenz)

$\overline{SF} = \dfrac{\overline{AB} - \overline{GS}}{2}$
$\overline{SF} = \dfrac{6{,}4 - 4{,}41}{2}$ $\hspace{3cm}$ $\underline{\overline{AT} = \overline{FS} = \overline{HR} = 1{,}00\,cm}$

Länge der Strecke $\overline{ST}$:
($\rightarrow \overline{ST} = \overline{RS}$, da $\overline{AT} = \overline{HR}$)

$\overline{ST} = \overline{RS}$ $\hspace{6cm}$ $\underline{\overline{ST} = 7{,}77\,cm}$

Berechnung der Strecke $\overline{TU}$:
($\rightarrow$ Streckendifferenz im Streckenzug RSTU)

$\overline{TU} = RSTU - 2 \cdot \overline{RS}$
$\overline{TU} = 21{,}7 - 2 \cdot 7{,}77$ $\hspace{4cm}$ $\underline{\overline{TU} = 6{,}16\,cm}$

Berechnung der Strecke $\overline{BT}$:
($\rightarrow$ Streckendifferenz)

$\overline{BT} = \overline{AB} - \overline{AT}$
$\overline{BT} = 6{,}4 - 1{,}00$ $\hspace{4cm}$ $\underline{\overline{BT} = 5{,}40\,cm}$

$\overline{BU}^2 = 6{,}16^2 - 5{,}40^2$ $\hspace{4cm}$ $\underline{\overline{BU} = 3{,}0\,cm}$

b) Nachweis der allgemeinen Umfangsformel für das Dreieck ABC:
$u = 3e(\sqrt{2} + \sqrt{6})$
Es gilt: $\overline{AC} = e\sqrt{6}$ und $\overline{CF} = \overline{FB}$

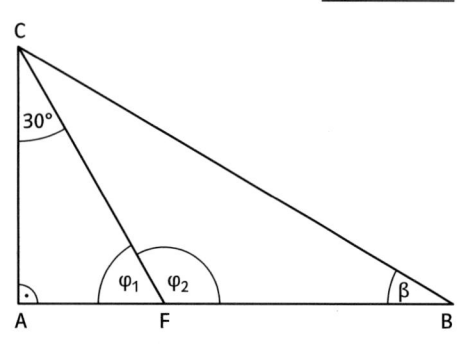

Aufgabe 1 | Lösung

Nachweis der Umfangsformel für das Dreieck ABC:
(→ Umfangsformel)

$u = \overline{AB} + \overline{BC} + \overline{AC}$

Berechnung der Winkel φ_1 und φ_2:
(→ Winkelsumme und Nebenwinkel)

$\varphi_1 = 180° - 90° - 30°$ $\qquad\qquad\qquad\qquad\qquad$ $\underline{\varphi_1 = 60°}$

$\varphi_2 = 180° - 60°$ $\qquad\qquad\qquad\qquad\qquad\qquad$ $\underline{\varphi_2 = 120°}$

Berechnung des Winkels β:
(→ Winkelsumme im gleichschenkligen Dreieck)

$\beta = (180° - \varphi_2) : 2$
$\beta = (180° - 120°) : 2$ $\qquad\qquad\qquad\qquad\qquad$ $\underline{\beta = 30°}$

Berechnung der Länge von $\overline{BC}$:
(→ Seite im halben gleichseitigen Dreieck ABC)

$\overline{BC} = 2 \cdot \overline{AC}$
$BC = 2 \cdot e\sqrt{6}$ $\qquad\qquad\qquad\qquad\qquad\qquad$ $\underline{\overline{BC} = 2e\sqrt{6}}$

Berechnung der Länge von $\overline{AB}$:
(→ Höhe im halben gleichseitigen Dreieck ABC)

$\overline{AB} = \dfrac{\overline{BC}}{2} \cdot \sqrt{3}$

$\overline{AB} = \dfrac{2e\sqrt{6}}{2} \cdot \sqrt{3}$

$\overline{AB} = e\sqrt{18}$

(→ teilweise Wurzelziehen)

$\overline{AB} = e \cdot \sqrt{9 \cdot 2}$ $\qquad\qquad\qquad\qquad\qquad\qquad$ $\underline{\overline{AB} = 3e\sqrt{2}}$

$u = 3e\sqrt{2} + 2e\sqrt{6} + e\sqrt{6}$
$u = 3e\sqrt{2} + 3e\sqrt{6}$ $\qquad\qquad\qquad\qquad\qquad$ $\underline{u = 3e(\sqrt{2} + \sqrt{6})}$

Aufgabe 2 (Wahlbereich 2009)

a) Von einer regelmäßigen fünfseitigen Pyramide sind gegeben:
M = 126 cm² (Mantelfläche)
h_s = 8,4 cm (Höhe der Seitenfläche)
Berechnen Sie den Flächeninhalt des Dreiecks ΔAFS.

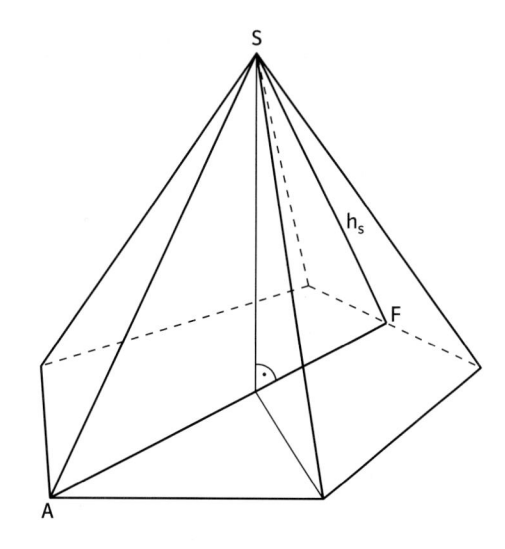

b) Ein zusammengesetzter Körper besteht aus einer Halbkugel und aus einem Kegel.
A_{ges} = 60,0 cm² (Flächeninhalt der gesamten Achsenschnittfläche)
r = 5,4 cm (Radius der Halbkugel)
h = 13,6 cm
Berechnen Sie die Oberfläche des zusammengesetzten Körpers.

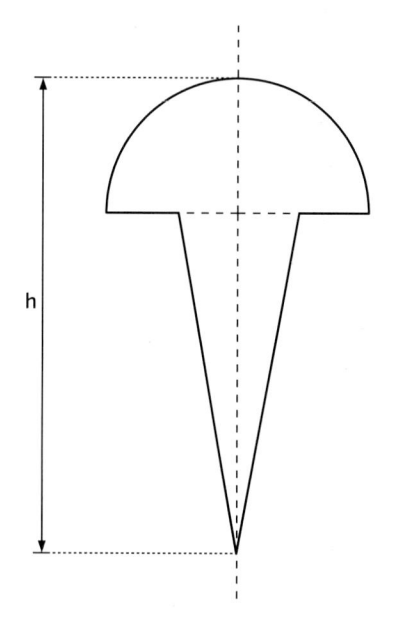

Aufgabe 2 | Lösungshinweis

a) Die Mantelflächenformel der Pyramide lässt sich nach a auflösen.
Die gesuchte Dreiecksfläche berechnet man aus der Grundseite $\overline{AF}$ und der Körperhöhe der Pyramide.
Die Grundseite setzt sich aus dem Umkreisradius und der Höhe eines Teildreiecks des Fünfecks zusammen.
Zur Berechnung der beiden Teilstrecken lässt sich die Grundfläche in fünf gleichschenklige Dreiecke zerlegen. Mit Winkelfunktionen und dem Satz von Pythagoras lassen sich die Berechnungen durchführen.
Die Körperhöhe berechnet man in einem rechtwinkligen Teildreieck des Achsenschnitts.

b) Aus dem Flächeninhalt der gesamten Fläche und dem Flächeninhalt des Halbkreises kann man den Flächeninhalt des Achsenschnitts des Kegels berechnen.
Durch Auflösen der Flächenformel erhält man den Radius des Kegels.
Mit dem Satz von Pythagoras berechnet man im halben Achsenschnitt des Kegels die Mantellinie s.
Die gesuchte Oberfläche des gesamten Körpers setzt sich aus der halben Kugeloberfläche, einem Kreisring und dem Mantel des Kegels zusammen.

Aufgabe 2 | Lösung

a) Regelmäßige fünfseitige Pyramide mit
M = 126 cm² (Mantelfläche)
h_s = 8,4 cm (Seitenflächenhöhe)

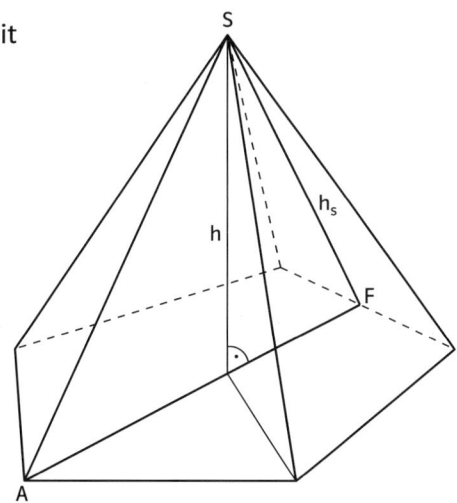

Berechnung des Flächeninhalts des Dreiecks ΔAFS:
(→ Flächenformel für das Dreieck)

$A = \frac{1}{2} \cdot \overline{AF} \cdot h$

Berechnung der Pyramidengrundkante a:
(→ Mantelflächenformel der Pyramide)

$M = 5 \cdot \frac{a \cdot h_s}{2} \quad | \cdot \frac{2}{5h_s}$

$a = \frac{2 \cdot M}{5 \cdot h_s}$

$a = \frac{2 \cdot 126}{5 \cdot 8,4}$ a = 6,00 cm

Berechnung des Mittelpunktswinkels α:
(→ regelmäßiges Fünfeck)

$\alpha = \frac{360°}{5}$ α = 72,0°

Aufgabe 2 | Lösung

Berechnung der Dreieckshöhe h_a:
($\rightarrow$ Tangensfunktion im halben Teildreieck des Fünfecks)

$$\tan\frac{\alpha}{2} = \frac{\frac{a}{2}}{h_a} \quad |\cdot h_a \quad |:\tan\frac{\alpha}{2}$$

$$h_a = \frac{\frac{a}{2}}{\tan\frac{\alpha}{2}}$$

$$h_a = \frac{\frac{6,00}{2}}{\tan\frac{72°}{2}}$$

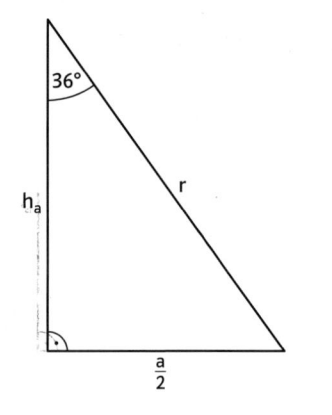

$\underline{h_a = 4{,}13\,\text{cm}}$

Berechnung des Umkreisradius r:
($\rightarrow$ Pythagoras im halben Teildreieck des Fünfecks)

$$r^2 = \left(\frac{a}{2}\right)^2 + h_a^2$$

$$r^2 = \left(\frac{6{,}00}{2}\right)^2 + 4{,}13^2$$

$\underline{r = 5{,}10\,\text{cm}}$

Berechnung der Strecke $\overline{AF}$:
($\rightarrow$ Streckensumme)

$\overline{AF} = r + h_a$
$\overline{AF} = 5{,}10 + 4{,}13$

$\underline{\overline{AF} = 9{,}23\,\text{cm}}$

Aufgabe 2 | Lösung

Berechnung der Körperhöhe h:
(→ Pythagoras im Teildreieck des Achsenschnitts)

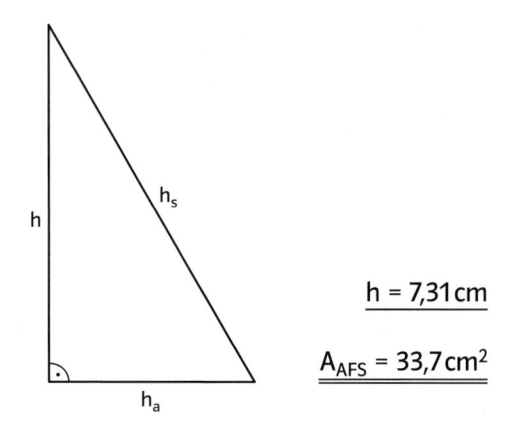

$h^2 = h_s^2 - h_a^2$
$h^2 = 8{,}4^2 - 4{,}13^2$

$A = \frac{1}{2} \cdot 9{,}23 \cdot 7{,}31$

$\underline{\underline{h = 7{,}31\,\text{cm}}}$

$\underline{\underline{A_{AFS} = 33{,}7\,\text{cm}^2}}$

b) Achsenschnitt eines aus einer Halbkugel und einem Kegel zusammengesetzten Körpers:
$A_{ges} = 60{,}0\,\text{cm}^2$ (Flächeninhalt der gesamten Achsenschnittfläche)
$r = 5{,}4\,\text{cm}$ (Radius der Halbkugel)
$h = 13{,}6\,\text{cm}$

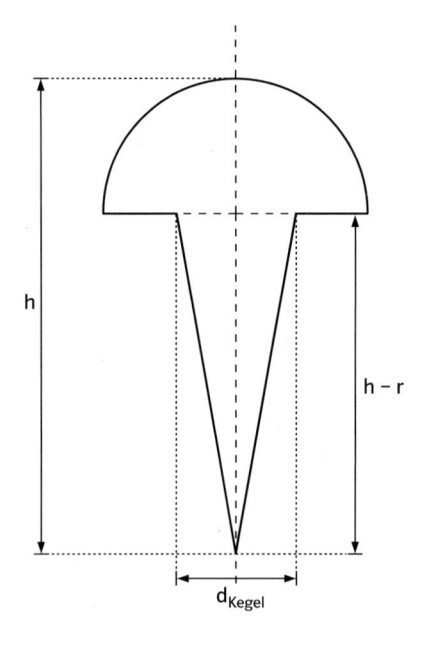

Aufgabe 2 | Lösung

Berechnung der Oberfläche des zusammengesetzten Körpers O:
(→ Summe der Teilflächen)

$O = \frac{1}{2} O_{Kugel} + A_{Ring} + M_{Kegel}$

$O = 2\pi r^2 + \pi(r^2 - r_{Kegel}^2) + \pi \cdot r_{Kegel} \cdot s$

Berechnung der Dreiecksfläche:
(→ Differenz der Flächen)

$A_{Dreieck} = A_{ges} - A_{Halbkreis}$

Berechnung der Halbkreisfläche:
(→ Flächenformel)

$A_{Halbkreis} = \frac{1}{2} \cdot \pi r^2$

$A_{Halbkreis} = \frac{1}{2} \cdot \pi \cdot 5{,}4^2$ $\qquad$ $\underline{A_{Halbkreis} = 45{,}8\,cm^2}$

$A_{Dreieck} = 60{,}0 - 45{,}8$ $\qquad$ $\underline{A_{Dreieck} = 14{,}2\,cm^2}$

Berechnung des Kegelradius r_{Kegel}:
(→ Flächenformel des Dreiecks)

$A_{Dreieck} = \frac{1}{2} \cdot d_{Kegel} \cdot (h - r) \quad | \cdot \frac{2}{h-r}$

$d_{Kegel} = \frac{2 \cdot A_{Dreieck}}{h - r}$

$d_{Kegel} = \frac{2 \cdot 14{,}20}{13{,}6 - 5{,}4}$

$d_{Kegel} = 3{,}46$ $\qquad$ $\underline{r_{Kegel} = 1{,}73\,cm}$

Berechnung der Mantellinie s:
(→ Pythagoras im halben Achsenschnitt)

$s^2 = (h - r)^2 + r_{Kegel}^2$

$s^2 = (13{,}6 - 5{,}4)^2 + 1{,}73^2$ $\qquad$ $\underline{s = 8{,}38\,cm}$

$O = 2\pi \cdot 5{,}4^2 + \pi(5{,}4^2 - 1{,}73^2) + \pi \cdot 1{,}73 \cdot 8{,}38$ $\qquad$ $\underline{\underline{O = 311{,}0\,cm^2}}$

Aufgabe 3 (Wahlbereich 2009)

a) Eine nach oben geöffnete Normalparabel p_1 verläuft durch die Punkte A(3|6) und B(4|11).
Diese Parabel wird um 5 Einheiten nach links und um 5 Einheiten nach unten verschoben.
Dadurch entsteht die Parabel p_2 mit dem Scheitelpunkt S_2.
Die beiden Parabeln haben einen gemeinsamen Punkt P.
Berechnen Sie die Entfernung der Punkte P und S_2.

b) Der Scheitelpunkt einer nach oben geöffneten Normalparabel hat die Koordinaten S(4|−2).
Der Punkt P(2|y_p) liegt auf der Parabel. Er bildet mit den Punkten A(−3|0) und B(1|0) ein Dreieck.
Berechnen Sie den Flächeninhalt des Dreiecks ABP.
Der Punkt P wird auf der Parabel verschoben.
Es gibt zwei Dreiecke ABP_1 und ABP_2, deren Flächeninhalt jeweils 20,5 FE (Flächeneinheiten) beträgt.
Berechnen Sie die Koordinaten der beiden Punkte P_1 und P_2.

Aufgabe 3 | Lösungshinweis

a) Durch Einsetzen der Koordinaten der Punkte A und B in die Normalform der Parabelgleichung $y = x^2 + px + q$ erhält man ein lineares Gleichungssystem, über das sich die Werte p und q bestimmen lassen. Anschließend wandelt man die Normalform der Parabelgleichung in die Scheitelform um und liest den Scheitel ab. Durch Addieren und Subtrahieren der angegebenen Verschiebungswerte zu den Koordinaten des Scheitels der Parabel p_1 erhält man die Koordinaten des Scheitels der verschobenen Parabel p_2.
Die Koordinaten des Schnittpunkts P kann man durch Gleichsetzen der beiden Parabelgleichungen berechnen.
Die Entfernung des Schnittpunkts P vom Scheitelpunkt S_2 der Parabel p_2 berechnet man mithilfe des Satzes von Pythagoras.

b) Die Koordinaten des Scheitelpunkts S der nach oben geöffneten und verschobenen Normalparabel setzt man in die Scheitelform ein und erhält damit die Parabelgleichung. Die Scheitelform der Gleichung formt man in die Normalform um und setzt dort den x-Wert des gegebenen Punktes P ein. Damit lässt sich der zugehörige y-Wert des Punktes P berechnen.
Das Dreieck $\triangle ABP$ hat die Grundseite $\overline{AB}$. Der y-Wert des Punktes P ist die zugehörige Höhe. Der Flächeninhalt lässt sich über die Flächenformel des Dreiecks berechnen.
Durch die Verschiebung des Punktes P auf der Parabel entstehen zwei neue Dreiecke mit vorgegebenem Flächeninhalt.
Durch Umformen der Flächenformel erhält man die Höhe der beiden Dreiecke. Diese Höhe ist jeweils der y-Wert der neuen Punkte P_1 bzw. P_2. Diesen y-Wert setzt man in die Scheitelform der Parabelgleichung ein. Die Lösungen der quadratischen Gleichung liefern die x-Werte der neuen Punkte P_1 und P_2.

Aufgabe 3 | Lösung

a) Gegeben ist die Parabel p_1. Sie verläuft durch die Punkte A(3|6) und B(4|11). Sie wird anschließend um 5 Einheiten nach links und um 5 Einheiten nach oben verschoben. Daraus entsteht die Parabel p_2.

Berechnung der Gleichung der Parabel p_1:
(→ Einsetzen der Koordinaten von A und B in $y = x^2 + px + q$)

A(3|6)	(1)	$6 = 3^2 + p \cdot 3 + q$	$\|-3p - 9$
B(4|11)	(2)	$11 = 4^2 + p \cdot 4 + q$	$\|-4p - 16$

$$(1') \quad -3p - 3 = q$$
$$(2') \quad -4p - 5 = q$$

$(1') = (2'): \quad -3p - 3 = -4p - 5 \qquad |+4p + 3$
$\qquad\qquad\qquad p = -2$

eingesetzt in (1) erhält man
$\qquad 6 = 9 + (-2) \cdot 3 + q \qquad |-3$
$\qquad q = 3 \qquad\qquad\qquad\qquad\quad \underline{p_1: y = x^2 - 2x + 3}$

Bestimmung der Scheitelkoordinaten von S_1:
(→ Umformen in Scheitelform)

$y = x^2 - 2x + 3$
$y = x^2 - 2x + 1^2 + 3 - 1^2$
$y = (x - 1)^2 + 2 \qquad\qquad\qquad\qquad\qquad\qquad \underline{S(1|2)}$

Bestimmung der Scheitelkoordinaten von S_2:
(→ Addition bzw. Subtraktion der Verschiebungswerte)

$y = (x - 1 + 5)^2 + 2 - 5$
$y = (x + 4)^2 - 3 \qquad\qquad\qquad\qquad\qquad\qquad \underline{S(-4|-3)}$

Berechnung der Koordinaten des Schnittpunkts P der beiden Parabeln:
(→ Gleichsetzen der Parabelgleichungen)

$x^2 - 2x + 3 = (x + 4)^2 - 3 \qquad |T$
$x^2 - 2x + 3 = x^2 + 8x + 13 \qquad |-x^2 - 8x - 3$
$\qquad -10x = 10 \qquad\qquad\qquad |:(-10)$
$\qquad\quad x = -1$

Aufgabe 3 | Lösung

(→ Berechnung des y-Wertes durch Einsetzen in $y = x^2 - 2x + 3$)

$y = (-1)^2 - 2 \cdot (-1) + 3$
$y = 1 + 2 + 3$
$\underline{y = 6}$ $\hspace{6cm}$ P(−1|6)

Berechnung von $\overline{PS_2}$:
(→ Satz von Pythagoras im Koordinatensystem)

$\overline{PS_2}^2 = \overline{S_2Q}^2 + \overline{QP}^2$

$\overline{PS_2}^2 = 3^2 + 9^2$

$\overline{PS_2}^2 = 90$ $\hspace{6cm}$ $\underline{\overline{PS_2} = 9{,}5\,\text{LE}}$

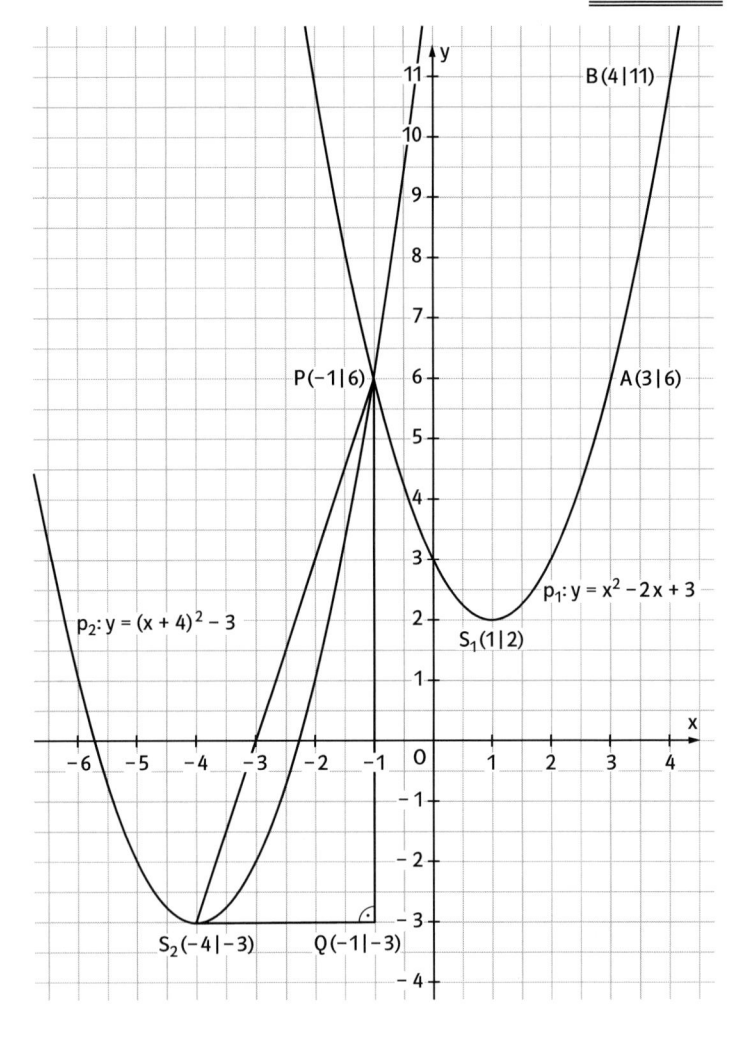

Aufgabe 3 | Lösung

b) Der Scheitelpunkt einer nach oben geöffneten Normalparabel hat die Koordinaten S(4|−2).
Der Punkt P(2|y_P) liegt auf der Parabel. Er bildet mit den Punkten A(−3|0) und B(1|0) ein Dreieck.

Bestimmung der Gleichung der Parabel p:
(→ Einsetzen der Scheitelkoordinaten S(4|−2))

$y = (x - 4)^2 - 2$
$y = x^2 - 8x + 16 - 2$ $\qquad$ p: $y = x^2 - 8x + 14$

Berechnung der y-Koordinate des Punktes P(2|y_P):
(→ Einsetzen in Parabelgleichung)

$y_P = x^2 - 8x + 14$
$y_P = 2^2 - 8 \cdot 2 + 14$
$y_P = 2$ $\qquad\qquad\qquad\qquad\qquad\qquad\qquad\qquad$ P(2|2)

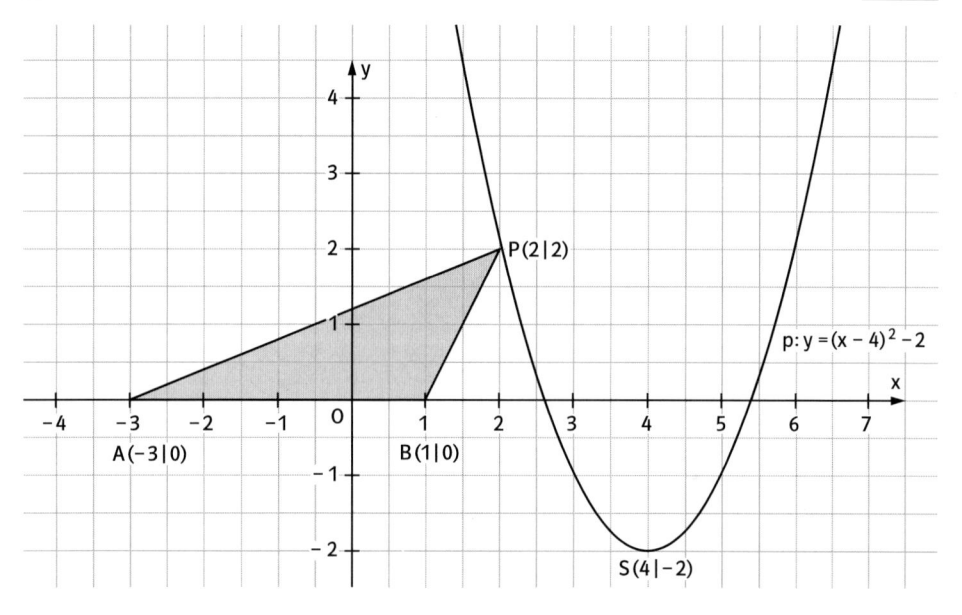

Berechnung des Flächeninhalts des Dreiecks ΔABP:
(→ Flächenformel des allgemeinen Dreiecks)

$A_{ABP} = \dfrac{\overline{AB} \cdot y_P}{2}$

$A_{ABP} = \dfrac{4 \cdot 2}{2}$ $\qquad\qquad\qquad\qquad\qquad\underline{A_{ABP} = 4\,FE}$

Berechnung der Koordinaten der Punkte P_1 und P_2:
(→ Umstellung der Flächenformel)

$A_{ABP} = \dfrac{\overline{AB} \cdot y_P}{2}$

$20{,}5 = \dfrac{4 \cdot y_P}{2} \qquad | \cdot \dfrac{2}{4}$

$y_P = 10{,}25$ $\qquad\qquad\qquad\qquad\qquad\underline{y_{P_1} = y_{P_2} = 10{,}25\,LE}$

Aufgabe 3 | Lösung

(→ Einsetzen des y-Werts in die Parabelgleichung)

$$y_P = (x_P - 4)^2 - 2$$
$$10{,}25 = x_P^2 - 8x_P + 16 - 2 \quad | -10{,}25$$
$$x_P^2 - 8x_P + 3{,}75 = 0$$

(→ Lösungsformel)

$$x_{P_{1,2}} = 4 \pm \sqrt{4^2 - 3{,}75}$$
$$x_{P_{1,2}} = 4 \pm \sqrt{12{,}25}$$
$$x_{P_{1,2}} = 4 \pm 3{,}5$$

$x_{P_1} = 7{,}5$ $\qquad\qquad\qquad\qquad\qquad\qquad\qquad\qquad$ $\underline{P_1(7{,}5 \mid 10{,}25)}$

$x_{P_2} = 0{,}5$ $\qquad\qquad\qquad\qquad\qquad\qquad\qquad\qquad$ $\underline{P_2(0{,}5 \mid 10{,}25)}$

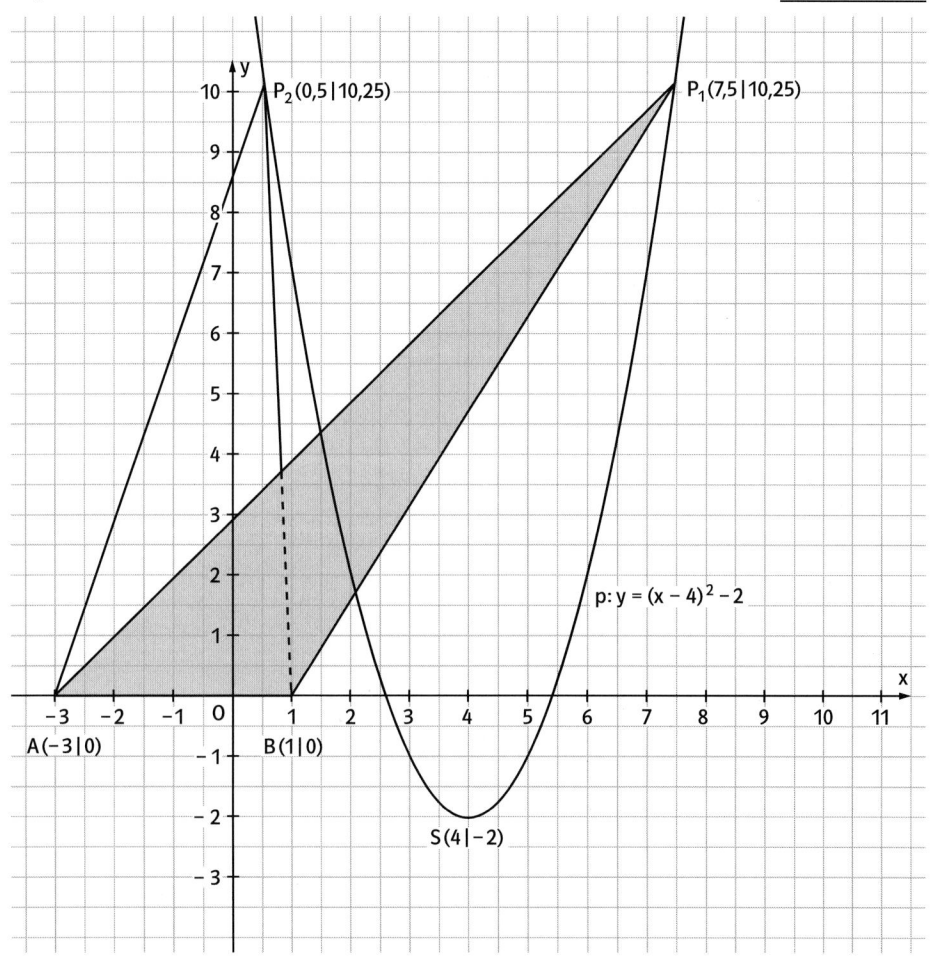

Aufgabe 4 (Wahlbereich 2009)

a) Zwei Spielwürfel werden geworfen.
Die beiden gewürfelten Augenzahlen werden addiert (Augensumme).
Welche Wahrscheinlichkeit hat das Ereignis „Augensumme kleiner als 5"?
Bei einem Pasch sind die Augenzahlen gleich.
Wie groß ist die Wahrscheinlichkeit, keinen Pasch zu werfen?
Nennen Sie zwei Ereignisse, für die sich die Wahrscheinlichkeit $\frac{1}{12}$ ergibt.

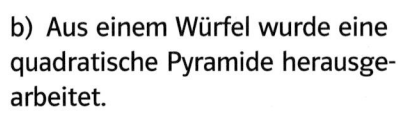

b) Aus einem Würfel wurde eine quadratische Pyramide herausgearbeitet.
Es gilt: a = 2e
Zeigen Sie, dass die Oberfläche des Restkörpers mit der Formel
$O = 4e^2(5 + \sqrt{5})$
berechnet werden kann.
Weisen Sie nach, dass gilt:
$\cos \alpha = \frac{1}{3}\sqrt{6}$

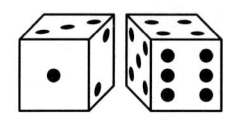

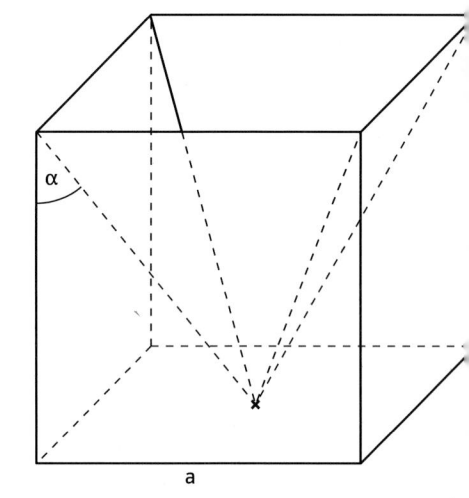

a) Das Werfen zweier Spielwürfel entspricht einem zweistufigen Zufallsversuch ohne Zurücklegen. Die angezeigten Augenzahlen haben alle dieselbe Wahrscheinlichkeit.
Zur Bestimmung der Wahrscheinlichkeiten der jeweiligen Ereignisse verwendet man am besten eine Tabelle (ein Baumdiagramm wäre sehr aufwendig).
Das Ereignis „Augensumme kleiner als 5" wird durch die Ergebnisse (1; 1), (1; 2), (1; 3), (2; 1), (2; 2) und (3; 1) beschrieben. Die Wahrscheinlichkeit dieses Ereignisses lässt sich in der Tabelle leicht ablesen.
Das Ereignis „keinen Pasch zu werfen" ermittelt man vorteilhaft über das Gegenereignis. Zur Bestimmung der Wahrscheinlichkeit des Ereignisses „die gewürfelten Augen sind ein Pasch" liest man die Ergebnisse entlang der Diagonalen ab und bestimmt deren Wahrscheinlichkeit. Anschließend subtrahiert man diesen Wert von 1.
Bei der Suche nach Ereignissen, deren Wahrscheinlichkeit $\frac{1}{12}$ beträgt, hilft auch die Tabelle. Die Wahrscheinlichkeit $\frac{1}{12} = \frac{3}{36}$ erfordert für das zu beschreibende Ereignis drei Ergebnisse, die eine entsprechende Bedingung erfüllen. Hier gibt es mehrere Lösungsmöglichkeiten.

b) Aus dem Würfel wurde eine quadratische Pyramide herausgearbeitet. Die Grundkante des Würfels hat die Länge 2e. Die Grundkante und die Höhe der Pyramide haben ebenfalls die Länge 2e.
Zur Berechnung der Oberfläche des Restkörpers werden zu den fünf Würfelquadraten noch die vier Manteldreiecke der Pyramide addiert. Im Parallelschnitt bestimmt man mithilfe des Satzes von Pythagoras zunächst die Höhe h_s des Manteldreiecks. Anschließend setzt man diesen Wert in den Term zur Berechnung der Oberfläche des Restkörpers ein.
Der Nachweis von $\cos\alpha = \frac{1}{3}\sqrt{6}$ erfolgt im rechtwinkligen Teildreieck der Diagonalschnittfläche. Die Ankathete ist die Würfelkante, die Hypotenuse ist die Seitenkante s der Pyramide. Diese Seitenkante s lässt sich mithilfe des Satzes von Pythagoras im rechtwinkligen Teildreieck der Diagonalschnittfläche bestimmen.

Aufgabe 4 | Lösung

a) Zwei Spielwürfel werden geworfen. Die beiden gewürfelten Augenzahlen werden zur Augensummen addiert.

Berechnung von P(Augensumme kleiner als 5):
(→ zweistufiger Zufallsversuch; Produkt- und Summenregel)

$P(\Sigma < 5) = P(1; 1) + 2 \cdot P(1; 2) + P(2; 2) + 2 \cdot (1; 3)$

$P(\Sigma < 5) = \frac{1}{36} + 2 \cdot \frac{1}{36} + \frac{1}{36} + 2 \cdot \frac{1}{36}$

$P(\Sigma < 5) = \frac{6}{36}$

$P(\Sigma < 5) = \frac{1}{6}$

	1	2	3	4	5	6
1	2	3	4	5	6	7
2	3	4	5	6	7	8
3	4	5	6	7	8	9
4	5	6	7	8	9	10
5	6	7	8	9	10	11
6	7	8	9	10	11	12

$\underline{P(\Sigma < 5) = 16{,}7\,\%}$

Berechnung von P(Augensumme ist kein Pasch):
(→ Gegenereignis)

$P(\text{kein Pasch}) = 1 - P(\text{Pasch})$

$P(\text{kein Pasch}) = 1 - \frac{6}{36}$

$P(\text{kein Pasch}) = 1 - \frac{1}{6}$

$P(\text{kein Pasch}) = \frac{5}{6}$

	1	2	3	4	5	6
1	2	3	4	5	6	7
2	3	4	5	6	7	8
3	4	5	6	7	8	9
4	5	6	7	8	9	10
5	6	7	8	9	10	11
6	7	8	9	10	11	12

$\underline{P(\text{kein Pasch}) = 83{,}3\,\%}$

Bestimmung von Ereignissen mit der Wahrscheinlichkeit $\frac{1}{12}$:
(→ Auswahl von 3 Ergebnissen)
Die Wahrscheinlichkeit $\frac{1}{12} = \frac{3}{36}$ bedeutet, dass 3 Ergebnisse das Ereignis bestimmen müssen.
Mögliche Lösungen:
Augensumme 4
Augensumme 10
Augensumme > 10
Augensumme < 4

	1	2	3	4	5	6
1	2	3	4	5	6	7
2	3	4	5	6	7	8
3	4	5	6	7	8	9
4	5	6	7	8	9	10
5	6	7	8	9	10	11
6	7	8	9	10	11	12

Aufgabe 4 | Lösung

b) Aus einem Würfel wurde eine quadratische Pyramide herausgearbeitet.

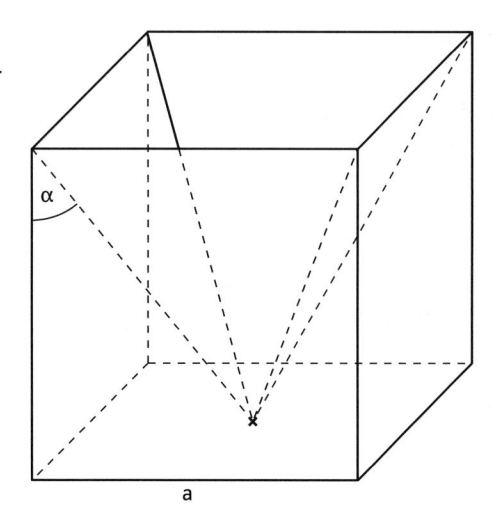

Nachweis von $O = 4e^2(5 + \sqrt{5})$:
(→ ausgehöhlter Körper; Mantelfläche Pyramide)

$O_{Restkörper} = 5 \cdot Fläche_{Quadrat}$
$\qquad\qquad + Mantel_{Pyramide}$
$O_{Restkörper} = 5 \cdot a^2 + 2ah_s$

Berechnung der Seitenflächenhöhe h_s:
(→ Satz von Pythagoras)

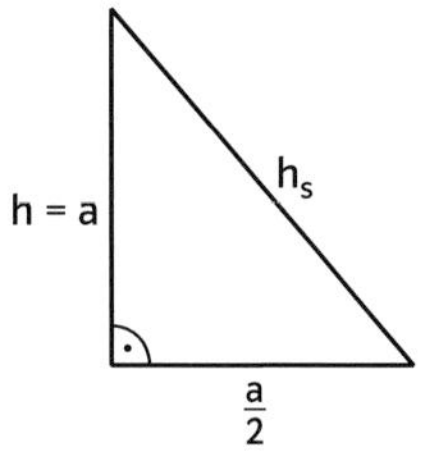

$h_s^2 = a^2 + \left(\frac{a}{2}\right)^2$
$h_s^2 = (2e)^2 + e^2$
$h_s^2 = 5e^2 \qquad |\sqrt{}$

$\underline{h_s = e\sqrt{5}}$

$O_{Restkörper} = 5 \cdot (2e)^2 + 2 \cdot 2e \cdot e\sqrt{5}$
$O_{Restkörper} = 20e^2 + 4e^2\sqrt{5}$

$\underline{\underline{O_{Restkörper} = 4e^2(5 + \sqrt{5})}}$

Nachweis von $\cos\alpha = \frac{1}{3}\sqrt{6}$:
(→ Kosinusfunktion im rechtwinkligen Dreieck)

$\cos\alpha = \frac{a}{s}$

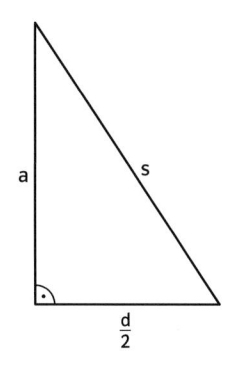

Aufgabe 4 | Lösung

Berechnung von s:
(→ Satz von Pythagoras)

$$s^2 = a^2 + \left(\frac{d}{2}\right)^2$$
$$s^2 = a^2 + \left(\frac{a}{2}\sqrt{2}\right)^2$$
$$s^2 = (2e)^2 + \left(\frac{2e}{2}\sqrt{2}\right)^2$$
$$s^2 = 4e^2 + 2e^2 \qquad\qquad \underline{\underline{s = e\sqrt{6}}}$$

$$\cos\alpha = \frac{2e}{e\sqrt{6}}$$

(→ Nenner rational machen)

$$\cos\alpha = \frac{2\cdot\sqrt{6}}{\sqrt{6}\cdot\sqrt{6}}$$
$$\cos\alpha = \frac{2\cdot\sqrt{6}}{6} \qquad\qquad \underline{\underline{\cos\alpha = \frac{1}{3}\sqrt{6}}}$$

Prüfung 2010
Pflicht- und Wahlbereich
Aufgaben und Lösungen

Aufgaben (Pflichtbereich 2010)

Aufgabe 1

Ein zusammengesetzter Körper besteht aus einem Zylinder mit aufgesetztem Kegel.
Aus diesem Körper wird eine Halbkugel herausgearbeitet (siehe Achsenschnitt).
Es gilt:
r = 3,0 cm   (Radius des Zylinders)
h = 8,6 cm   (Höhe des Zylinders)
s = 3,8 cm   (Mantellinie des Kegels)
Berechnen Sie das Volumen des Restkörpers.

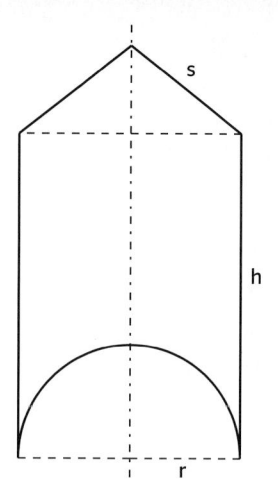

Aufgabe 2

Ein Quadrat und ein Rechteck haben die Punkte B und C gemeinsam.
Es gilt:
$\overline{CD}$ = 4,8 cm
$\overline{FH}$ = 10,0 cm
α = 57,0°
Berechnen Sie den Umfang des Vierecks BEFC.

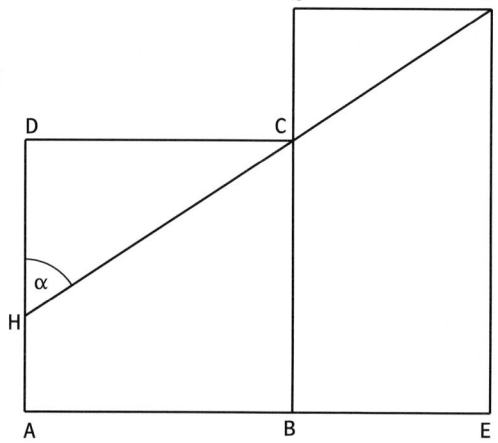

Aufgaben (Pflichtbereich 2010)

Aufgabe 3

Das Schrägbild zeigt eine Pyramide in einem Würfel.
Es gilt:
a = 8,0 cm
ε = 58,0°
Wie groß ist das Volumen der Pyramide?
Berechnen Sie die Länge $\overline{ES}$.

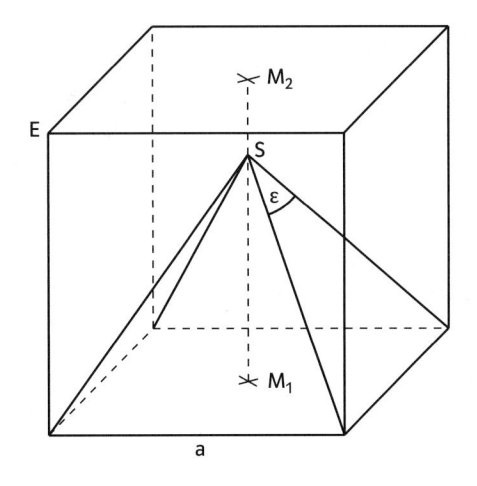

Aufgabe 4

Lösen Sie das Gleichungssystem:
(1) $\frac{x-3}{2} = y + 1$
(2) $\frac{2x-5}{3} - 10(y-1) = 16$

Aufgabe 5

Die nach unten geöffnete Parabel p hat die Gleichung $y = -\frac{1}{4}x^2 + 5$.
Zeichnen Sie die Parabel in ein Koordinatensystem.
Die Gerade g hat die Steigung $m = \frac{1}{2}$ und schneidet die y-Achse im Punkt P(0|3).
Berechnen Sie die Koordinaten der Schnittpunkte von p und g.

Aufgabe 6

In einem Behälter befinden sich drei blaue und drei rote Kugeln.
Viola führt zwei Zufallsexperimente durch:
Experiment 1: Sie zieht zwei Kugeln mit Zurücklegen.
Experiment 2: Sie zieht zwei Kugeln ohne Zurücklegen.
Sie vermutet: „In beiden Experimenten ist die Wahrscheinlichkeit, zwei verschiedenfarbige Kugeln zu ziehen, fünfzig Prozent."
Überprüfen Sie diese Vermutung.

Aufgaben (Pflichtbereich 2010)

Aufgabe 7

Die Klasse 10 c wurde über die Anzahl der im letzten Monat versandten SMS befragt. Die Tabelle zeigt die Angaben von 12 Jungen und von 15 Mädchen:

Jungen	5	0	39	21	77	14	46	25	128	24	35	66			
Mädchen	37	29	67	36	10	47	34	177	56	116	28	51	80	0	132

Um wie viel Prozent liegt das arithmetische Mittel der versandten SMS der 15 Mädchen über dem der 12 Jungen?
Geben Sie die Zentralwerte der beiden Datenreihen an.
Florian (20 SMS), Eva (15 SMS) und Laura (170 SMS) können ihre Werte erst nachträglich mitteilen.
Welchen Einfluss hat dies auf die bereits ermittelten Zentralwerte?
Begründen Sie Ihre Aussage.

Aufgabe 8

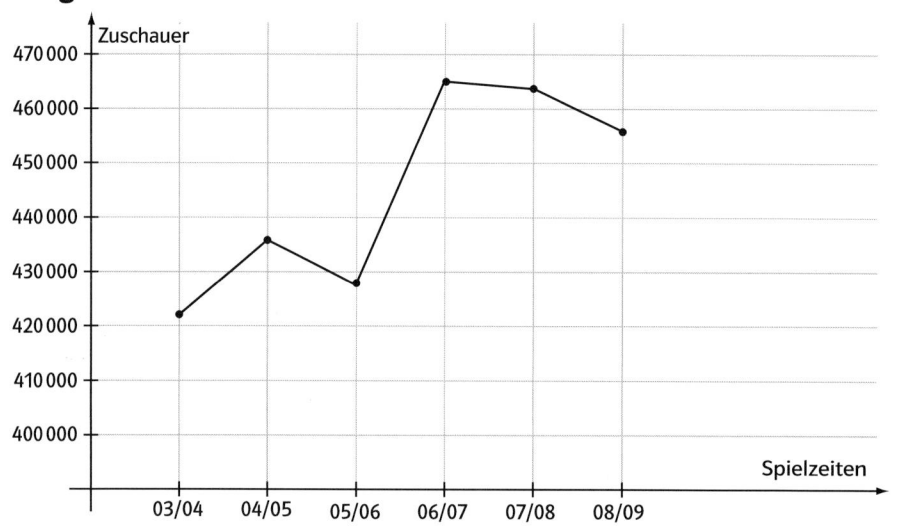

Die Grafik veranschaulicht die Zuschauerentwicklung eines Fußballvereins von der Spielzeit 03/04 bis zur Spielzeit 08/09.
Zwischen welchen Spielzeiten liegt die größte Steigerung vor; wie viel Prozent beträgt sie? (Entnehmen Sie der Zeichnung die notwendigen Werte so genau wie möglich).
Um die Zuschauerzahl für 09/10 vorhersagen zu können, wird die prozentuale Veränderung zwischen 07/08 und 08/09 ermittelt.
Diese prozentuale Veränderung verwendet der Verein für die Prognose.
Mit welcher Zuschauerzahl kann er für 09/10 planen?

Aufgabe 1

Zusammengesetzter Körper aus einem Zylinder mit aufgesetztem Kegel und herausgearbeiteter Halbkugel:
r = 3,0 cm   (Zylinderradius)
h = 8,6 cm   (Zylinderhöhe)
s = 3,8 cm   (Mantellinie des Kegels)

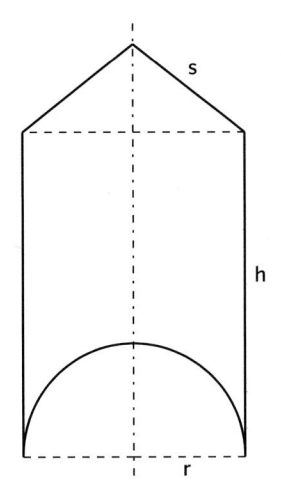

Berechnung des Restvolumens V:
(→ Volumenformel für den zusammengesetzten Körper)

$$V = V_K + V_Z - V_{HK}$$
$$V = \frac{1}{3}\pi r^2 \cdot h_K + \pi r^2 h - \frac{2}{3}\pi r^3$$

Berechnung der Kegelhöhe h_K:
(→ Pythagoras im Achsenschnitt des Kegels; Kegelradius = Zylinderradius)

$$h_K^2 = s^2 - r^2$$
$$h_K = \sqrt{3,8^2 - 3,0^2}$$

$\underline{h_K = 2,33\,cm}$

$$V = \frac{1}{3}\pi \cdot 3,0^2 \cdot 2,33 + \pi \cdot 3,0^2 \cdot 8,6 - \frac{2}{3}\pi 3,0^3$$

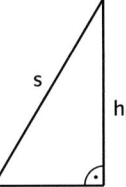

$\underline{V = 208,6\,cm^3}$

Aufgabe 2

Figur aus Quadrat und Rechteck mit den gemeinsamen Punkten B und C, für die gilt:
$\overline{CD}$ = 4,8 cm
$\overline{FH}$ = 10,0 cm
α = 57,0°

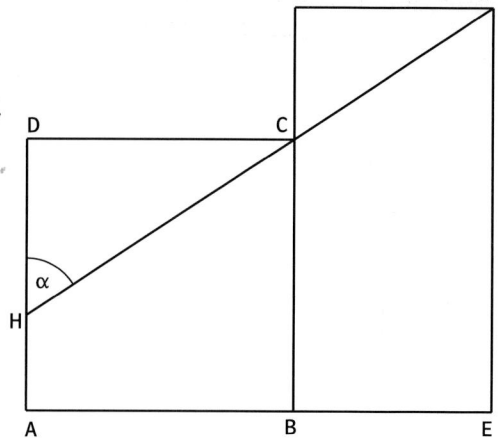

Berechnung des Umfangs des Vierecks BEFC:
(→ Umfangsformel)

u = $\overline{BE}$ + $\overline{EF}$ + $\overline{CF}$ + $\overline{BC}$

Berechnung der Strecke $\overline{CH}$:
(→ Sinusfunktion im rechtwinkligen Dreieck HCD)

$\sin \alpha = \dfrac{\overline{CD}}{\overline{CH}}$ | · $\overline{CH}$ | : $\sin \alpha$

$\overline{CH} = \dfrac{\overline{CD}}{\sin \alpha}$

$\overline{CH} = \dfrac{4,8}{\sin 57,0°}$ $\hspace{4cm}$ $\underline{\overline{CH} = 5,72\,\text{cm}}$

Berechnung der Strecke $\overline{CF}$:
(→ Streckendifferenz)

$\overline{CF} = \overline{FH} - \overline{CH}$
$\overline{CF} = 10,0 - 5,72$ $\hspace{4cm}$ $\underline{\overline{CF} = 4,28\,\text{cm}}$

Berechnung der Strecke $\overline{FG}$:
(→ Sinusfunktion im rechtwinkligen Dreieck CFG; Stufenwinkel)

$\sin\alpha = \dfrac{\overline{FG}}{\overline{CF}}$ $\mid \cdot \overline{CF}$

$\overline{FG} = \overline{CF} \cdot \sin\alpha$

$\overline{FG} = 4{,}28 \cdot \sin 57{,}0°$ $\qquad\qquad\qquad\qquad$ $\underline{\overline{FG} = 3{,}59\,\text{cm}}$

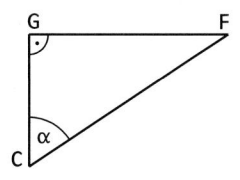

Berechnung der Strecke $\overline{CG}$:
(→ Pythagoras im rechtwinkligen Dreieck CFG)

$\overline{CG} = \sqrt{\overline{CF}^2 - \overline{FG}^2}$

$\overline{CG} = \sqrt{4{,}28^2 - 3{,}59^2}$ $\qquad\qquad\qquad$ $\underline{\overline{CG} = 2{,}33\,\text{cm}}$

Berechnung der Strecke $\overline{EF}$:
(→ Streckensumme)

$\overline{EF} = \overline{BC} + \overline{CG}$

$\overline{EF} = 4{,}8 + 2{,}33$ $\qquad\qquad\qquad\qquad$ $\underline{\overline{EF} = 7{,}13\,\text{cm}}$

$u = 3{,}59 + 7{,}13 + 4{,}28 + 4{,}8$ $\qquad\qquad$ $\underline{u = 19{,}8\,\text{cm}}$

Aufgabe 3

Quadratische Pyramide in einem Würfel mit:
a = 8,0 cm
ε = 58,0°

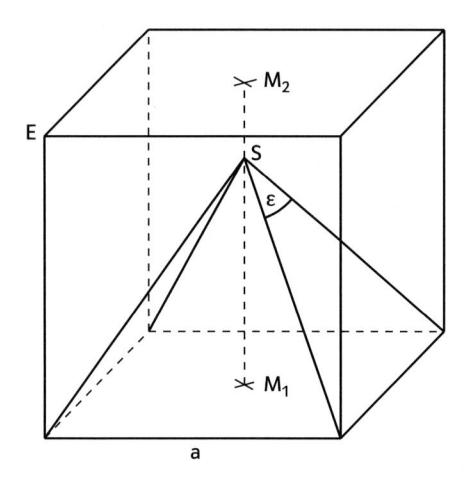

Berechnung des Pyramidenvolumens V:
(→ Volumenformel)

$$V = \frac{1}{3} \cdot a^2 h$$

Berechnung der Seitenflächenhöhe h_s:
(→ Tangensfunktion im Teildreieck der Seitenfläche)

$$\tan\frac{\varepsilon}{2} = \frac{\frac{a}{2}}{h_s} \quad |\cdot h_s \quad |:\tan\frac{\varepsilon}{2}$$

$$h_s = \frac{\frac{a}{2}}{\tan\frac{\varepsilon}{2}}$$

$$h_s = \frac{4{,}0}{\tan 29{,}0°} \qquad\qquad \underline{h_s = 7{,}22\,\text{cm}}$$

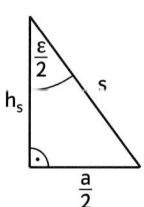

Berechnung der Körperhöhe h:
(→ Pythagoras im halben Parallelschnitt)

$$h = \sqrt{h_s^2 - \left(\frac{a}{2}\right)^2}$$

$$h = \sqrt{7{,}22^2 - \left(\frac{8{,}0}{2}\right)^2} \qquad \underline{h = 6{,}01\,\text{cm}}$$

$$V = \frac{1}{3} \cdot 8{,}0^2 \cdot 6{,}01 \qquad\qquad \underline{V = 128\,\text{cm}^3}$$

Berechnung der Länge $\overline{ES}$:
(→ Pythagoras im rechtwinkligen Dreieck ESM_2)

$$\overline{ES} = \sqrt{\overline{EM_2}^2 + \overline{M_2S}^2}$$

Berechnung der Strecke $\overline{M_2S}$:
(→ Streckendifferenz)

$$\overline{M_2S} = \overline{M_1M_2} - \overline{M_1S}$$

$$\overline{M_2S} = 8{,}0 - 6{,}01 \qquad\qquad \underline{\overline{M_2S} = 1{,}99\,\text{cm}}$$

Berechnung der Strecke $\overline{EM_2}$:
($\rightarrow$ Diagonale im Quadrat)

$\overline{EM_2} = \frac{a}{2} \cdot \sqrt{2}$

$\overline{EM_2} = \frac{8{,}0}{2} \cdot \sqrt{2}$ $\qquad\qquad \overline{EM_2} = 5{,}66\,\text{cm}$

$\overline{ES} = \sqrt{5{,}66^2 + 1{,}99^2}$ $\qquad\qquad \underline{\underline{\overline{ES} = 6{,}0\,\text{cm}}}$

Aufgabe 4

Lineares Gleichungssystem mit 2 Variablen:

(1) $\frac{x-3}{2} = y + 1$ $\qquad$ | $\cdot$ 2

(2) $\frac{2x-5}{3} - 10(y-1) = 16$ $\qquad$ | $\cdot$ 3

Lösung des Gleichungssystems:

(1') $\quad x - 3 = 2y + 2$ $\qquad$ | $+ 3$

(2') $\quad 2x - 5 - 30(y - 1) = 48$ $\quad$ | T

(1″) $\quad x = 2y + 5$

(2″) $\quad 2x - 5 - 30y + 30 = 48$ $\quad$ | -25

(1‴) $\quad x = 2y + 5$

(2‴) $\quad 2x - 30y = 23$

(→ Lösung mit dem Einsetzungsverfahren)

(1″) eingesetzt in (2‴):

$2(2y + 5) - 30y = 23$ | T
$4y + 10 - 30y = 23$ | -10
$-26y = 13$ | $:(-26)$
$y = -0,5$

$y = -0,5$ eingesetzt in (1″):

$x = 2(-0,5) + 5$
$\underline{x = 4}$ $\qquad\qquad\qquad\qquad\qquad\qquad\qquad\qquad\underline{L = \{(4;\ -0,5)\}}$

Aufgabe 5

Nach unten geöffnete Parabel p mit der Gleichung $y = -\frac{1}{4}x^2 + 5$ und Gerade g mit $m = \frac{1}{2}$ und Punkt $P(0|3)$.

Wertetabelle und Zeichnung:

x	-5	-4	-3	-2	-1	0	1	2	3	4	5
y	-1,25	1	2,75	4	4,75	5	4,75	4	2,75	1	-1,25

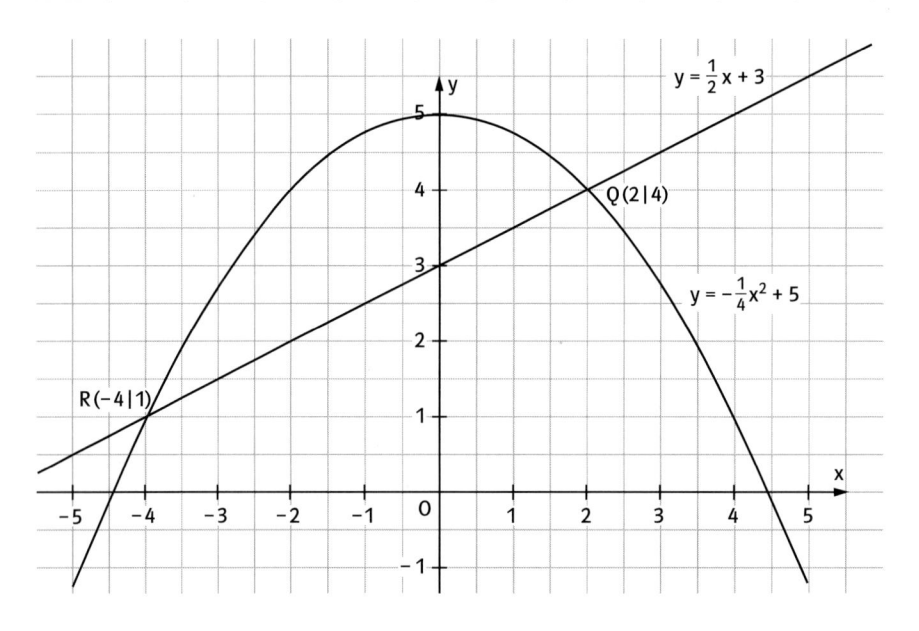

Bestimmung der Geradengleichung g:
(→ Schnittpunkt mit der y-Achse P(0|3); Steigung $m = \frac{1}{2}$)

Mit P(0|3) ergibt sich der y-Achsenabschnitt b = 3.
Die Gleichung der Geraden g heißt somit: $\quad\quad\quad\quad\quad\quad\quad\quad \underline{y = \frac{1}{2}x + 3}$

Berechnung der Koordinaten der Schnittpunkte Q und R von Gerade und Parabel:
(→ Gleichsetzen der beiden Funktionsgleichungen)

$$-\frac{1}{4}x^2 + 5 = \frac{1}{2}x + 3 \quad\quad | -\frac{1}{2}x - 3$$
$$-\frac{1}{4}x^2 - \frac{1}{2}x + 2 = 0 \quad\quad | \cdot (-4)$$
$$x^2 + 2x - 8 = 0$$

(→ Lösungsformel)

$x_{1/2} = -1 \pm \sqrt{1^2 + 8}$

$x_{1/2} = -1 \pm 3$

$x_1 = 2$
$x_2 = -4$

(→ Berechnung der y-Koordinaten durch Einsetzen in $y = \frac{1}{2}x + 3$)

$y_1 = \frac{1}{2} \cdot 2 + 3$

$y_1 = 4 \quad\quad\quad\quad\quad\quad\quad\quad\quad\quad\quad\quad\quad\quad\quad\quad\quad \underline{Q(2|4)}$

$y_2 = \frac{1}{2} \cdot (-4) + 3$

$y_2 = 1 \quad\quad\quad\quad\quad\quad\quad\quad\quad\quad\quad\quad\quad\quad\quad\quad\quad \underline{R(-4|1)}$

Aufgabe 6

Behälter mit drei blauen und drei roten Kugeln – Ziehen von zwei Kugeln mit und ohne Zurücklegen

Baumdiagramm:
(→ zweistufiges Zufallsexperiment)

Aufgaben | Lösung

Experiment 1 – Ziehen mit Zurücklegen:

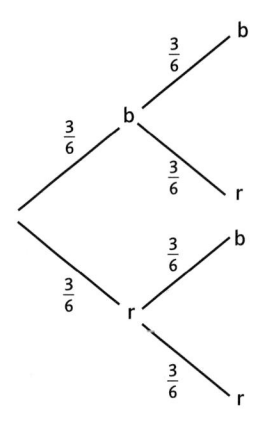

$P(b; r) = \frac{3}{6} \cdot \frac{3}{6} = \frac{1}{2} \cdot \frac{1}{2} = \frac{1}{4} = 25\%$

$P(r; b) = \frac{3}{6} \cdot \frac{3}{6} = \frac{1}{2} \cdot \frac{1}{2} = \frac{1}{4} = 25\%$

Berechnung von P(verschiedenfarbige Kugeln):
(→ Produkt- und Summenregel)

P(verschiedenfarbige Kugeln) = P(b; r) + P(r; b)

P(verschiedenfarbige Kugeln) = $\frac{1}{2} \cdot \frac{1}{2} + \frac{1}{2} \cdot \frac{1}{2}$

P(verschiedenfarbige Kugeln) = $\frac{1}{4} + \frac{1}{4}$

P(verschiedenfarbige Kugeln) = $\frac{1}{2}$ = 50%

<u>P(verschiedenfarbige Kugeln) = 50%</u>

Mit Zurücklegen beträgt die Wahrscheinlichkeit, zwei verschiedenfarbige Kugeln zu ziehen, 50%.

Experiment 2 – Ziehen ohne Zurücklegen:

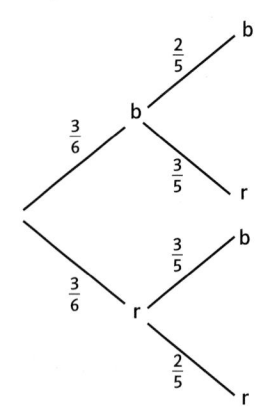

$P(b; r) = \frac{3}{6} \cdot \frac{3}{5} = \frac{9}{30} = \frac{3}{10} = 30\%$

$P(r; b) = \frac{3}{6} \cdot \frac{3}{5} = \frac{9}{30} = \frac{3}{10} = 30\%$

Berechnung von P(verschiedenfarbige Kugeln):
(→ Produkt- und Summenregel)

P(verschiedenfarbige Kugeln) = P(b; r) + P(r; b)

P(verschiedenfarbige Kugeln) = $\frac{3}{6} \cdot \frac{3}{5} + \frac{3}{6} \cdot \frac{3}{5}$

P(verschiedenfarbige Kugeln) = $2 \cdot \frac{3}{6} \cdot \frac{3}{5}$

P(verschiedenfarbige Kugeln) = $\frac{3}{5}$

P(verschiedenfarbige Kugeln) = 60 %

$$\underline{P(\text{verschiedenfarbige Kugeln}) = 60\,\%}$$

Ohne Zurücklegen beträgt die Wahrscheinlichkeit, zwei verschiedenfarbige Kugeln zu ziehen, 60 %. Viola hat mit ihrer Vermutung nicht Recht.

Aufgabe 7

Vergleich der von Mädchen und Jungen versandten SMS der Klasse 10c

Erstellung einer Rangliste:
(→ Daten aufsteigend sortiert)

Rang	1	2	3	4	5	6	7	8	9	10	11	12	13	14	15
Jungen	0	5	14	21	24	25	35	39	46	66	77	128			
Mädchen	0	10	28	29	34	36	37	47	51	56	67	80	116	132	177

Berechnung der Mittelwerte (arithmetische Mittel) getrennt nach Jungen und Mädchen:
(→ Formel)

Jungen: $\bar{x}_{Ju} = \dfrac{5 + 0 + 39 + 21 + 77 + 14 + 46 + 25 + 128 + 24 + 35 + 66}{12}$ $\quad \underline{\bar{x}_{Ju} = 40}$

Mädchen: $\bar{x}_{Mä} = \dfrac{37 + 29 + 67 + 36 + 10 + 47 + 34 + 177 + 56 + 116 + 28 + 51 + 80 + 0 + 132}{15}$

$$\underline{\bar{x}_{Mä} = 60}$$

Berechnung des prozentualen Unterschieds der beiden Mittelwerte:
(→ Formel)

$$p\% = \frac{60 - 40}{40}$$

$$p\% = \frac{20}{40} = 0{,}5 \hspace{4cm} \underline{p\% = 50\%}$$

Das arithmetische Mittel liegt bei den Mädchen um 50% über dem der Jungen.

Bestimmung des Zentralwerts bei den Jungen:

Rang	1	2	3	4	5	6	7	8	9	10	11	12	13	14	15
Jungen	0	5	14	21	24	25	35	39	46	66	77	128			

Die Anzahl der Jungen ist eine gerade Zahl (12 Werte). Der Zentralwert ist somit der Mittelwert des 6. und 7. Werts.

Somit gilt: $z_{Ju} = \frac{25 + 35}{2}$ \hspace{3cm} $\underline{z_{Ju} = 30}$

Bestimmung des Zentralwerts bei den Mädchen:

Rang	1	2	3	4	5	6	7	8	9	10	11	12	13	14	15
Mädchen	0	10	28	29	34	36	37	47	51	56	67	80	116	132	177

Die Anzahl der Mädchen ist eine ungerade Zahl (15 Werte). Der Zentralwert ist somit der 8. Wert. \hspace{2cm} $\underline{z_{Mä} = 47}$

Berechnung der Zentralwerte mit den zusätzlichen Schülern:
(→ Anzahl der Jungen erhöht sich auf 13 Werte, Anzahl der Mädchen erhöht sich auf 15 Werte)

Rang	1	2	3	4	5	6	7	8	9	10	11	12	13	14	15	16	17
Jungen	0	5	14	20	21	24	25	35	39	46	66	77	128				
Mädchen	0	10	15	28	29	34	36	37	47	51	56	67	80	116	132	170	177

Die Anzahl der Jungen ist nun ungerade (13).
Der Zentralwert ist somit der 7. Wert der veränderten Rangliste. \hspace{1cm} $\underline{z_{Ju\,neu} = 25}$

Die Anzahl der Mädchen ist ebenfalls ungerade (17).
Der Zentralwert ist somit der 9. Wert. \hspace{3cm} $\underline{z_{Mä\,neu} = 47}$

Der Zentralwert der Jungen verringert sich von 30 SMS auf 25 SMS, während sich der Zentralwert der Mädchen nicht ändert.

Die neuen Zentralwerte lassen sich auch verbal begründen:
Der Wert von Florian (20 SMS) gehört zur unteren Hälfte.
Deshalb nimmt der Zentralwert der Jungen ab.
Evas Wert (15 SMS) liegt in der unteren Hälfte, Lauras Wert (170 SMS) liegt in der oberen Hälfte. Deshalb bleibt der Zentralwert der Mädchen unverändert.

Aufgabe 8

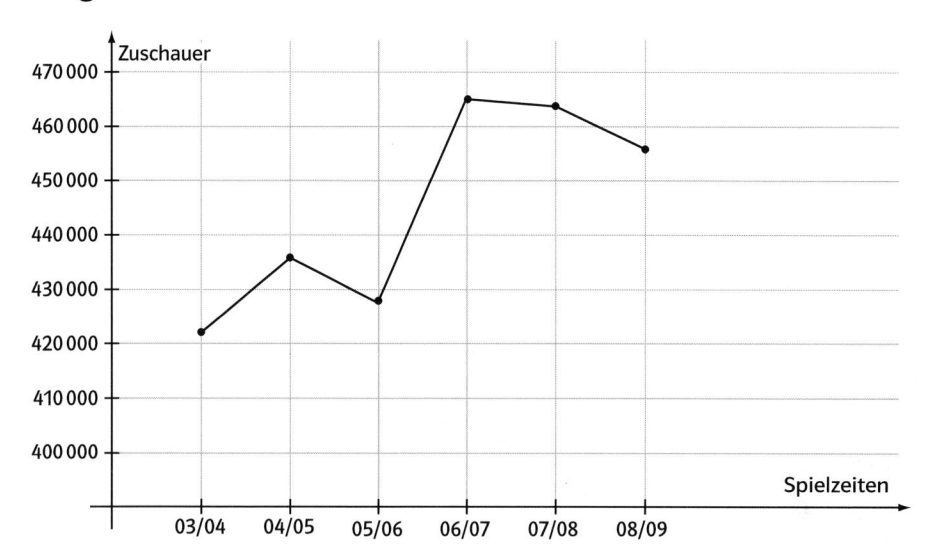

Schaubild der Zuschauerentwicklung
eines Fußballvereins

Bestimmung der größten Steigerung der Zuschauerzahlen:
(→ Daten aus dem Schaubild ablesen)

Die größte Steigerung lag zwischen den Spielzeiten 05/06 und 06/07.

Abgelesene Werte:
05/06: 428 000 Zuschauer
06/07: 465 000 Zuschauer
Die Zuschauerzahl erhöhte sich von der Spielzeit 05/06 auf die Spielzeit 06/07 um ca. 37 000 Zuschauer.

Berechnung der prozentualen Steigerung:
(→ Formel)

$p\% = \dfrac{465\,000 - 428\,000}{428\,000}$

$p\% = 0{,}086$ $\hspace{4cm}$ $\underline{p\% = 8{,}6\%}$

Die prozentuale Steigerung betrug ungefähr 8,6 %.

Bestimmung der zu erwartenden Zuschauerzahlen für die Spielzeit 09/10 (Prognose):
(→ Ablesen der Daten aus dem Schaubild, Bestimmung des Prozentfaktors)

Abgelesene Werte:
07/08: 464 000 Zuschauer
08/09: 456 000 Zuschauer

(→ Berechnung des Prozentfaktors)

$q = \dfrac{456\,000}{464\,000}$ $\hspace{4cm}$ $\underline{q = 0{,}983}$

Zu erwartende Zuschauerzahl 09/10:
$Z_{09/10} = 456\,000 \cdot 0{,}983$ $\hspace{3cm}$ $\underline{Z_{09/10} = 448\,000}$

Das Ablesen der Werte aus dem Schaubild erlaubt bei der Berechnung der Werte und der Angabe der Ergebnisse einen sinnvollen Lösungskorridor.

Aufgabe 1 (Wahlbereich 2010)

a) Im Quadrat ABCD gilt:
$\delta = 66{,}0°$
$\varepsilon = 97{,}0°$
$\overline{AD} = 6{,}3\,\text{cm}$
$\overline{DE} = 4{,}1\,\text{cm}$
Berechnen Sie den Umfang des Vierecks DEFC.

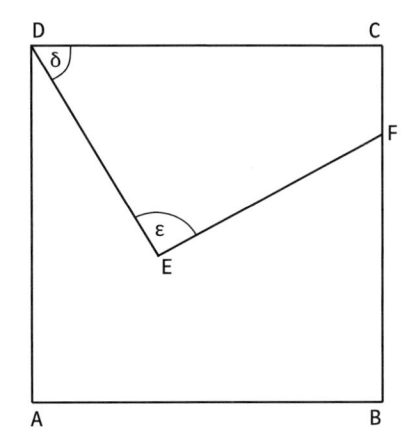

b) Im Dreieck ABC liegt das gleichseitige Dreieck DBC.
Der Mittelpunkt der Strecke $\overline{AC}$ wird mit M bezeichnet.
Weisen Sie ohne Verwendung gerundeter Werte nach, dass gilt:
$\overline{MB} = \frac{e}{2}\sqrt{7}$

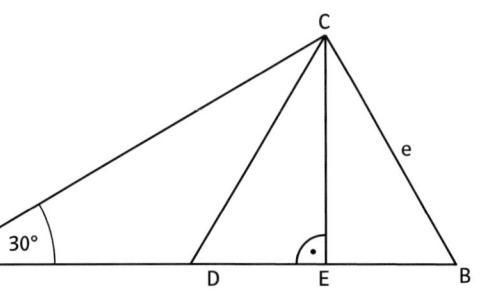

Aufgabe 1 | Lösungshinweis

a) Wenn man in dem Quadrat ABCD eine Parallele zur Strecke $\overline{AB}$ durch E zeichnet, entstehen zwei rechtwinklige Dreiecke. Die Winkel lassen sich als Wechselwinkel sowie über die Ergänzung zu 180° berechnen.
Im linken Dreieck kann man mit Winkelfunktionen und dem Satz des Pythagoras die beiden Katheten berechnen.
Im rechten Dreieck berechnet man zunächst das Teilstück der Parallele als Streckendifferenz und kann dann die beiden anderen Seiten berechnen.
Die noch fehlende Seite lässt sich ebenfalls über eine Streckendifferenz bestimmen.

b) Man zeichnet zunächst den Punkt M ein. Das Lot von M auf die Seite $\overline{AB}$ endet im Punkt F.
Über die Berechnung der Winkel bei C erkennt man, dass die Dreiecke ABC, AEC und AFM halbe gleichseitige Dreiecke sind.
So lassen sich die beiden Katheten im rechtwinkligen Dreieck FBM mit den Eigenschaften des gleichseitigen Dreiecks oder mit speziellen Werten der Winkelfunktionen berechnen.
Eine weitere Lösungsmöglichkeit bietet sich im Dreieck BCM an.
Nach Bestimmung der Länge von $\overline{AC}$ als Höhe im halben gleichseitigen Dreieck ABC kann $\overline{MB}$ berechnet werden.

a) Quadrat ABCD mit:
$\delta = 66{,}0°$
$\varepsilon = 97{,}0°$
$\overline{AD} = 6{,}3\,cm$
$\overline{DE} = 4{,}1\,cm$

Berechnung des Umfangs u des Vierecks DEFC:
(→ Umfangsformel)

$u = \overline{DE} + \overline{EF} + \overline{FC} + \overline{CD}$

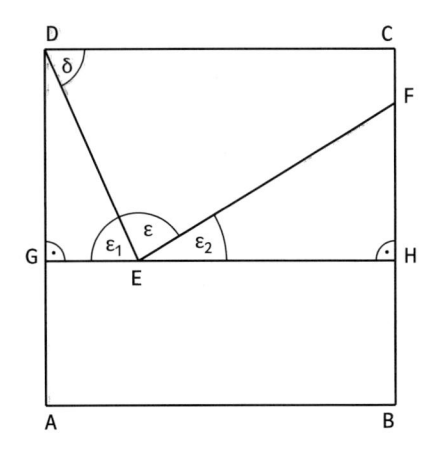

Berechnung der Winkel ε_1 und ε_2:
(→ ε_1 ist Wechselwinkel zu δ)

$\varepsilon_1 = \delta$ $\qquad\qquad\qquad\qquad\qquad\qquad\qquad\underline{\varepsilon_1 = 66{,}0°}$

(→ Winkeldifferenz)
$\varepsilon_2 = 180° - \varepsilon - \varepsilon_1$
$\varepsilon_2 = 180° - 97{,}0° - 66{,}0°$ $\qquad\qquad\qquad\underline{\varepsilon_2 = 17{,}0°}$

Berechnung der Strecke $\overline{EG}$:
(→ Kosinusfunktion im Dreieck GED)

$\cos\varepsilon_1 = \dfrac{\overline{EG}}{\overline{DE}} \qquad | \cdot \overline{DE}$
$\overline{EG} = \overline{DE} \cdot \cos\varepsilon_1$
$\overline{EG} = 4{,}1 \cdot \cos 66{,}0°$ $\qquad\qquad\qquad\underline{\overline{EG} = 1{,}67\,cm}$

Berechnung der Strecke $\overline{EH}$:
(→ Streckendifferenz)

$\overline{EH} = \overline{GH} - \overline{EG}$
$\overline{EH} = 6{,}3 - 1{,}67$ $\qquad\qquad\qquad\qquad\underline{\overline{EH} = 4{,}63\,cm}$

Berechnung der Strecke $\overline{EF}$:
(→ Kosinusfunktion im Dreieck EHF)

$\cos \varepsilon_2 = \dfrac{\overline{EH}}{\overline{EF}}$ $|\cdot \overline{EF}$ $|:\cos \varepsilon_2$

$\overline{EF} = \dfrac{\overline{EH}}{\cos \varepsilon_2}$

$\overline{EF} = \dfrac{4{,}63}{\cos 17{,}0°}$ $\hspace{4cm}$ $\underline{\underline{\overline{EF} = 4{,}84 \text{ cm}}}$

Berechnung der Strecke $\overline{FH}$:
(→ Pythagoras im Dreieck EHF)

$\overline{FH} = \sqrt{\overline{EF}^2 - \overline{EH}^2}$

$\overline{FH} = \sqrt{4{,}84^2 - 4{,}63^2}$ $\hspace{3cm}$ $\underline{\underline{\overline{FH} = 1{,}41 \text{ cm}}}$

Berechnung der Strecke $\overline{DG} = \overline{CH}$:
(→ Pythagoras im Dreieck GED)

$\overline{DG} = \sqrt{\overline{DE}^2 - \overline{EG}^2}$

$\overline{DG} = \sqrt{4{,}1^2 - 1{,}67^2}$ $\hspace{3cm}$ $\underline{\underline{\overline{DG} = 3{,}74 \text{ cm}}}$

Berechnung der Strecke $\overline{FC}$:
(→ Streckendifferenz)

$\overline{FC} = \overline{CH} - \overline{FH}$
$\overline{FC} = 3{,}74 - 1{,}41$ $\hspace{3cm}$ $\underline{\underline{\overline{FC} = 2{,}33 \text{ cm}}}$

$u = 4{,}1 + 4{,}84 + 2{,}33 + 6{,}3$ $\hspace{2cm}$ $\underline{\underline{u = 17{,}6 \text{ cm}}}$

b) Gleichseitiges Dreieck
DBC im Dreieck ABC.
M halbiert die Strecke $\overline{AC}$.

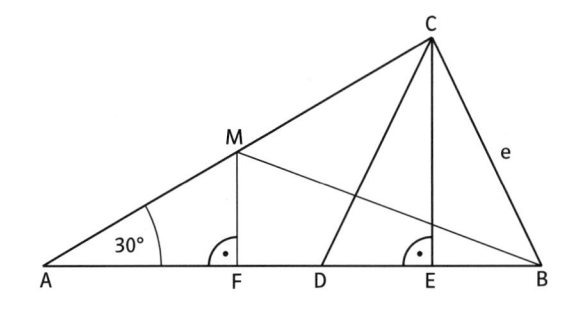

Nachweis von $\overline{MB} = \frac{e}{2}\sqrt{7}$:
(→ Pythagoras im Dreieck FBM)

    Berechnung der Strecke $\overline{FM}$:
    (→ Ähnlichkeit der Dreiecke AFM und AEC)

$\overline{FM} = \frac{1}{2}\overline{CE}$

        Berechnung der Strecke $\overline{CE}$:
        (→ Höhe im gleichseitigen Dreieck DBC)

        $\overline{CE} = \frac{e}{2}\sqrt{3}$

$\overline{FM} = \frac{1}{2} \cdot \frac{e}{2} \cdot \sqrt{3}$ $\underline{\overline{FM} = \frac{e}{4} \cdot \sqrt{3}}$

    Berechnung der Strecke $\overline{BF}$:
    (→ Streckendifferenz)

$\overline{BF} = \overline{AB} - \overline{AF}$

Da im Dreieck ABC der Winkel CBA = 60°, muss der Winkel bei C ein rechter Winkel sein. Also ist Dreieck ABC ein halbes gleichseitiges Dreieck.
Da der Winkel ECA = 60°, ist das Dreieck AEC auch ein halbes gleichseitiges Dreieck.

$\overline{AB} = 2 \cdot \overline{BC}$ $\underline{\overline{AB} = 2e}$

Aufgabe 1 | Lösung

Berechnung der Strecke $\overline{AF}$:
(→ Höhe im halben gleichseitigen Dreieck AFM)

$\overline{AF} = \overline{FM} \cdot \sqrt{3}$

$\overline{AF} = \frac{e}{4}\sqrt{3} \cdot \sqrt{3}$ $\qquad\qquad \overline{AF} = \frac{3}{4}e$

$\overline{BF} = 2e - \frac{3}{4}e$ $\qquad\qquad \overline{BF} = \frac{5}{4}e$

$\overline{MB} = \sqrt{\left(\frac{e}{4}\cdot\sqrt{3}\right)^2 + \left(\frac{5}{4}e\right)^2}$

$\overline{MB} = \sqrt{\frac{3}{16}e^2 + \frac{25}{16}e^2}$

$\overline{MB} = \sqrt{\frac{28}{16}e^2}$

$\overline{MB} = \sqrt{\frac{7}{4}e^2}$ $\qquad\qquad \overline{MB} = \frac{e}{2}\sqrt{7}$

Andere Lösung im rechtwinkligen Dreieck BCM:

$\overline{MB} = \sqrt{\overline{CM}^2 + \overline{BC}^2}$

(→ $\overline{AC}$ ist Seite im halben gleichseitigen Dreieck AEC.)

$\overline{AC} = e\sqrt{3}$

$\overline{CM} = \frac{1}{2}\cdot\overline{AC}$ $\qquad\qquad \overline{CM} = \frac{e}{2}\cdot\sqrt{3}$

$\overline{MB} = \sqrt{\left(\frac{e}{2}\sqrt{3}\right)^2 + e^2}$

$\overline{MB} = \sqrt{\frac{7}{4}e^2}$ $\qquad\qquad \overline{MB} = \frac{e}{2}\sqrt{7}$

Aufgabe 2 (Wahlbereich 2010)

a) Ein zylinderförmiger Behälter hat eine kegelförmige Vertiefung.
Er liegt waagerecht und ist zur Hälfte mit Wasser gefüllt.
Die Maße sind:
s = 8,0 cm
d = 10,0 cm
h = 20,0 cm
Der Behälter wird senkrecht aufgestellt (siehe untere Skizze).
Wie hoch steht das Wasser im aufgestellten Behälter?

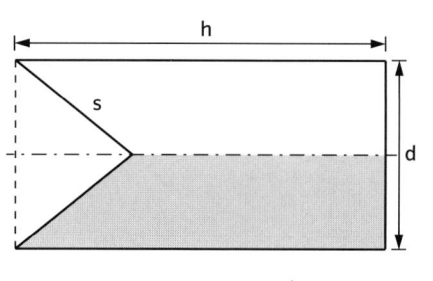

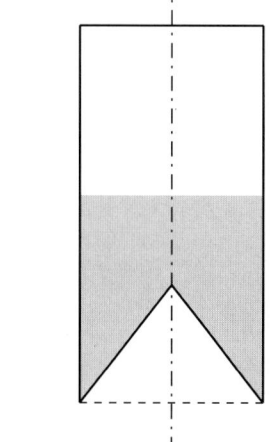

b) Aus einem rechteckigen Stück Papier wird der Mantel einer sechsseitigen Pyramide gefertigt.
Der Punkt M ist Mittelpunkt der Seitenkante.
Bestimmen Sie die Länge der Strecke $\overline{MN}$ in der Pyramide.

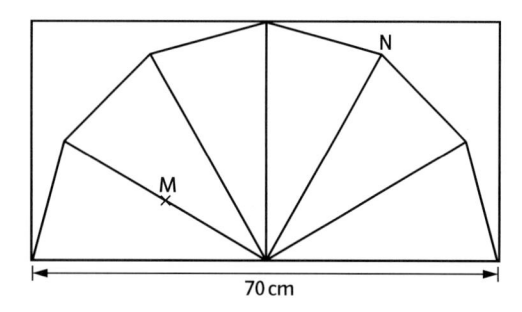

70 cm

Aufgabe 2 | Lösungshinweis

a) Das Wasservolumen kann man als Hälfte der Differenz von Zylinder- und Kegelvolumen bestimmen. Im Achsenschnitt berechnet man die Höhe des Kegels.

Zur Bestimmung der Wasserhöhe im aufgestellten Behälter zieht man vom Wasservolumen das Volumen der Differenz von Zylinder- und Kegelvolumen ab, wobei dieser Zylinder dieselbe Höhe haben muss wie der Kegel.

Aus dem Restvolumen kann man durch Auflösen der Zylindervolumenformel die Höhe bestimmen, die zur Kegelhöhe addiert die Gesamthöhe ergibt.

b) Aus der gegebenen Rechteckseite kann man die Seitenkante der Pyramide berechnen.

Nach der Berechnung der Winkel des gleichschenkligen Dreiecks kann man die Länge der Grundkante und die Seitenflächenhöhe bestimmen.

Mit der Seitenkante und der Grundkante berechnet man die Körperhöhe der Pyramide.

Im Schrägbild der Pyramide erkennt man, dass die gesuchte Strecke $\overline{MN}$ Hypotenuse in einem rechtwinkligen Dreieck ist, dessen Katheten die halbe Körperhöhe und die 1,5-fache Grundkantenlänge sind.

Aufgabe 2 | Lösung

a) Ein zylinderförmiger mit Wasser gefüllter Behälter mit kegelförmiger Vertiefung:
$s = 8{,}0\,\text{cm}$
$d = 10{,}0\,\text{cm}$
$h = 20{,}0\,\text{cm}$

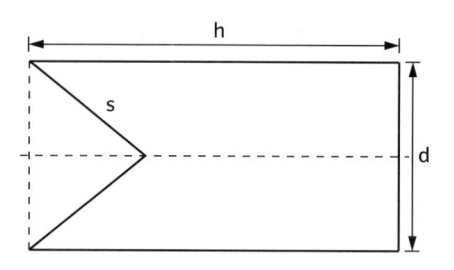

Berechnung des Wasservolumens V:
($\rightarrow$ Differenz der Volumina)

$$V = \tfrac{1}{2}(V_Z - V_K)$$
$$V = \tfrac{1}{2}(\pi r^2 \cdot h - \tfrac{1}{3}\pi r^2 \cdot h_K)$$

Berechnung des Radius r:
($\rightarrow$ halber Durchmesser)

$r = \dfrac{d}{2}$
$r = \dfrac{10{,}0}{2}$ $\hspace{4cm}$ $\underline{r = 5{,}0\,\text{cm}}$

Berechnung der Kegelhöhe h_K:
($\rightarrow$ Pythagoras im Achsenschnitt des Kegels)

$h_K = \sqrt{s^2 - r^2}$
$h_K = \sqrt{8{,}0^2 - 5{,}0^2}$ $\hspace{3cm}$ $\underline{h_K = 6{,}24\,\text{cm}}$

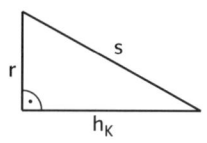

$V = \tfrac{1}{2}\left(\pi\,5{,}0^2 \cdot 20{,}0 - \tfrac{1}{3}\pi\,5{,}0^2 \cdot 6{,}24\right)$ $\hspace{1cm}$ $\underline{V = 703{,}72\,\text{cm}^3}$

Berechnung der Wasserstandshöhe h_{neu}:
($\rightarrow$ Summe der Teilhöhen)

$h_{neu} = h_K + h_Z$

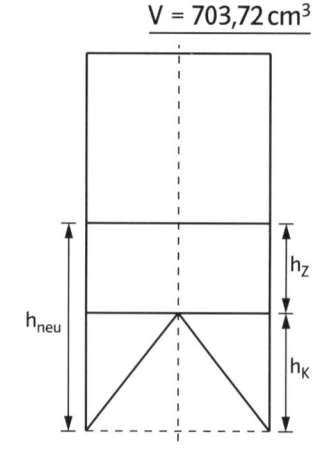

Wahlbereich 2010

Aufgabe 2 | Lösung

Berechnung des Teilvolumens V_1:
($\rightarrow \frac{2}{3}$ des Zylindervolumens)

$V_1 = \frac{2}{3} \pi \cdot r^2 \cdot h_K$
$V_1 = \frac{2}{3} \pi \cdot 5{,}0^2 \cdot 6{,}24$ $\underline{V_1 = 326{,}73 \text{ cm}^3}$

Berechnung des Teilvolumens V_{Zklein}:
($\rightarrow$ Volumendifferenz)

$V_{Zklein} = V - V_1$
$V_{Zklein} = 703{,}72 - 326{,}73$ $\underline{V_{Zklein} = 376{,}99 \text{ cm}^3}$

Berechnung der kleinen Zylinderhöhe h_Z:
($\rightarrow$ Auflösen der Volumenformel)

$V_{Zklein} = \pi \cdot r^2 \cdot h_Z$ $\mid : (\pi \cdot r^2)$
$h_Z = \frac{V_{Zklein}}{\pi r^2}$
$h_Z = \frac{376{,}99}{\pi \cdot 5{,}0^2}$ $\underline{h_Z = 4{,}80 \text{ cm}}$

$h_{neu} = 6{,}24 + 4{,}80$
$h_{neu} = 11{,}04$ $\underline{h_{neu} = 11{,}0 \text{ cm}}$

b) Mantel einer sechsseitigen Pyramide in einem Rechteck.

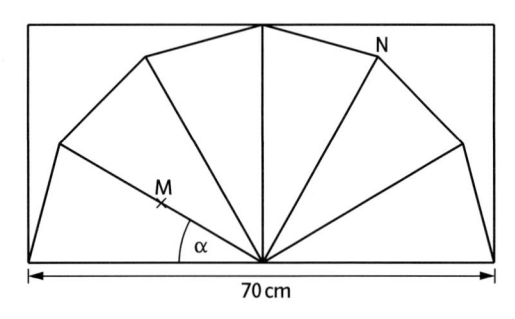

Aufgabe 2 | Lösung

Berechnung des Winkels α:
(→ Teil des gestreckten Winkels)

$\alpha = 180° : 6$ $\qquad\qquad\qquad\qquad\qquad\qquad\qquad\qquad$ $\underline{\alpha = 30°}$
$\frac{\alpha}{2} = 30° : 2$ $\qquad\qquad\qquad\qquad\qquad\qquad\qquad\qquad$ $\underline{\frac{\alpha}{2} = 15°}$

Berechnung der Grundkante a:
(→ Sinusfunktion in der halben Seitenfläche)

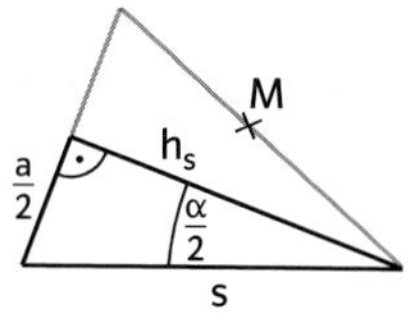

$\sin\frac{\alpha}{2} = \frac{\frac{a}{2}}{s}$ | · 2s
$a = 2s \cdot \sin\frac{\alpha}{2}$
$a = 2 \cdot 35{,}0 \cdot \sin 15{,}0°$ $\qquad\qquad\qquad\qquad\qquad\qquad$ $\underline{a = 18{,}12\,\text{cm}}$

Berechnung der Pyramidenhöhe h:
(→ Pythagoras im Achsenschnitt)

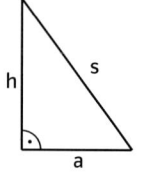

$h = \sqrt{s^2 - a^2}$
$h = \sqrt{35{,}0^2 - 18{,}12^2}$ $\qquad\qquad\qquad\qquad\qquad\qquad$ $\underline{h = 29{,}94\,\text{cm}}$

Berechnung der Strecke $\overline{MN}$:
(→ rechtwinkliges Teildreieck in der Pyramide)

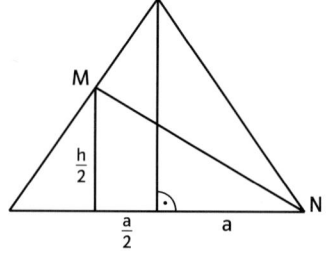

$\overline{MN} = \sqrt{\left(\frac{h}{2}\right)^2 + \left(\frac{3}{2}a\right)^2}$
$\overline{MN} = \sqrt{\left(\frac{29{,}94}{2}\right)^2 + \left(\frac{3}{2} \cdot 18{,}12\right)^2}$ $\qquad\qquad$ $\underline{\overline{MN} = 31{,}0\,\text{cm}}$

Aufgabe 3 (Wahlbereich 2010)

a) Im Schaubild sind die Geraden g_1 und g_2 dargestellt.

Entnehmen Sie zur Bestimmung ihrer Gleichungen geeignete Werte.
Berechnen Sie die Koordinaten des Schnittpunkts P von g_1 und g_2.
Die Punkte P und Q(2|−4) liegen auf einer nach oben geöffneten Normalparabel.
Berechnen Sie die Koordinaten des Scheitelpunkts der Parabel.

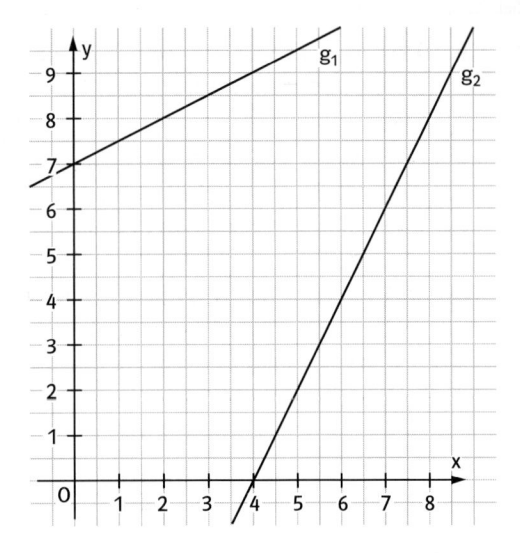

b) Gegeben sind die beiden Parabeln:

$p_1: y = -\frac{1}{2}x^2 + 5$

$p_2: y = x^2 - 1$

Die beiden Parabeln schneiden sich in den Punkten P und Q.
Die Punkte P und Q bilden zusammen mit den Scheitelpunkten S_1 und S_2 das Viereck S_1PS_2Q.
Berechnen Sie seinen Flächeninhalt.
Begründen Sie, weshalb das Viereck S_1PS_2Q ein Drachenviereck ist.

Aufgabe 3 | Lösungshinweis

a) Das Schaubild zeigt zwei Geraden g_1 und g_2. Bei der Geraden g_1 sind der y-Achsenabschnitt und der Wert der Steigung direkt ablesbar. Bei der Geraden g_2 lässt sich die Steigung ebenfalls klar erkennen.
Mithilfe der Steigung m kann man den y-Achsenabschnitt b durch Einsetzen der Koordinaten eines Punktes in die Geradengleichung $y = mx + b$ bestimmen. Zur Bestimmung der Koordinaten des Schnittpunkts P der beiden Geraden g_1 und g_2 werden die beiden Funktionsgleichungen gleichgesetzt. Durch Einsetzen der Koordinaten der Punkte P und Q in die allgemeine Form der Parabelgleichung $y = x^2 + px + q$ erhält man ein lineares Gleichungssystem, über das sich die Werte p und q bestimmen lassen. Zur Bestimmung der Scheitelkoordinaten wandelt man die Parabelgleichung in die Scheitelform um.

b) Die beiden Parabeln p_1 und p_2 sind auf der y-Achse verschobene Parabeln. Deshalb lässt sich bei beiden Parabeln der jeweilige Scheitel S_1 bzw. S_2 direkt angeben. Durch Gleichsetzen der beiden Parabelgleichungen p_1 und p_2 werden die Koordinaten der Schnittpunkte berechnet. Der Flächeninhalt des Vierecks S_1PS_2Q lässt sich mit der Flächenformel des Drachenvierecks berechnen. Dazu kann man die Längen der Diagonalen verwenden. Die Begründung der Eigenschaft des Drachenvierecks kann zum Beispiel über Symmetrie-Eigenschaften oder gleich lange Streckenpaare erfolgen.

Aufgabe 3 | Lösung

a) Gegeben ist ein Schaubild mit den Geraden g_1 und g_2. Die zur Bestimmung der Gleichungen erforderlichen Werte müssen dem Schaubild entnommen werden.

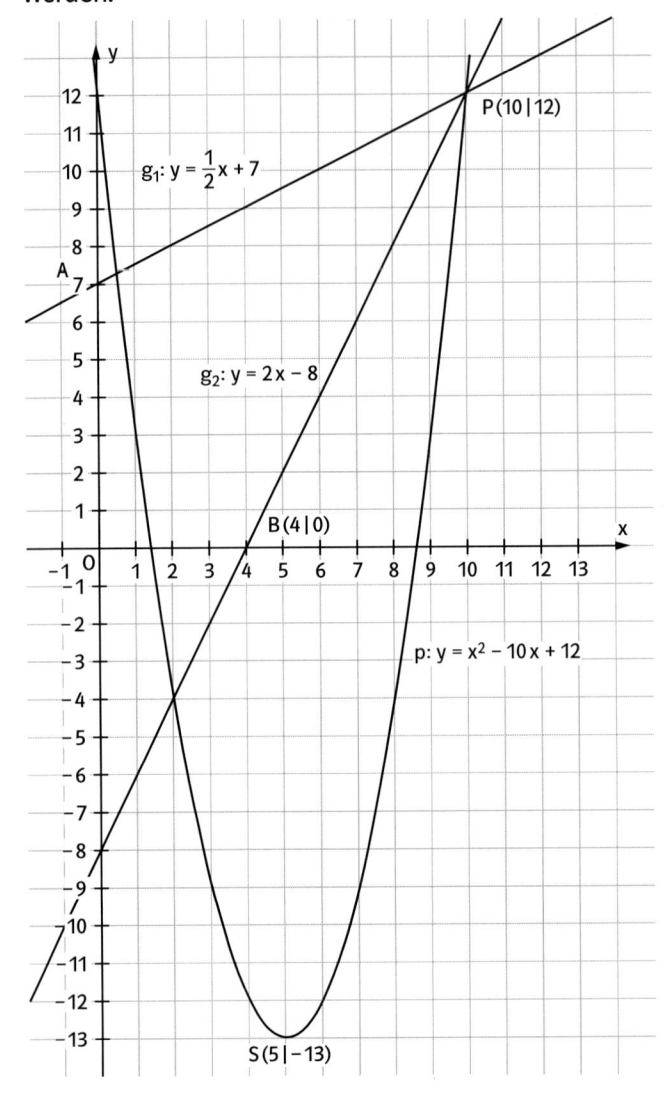

[Schaubild mit:
- $g_1: y = \frac{1}{2}x + 7$
- $g_2: y = 2x - 8$
- $p: y = x^2 - 10x + 12$
- Punkte: $A(0|7)$, $B(4|0)$, $P(10|12)$, $S(5|-13)$]

Bestimmung der Gleichung der Geraden g_1:
(→ Ablesen von Werten aus dem Schaubild)

Die Gerade g_1 geht durch $A(0|7)$ und hat die Steigung $m = \frac{1}{2}$. $g_1: y = \frac{1}{2}x + 7$

Aufgabe 3 | Lösung

Bestimmung der Gleichung der Geraden g_2:
($\rightarrow$ Ablesen von Werten aus dem Schaubild)

Die Gerade g_2 geht durch B(4|0) und hat die Steigung m = 2.

($\rightarrow$ Einsetzen in die Geradengleichung)

$y = mx + b$
$0 = 2 \cdot 4 + b$
$b = -8$ $\hfill g_2: y = 2x - 8$

Berechnung der Koordinaten des Schnittpunkts P der beiden Geraden:
($\rightarrow$ Gleichsetzen der Geradengleichungen)

$\frac{1}{2}x + 7 = 2x - 8$	$\mid -\frac{1}{2}x + 8$
$15 = 1,5x$	$\mid : 1,5$
$x = 10$	

($\rightarrow$ Einsetzen des x-Werts in $y = 2x - 8$)

$y = 2 \cdot 10 - 8$
$y = 12$ $\hfill P(10|12)$

Berechnung der Gleichung der Parabel p:
($\rightarrow$ Einsetzen der Koordinaten von P(10|12) und Q(2|-4) in $y = x^2 + px + q$)

P(10|12)	(1) $12 = 10^2 + p \cdot 10 + q$	$\mid -10p - 100$
Q(2|-4)	(2) $-4 = 2^2 + p \cdot 2 + q$	$\mid -2p - 4$
	(1') $-10p - 88 = q$	
	(2') $-2p - 8 = q$	
	(1') = (2'): $-10p - 88 = -2p - 8$	$\mid +10p + 8$
	$-80 = 8p$	$\mid : 8$
	$p = -10$	
p = -10 eingesetzt in (1)	$12 = 10^2 + (-10) \cdot 10 + q$	$\mid T$
	$q = 12$	
		$p: y = x^2 - 10x + 12$

Aufgabe 3 | Lösung

Bestimmung der Scheitelkoordinaten von S:
(→ Umformen in Scheitelform)

$y = x^2 - 10x + 12$
$y = x^2 - 10x + 5^2 + 12 - 5^2$
$y = (x - 5)^2 - 13$ $\hspace{4cm}$ $\underline{S(5|-13)}$

b) Gegeben sind die beiden Parabeln p_1 und p_2 mit den Gleichungen $y = -\frac{1}{2}x^2 + 5$ und $y = x^2 - 1$.
Die beiden Schnittpunkte P und Q bilden zusammen mit den beiden Scheitelpunkten S_1 und S_2 ein Viereck.

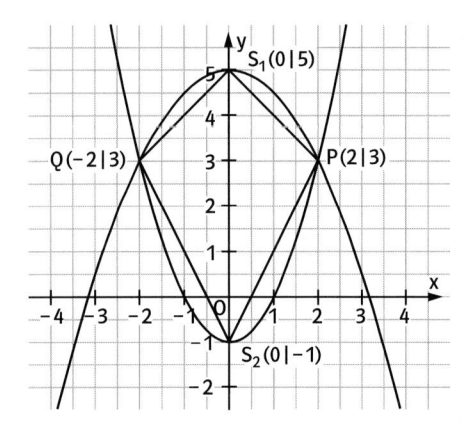

Berechnung der Koordinaten der Schnittpunkte P und Q der beiden Parabeln:
(→ Gleichsetzen der Parabelgleichungen)

$-\frac{1}{2}x^2 + 5 = x^2 - 1$ $\hspace{1cm}$ $|+\frac{1}{2}x^2 + 1$
$\hspace{1.2cm}\frac{3}{2}x^2 = 6$ $\hspace{1.8cm}$ $|:\frac{3}{2}$
$\hspace{1.5cm}x^2 = 4$ $\hspace{2.2cm}$ $|\sqrt{}$
$\hspace{1.5cm}x_1 = 2$
$\hspace{1.5cm}x_2 = -2$

(→ Berechnung der y-Werte durch Einsetzen in $y = x^2 - 1$)

$y_1 = 2^2 - 1$
$y_1 = 3$

$y_2 = (-2)^2 - 1$
$y_2 = 3$ $\hspace{6cm}$ $\underline{P(2|3); Q(-2|3)}$

Aufgabe 3 | Lösung

Bestimmung der Scheitelpunkte der beiden Parabeln p_1 und p_2:
(→ Scheitelpunkte der beiden Parabeln liegen auf der y-Achse)

$p_1: y = -\frac{1}{2}x^2 + 5$ $\qquad\qquad\qquad\qquad\qquad\underline{\underline{S_1(0|5)}}$

$p_2: y = x^2 - 1$ $\qquad\qquad\qquad\qquad\qquad\qquad\underline{\underline{S_2(0|-1)}}$

Berechnung des Flächeninhalts des Drachen S_1PS_2Q:
(→ Flächenformel des Drachenvierecks)

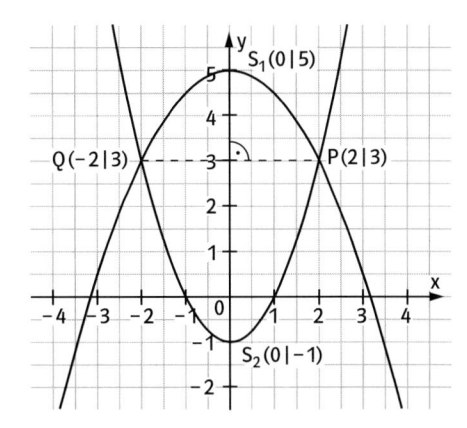

$A_{S_1PS_2Q} = \dfrac{\overline{S_1S_2} \cdot \overline{PQ}}{2}$

$A_{S_1PS_2Q} = \dfrac{6 \cdot 4}{2}$ $\qquad\qquad\qquad\qquad\qquad\underline{\underline{A_{S_1PS_2Q} = 12 \text{ FE}}}$

Nachweis der Eigenschaften des Drachenvierecks:
(→ paarweise gleich lange Schenkel; ein Paar gegenüberliegender Winkel sind gleich groß)

Berechnung von $\overline{PS_1}$ und $\overline{S_1Q}$:
(→ Satz von Pythagoras im Koordinatensystem)

$\overline{PS_1}^2 = 2^2 + 2^2$

$\overline{PS_1}^2 = 8 \qquad\qquad |\sqrt{} \qquad\qquad\qquad\underline{\underline{\overline{PS_1} = \sqrt{8} \text{ LE}}}$

$\overline{S_1Q}^2 = 2^2 + 2^2$

$\overline{S_1Q}^2 = 8 \qquad\qquad |\sqrt{} \qquad\qquad\qquad\underline{\underline{\overline{S_1Q} = \sqrt{8} \text{ LE}}}$

Aufgabe 3 | Lösung

Berechnung von $\overline{QS_2}$ und $\overline{S_2P}$:
(→ Satz von Pythagoras im Koordinatensystem)

$\overline{QS_2}^2 = 2^2 + 4^2$

$\overline{QS_2}^2 = 20 \qquad |\sqrt{} \qquad\qquad \underline{\underline{\overline{QS_2} = \sqrt{20} \text{ LE}}}$

$\overline{S_2P}^2 = 2^2 + 4^2$

$\overline{S_2P}^2 = 20 \qquad |\sqrt{} \qquad\qquad \underline{\underline{\overline{S_2P} = \sqrt{20} \text{ LE}}}$

Somit hat das Viereck S_1PS_2Q zwei Paare gleich langer benachbarter Seiten. Die beiden Seiten haben einen gemeinsamen Punkt.

Alternativ kann der Nachweis geführt werden, dass zwei gegenüberliegende Winkel gleich groß sind ($\varepsilon = 108{,}4°$).

Aufgabe 4 (Wahlbereich 2010)

a) Die beiden Glücksräder werden gedreht. Die Ergebnisse beider Glücksräder werden addiert.
Es werden zwei Gewinnsituationen angeboten:

Gewinnsituation A: „Summe 8 oder 9"

Gewinnsumme B: „alle anderen Summen"

Für welche würden Sie sich entscheiden?
Anschließend wird das untere Glücksrad so verändert, dass die Sektoren der Zahlen 4 und 5 jeweils den Mittelpunktswinkel 90° erhalten.
Für welche Gewinnsituation würden Sie sich jetzt entscheiden?

b) Ein quadratisches Blatt Papier (Format 10,0 cm × 10,0 cm) wird entlang von $\overline{EB}$ gefaltet. Die Strecke $\overline{AE}$ hat eine Länge von 4,0 cm.
Berechnen Sie die Länge $\overline{A'C}$ nach der Faltung.

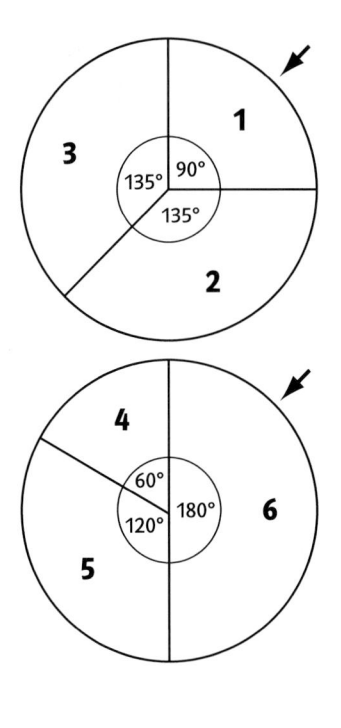

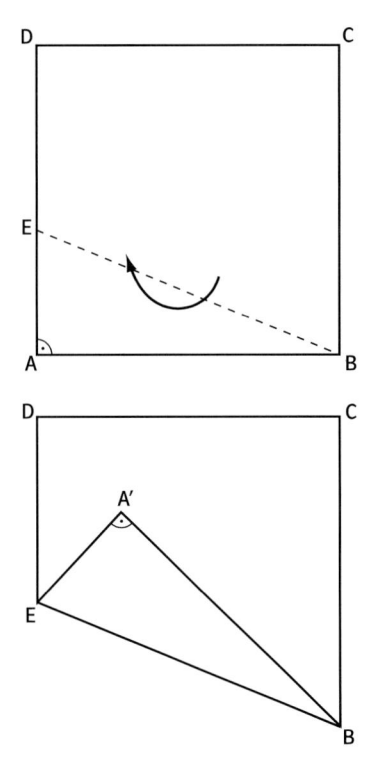

Aufgabe 4 | Lösungshinweis

a) Das gleichzeitige Drehen zweier Glücksräder stellt einen zweistufigen Zufallsversuch mit Zurücklegen dar. Die Sektoren der Glücksräder bestimmen die Wahrscheinlichkeiten der eingetragenen Zahlenwerte. Zur Ermittlung der Wahrscheinlichkeiten der jeweiligen Ergebnisse kann man ein Baumdiagramm zeichnen.
Das Ereignis A „Summe 8 oder 9" wird durch die Pfade P(2; 6), P(3; 5) und P(3; 6) beschrieben. Die Wahrscheinlichkeit dieses Ereignisses erhält man über die Summenregel (Addition der einzelnen Wahrscheinlichkeiten).
Das Ereignis „alle anderen Summen" ermittelt man vorteilhaft über das Gegenereignis. Anschließend wird das untere Glücksrad so verändert, dass die Sektoren der Zahlen 4 und 5 jeweils den Mittelpunktswinkel 90° erhalten. Nun bestimmt man mit der veränderten Wahrscheinlichkeit für die Zahl 5 erneut die Wahrscheinlichkeiten der Gewinnsituation A „Summe 8 oder 9" bzw. der Gewinnsituation B „alle anderen Summen".

b) Das quadratische Blatt Papier mit der Seitenlänge 10,0 cm wird entlang der Strecke $\overline{EB}$ gefaltet. Zunächst berechnet man im Dreieck ABE den Winkel β_1. Durch die Faltung entsteht dieser Winkel auch im Dreieck A'EB. Somit lässt sich im Dreieck A'BC über die Winkeldifferenz der Winkel β_2 berechnen. Die Seiten $\overline{A'B}$ und $\overline{BC}$ sind so lang wie die Seiten des Quadrats. Damit ist das Dreieck A'BC gleichschenklig. Durch das Einzeichnen der Höhe kann mithilfe der Sinusfunktion die Länge der Strecke $\overline{A'F}$ und damit auch die Länge der Strecke $\overline{A'C}$ berechnet werden.

Aufgabe 4 | Lösung

a) Zwei Glücksräder werden gleichzeitig gedreht. Die Ergebnisse der beiden Glücksräder werden addiert. Es werden zwei Gewinnsituationen angeboten.
Gewinnsituation A „Summe 8 oder 9",
Gewinnsituation B „alle anderen Summen".

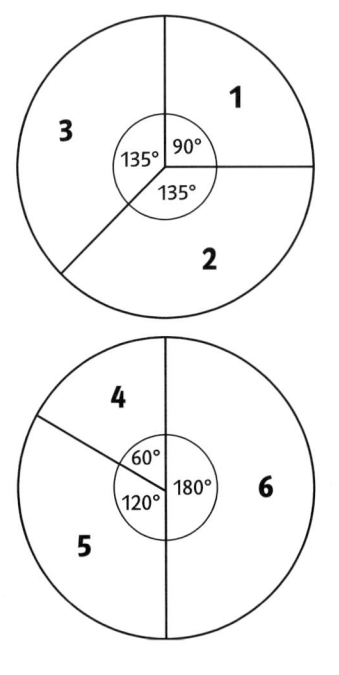

Baumdiagramm:
(→ zweistufiges Zufallsexperiment)

Berechnung der Gewinnsituation A „Summe 8 oder 9":
(→ Produkt- und Summenregel; Ziehen mit Zurücklegen)

$P(A) = P(2; 6) + P(3; 5) + P(3; 6)$

$P(A) = \frac{135}{360} \cdot \frac{180}{360} + \frac{135}{360} \cdot \frac{120}{360} + \frac{135}{360} \cdot \frac{180}{360}$

$P(A) = \frac{3}{8} \cdot \frac{1}{2} + \frac{3}{8} \cdot \frac{1}{3} + \frac{3}{8} \cdot \frac{1}{2}$

$P(A) = \frac{3}{8} \cdot \left(\frac{1}{2} + \frac{1}{3} + \frac{1}{2}\right)$

$P(A) = \frac{3}{8} \cdot \frac{4}{3} = \frac{1}{2}$

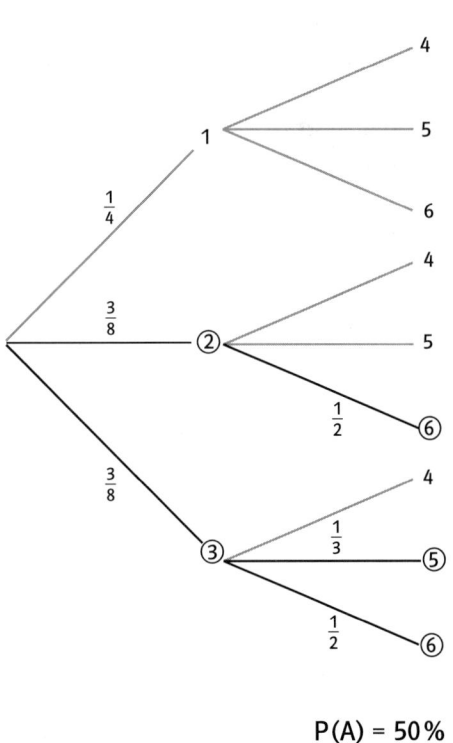

$\underline{\underline{P(A) = 50\,\%}}$

Berechnung der Gewinnsituation B „alle anderen Summen":
(→ Gegenereignis von A)

$P(B) = 1 - \frac{1}{2} = \frac{1}{2}$ $\qquad$ $\underline{P(B) = 50\%}$

Es spielt keine Rolle, ob man sich für Situation A oder B entscheidet.
Beide Gewinnwahrscheinlichkeiten sind gleich groß.

Berechnung der Gewinnsituation A „Summe 8 oder 9" nach der Änderung der Winkel:
(→ Produkt- und Summenregel; Ziehen mit Zurücklegen)

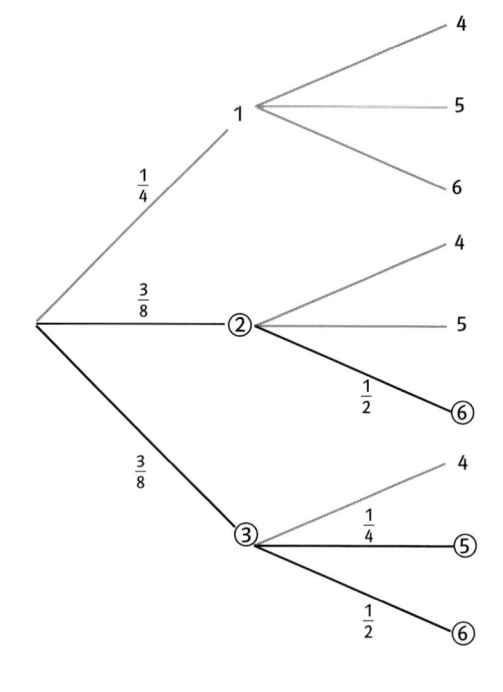

$P(A_{neu}) = P(2; 6) + P(3; 5) + P(3; 6)$
$P(A_{neu}) = \frac{135}{360} \cdot \frac{180}{360} + \frac{135}{360} \cdot \frac{90}{360} + \frac{135}{360} \cdot \frac{180}{360}$
$P(A_{neu}) = \frac{3}{8} \cdot \frac{1}{2} + \frac{3}{8} \cdot \frac{1}{4} + \frac{3}{8} \cdot \frac{1}{2}$
$P(A_{neu}) = \frac{3}{8} \cdot \left(\frac{1}{2} + \frac{1}{4} + \frac{1}{2}\right)$
$P(A_{neu}) = \frac{3}{8} \cdot \frac{5}{4} = \frac{15}{32}$ $\qquad$ $\underline{P(A_{neu}) = 46{,}9\%}$

Berechnung der Gewinnsituation B „alle anderen Summen":
(→ Gegenereignis von A_{neu})

$P(B) = 1 - \frac{15}{32} = \frac{17}{32}$ $\qquad$ $\underline{P(B_{neu}) = 53{,}1\%}$

Nach der Veränderung der Mittelpunktswinkel beim unteren Glücksrad ist die Gewinnsituation B günstiger; deshalb Entscheidung für B.

Aufgabe 4 | Lösung

Eine alternative Begründung könnte auch so geführt werden:
Bei der Berechnung der Wahrscheinlichkeit des Zufallsexperiments mit dem veränderten rechten Glücksrad ändert sich im Summenterm von P(A) der Wert der Wahrscheinlichkeit P(3; 5) von $\frac{135}{360} \cdot \frac{120}{360}$ auf $\frac{135}{360} \cdot \frac{90}{360}$.
Da alle anderen Werte unverändert bleiben, wird der Wert von P(A) somit insgesamt kleiner als 50 %.

b) Quadratisches Blatt Papier (10,0 cm × 10,0 cm) wird entlang $\overline{EB}$ gefaltet.
Die Strecke $\overline{AE}$ ist 4,0 cm lang.

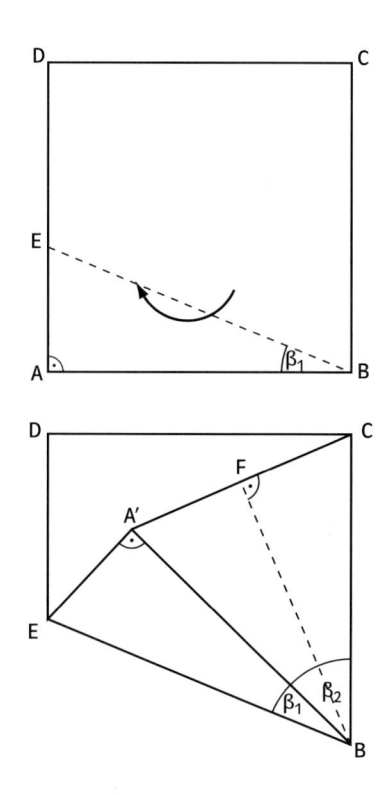

Berechnung des Winkels β_1:
(→ Tangensfunktion im Dreieck ABE)

$\tan \beta_1 = \frac{\overline{AE}}{\overline{AB}}$

$\tan \beta_1 = \frac{4,0}{10,0}$ $\qquad\qquad\qquad\qquad\qquad\underline{\beta_1 = 21,8°}$

Berechnung des Winkels β_2:
($\rightarrow$ Winkeldifferenz)

$\beta_2 = 90° - 2 \cdot \beta_1$
$\beta_2 = 90° - 2 \cdot 21{,}8°$ $\hspace{4cm}$ $\underline{\underline{\beta_2 = 46{,}4°}}$

Berechnung der Strecke $\overline{A'C}$:
($\rightarrow$ Sinusfunktion im Dreieck A'BF; Dreieck A'BC ist gleichschenklig)

Es gilt: $\overline{A'B} = \overline{BC} = 10{,}0\,\text{cm}$
Damit ist das Dreieck A'BC gleichschenklig.

Berechnung der Strecke $\overline{A'F}$:
($\rightarrow$ Sinusfunktion im Dreieck A'BF)

$\sin\frac{\beta_2}{2} = \frac{\overline{A'F}}{\overline{A'B}}$ $\hspace{1cm}$ $|\cdot \overline{A'B}$

$\overline{A'F} = \overline{A'B} \cdot \sin\frac{\beta_2}{2}$

$\overline{A'F} = 10{,}0 \cdot \sin 23{,}2°$ $\hspace{3cm}$ $\underline{\underline{\overline{A'F} = 3{,}94\,\text{cm}}}$

$\overline{A'C} = 2 \cdot \overline{A'F}$
$\overline{A'C} = 2 \cdot 3{,}94$ $\hspace{5cm}$ $\underline{\underline{\overline{A'C} = 7{,}9\,\text{cm}}}$

Prüfung 2011

Pflicht- und Wahlbereich
Aufgaben und Lösungen

Aufgaben (Pflichtbereich 2011)

Aufgabe 1

Im rechtwinkligen Dreieck ABC sind gegeben:
$\overline{AB}$ = 10,3 cm
β = 37,0°
AD halbiert den Winkel α.
Berechnen Sie die Länge $\overline{AC}$ und den Abstand des Punktes D von $\overline{AB}$.

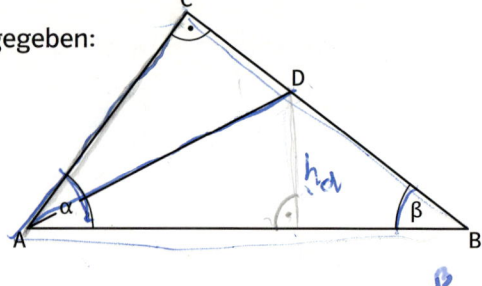

Aufgabe 2

Für das Rechteck ABCD gilt:
$\overline{BE}$ = 4,2 cm
φ = 21,7°
M ist Mittelpunkt der Seite $\overline{AD}$.
Berechnen Sie die Länge $\overline{ME}$.

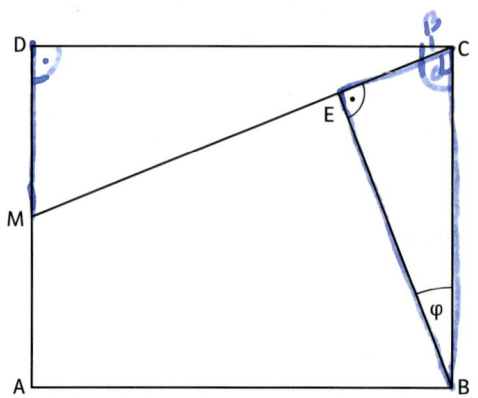

Aufgabe 3

Tina vergleicht einen Kegel und eine quadratische Pyramide.
Der Durchmesser d der Kegelgrundfläche und die Grundkante a der quadratischen Pyramide sind gleich lang.
Es gilt:
A_{Ke} = 78,5 cm² (Grundfläche des Kegels)
α = 70,0°
Tina meint: „Die Oberflächen beider Körper sind gleich groß."
Überprüfen Sie diese Aussage.

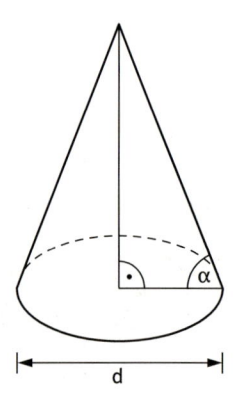

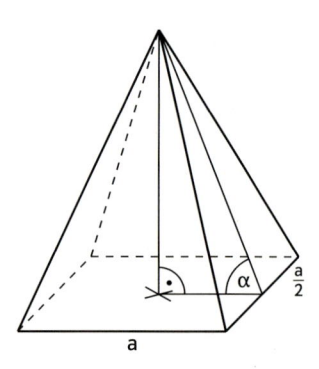

Aufgaben (Pflichtbereich 2011)

Aufgabe 4

Bestimmen Sie die Definitions- und Lösungsmenge der Gleichung:
$$\frac{x+3}{2x+2} - \frac{1}{2} = \frac{x^2}{x+1}$$

Aufgabe 5

Drei Gleichungen – vier Graphen

(1) $y = \frac{1}{4}x^2 + 3$
(2) $y = (x-3)^2$
(3) $y = x^2 + 6x + 12$

Welche Funktionsgleichung gehört zu welchem Graph? Begründen Sie Ihre Entscheidungen. Wie heißt die Funktionsgleichung des vierten Graphen?

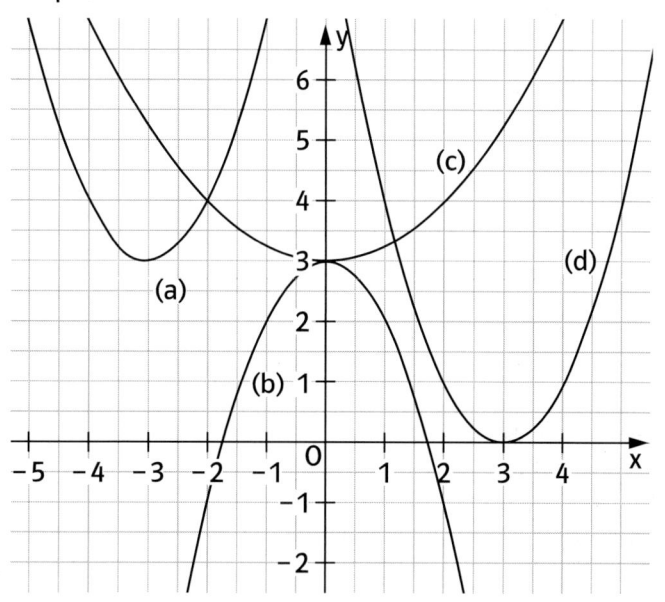

Aufgabe 6

Eine Bank wirbt mit nebenstehender Grafik.
Herr Lenz möchte einen Betrag von 5000,00 € anlegen. Nach Ablauf von vier Jahren soll sich der Betrag auf 5500,00 € erhöhen.
Welchen Zinssatz müsste die Bank für das vierte Jahr anbieten?
Bei welchem jährlich gleichbleibenden Zinssatz würde er nach vier Jahren das gleiche Endkapital erzielen?

Drei Jahre feste Zinssätze. Über das 4. Jahr sprechen Sie mit uns!

1. Jahr: 1,5 %
2. Jahr: 1,75 %
3. Jahr: 2,5 %
4. Jahr: ? %

Zinsen werden mitverzinst.

Aufgaben (Pflichtbereich 2011)

Aufgabe 7

Eine Maschine füllt 1-kg-Mehltüten ab. Bei einer Qualitätskontrolle werden die tatsächlichen Gewichte ermittelt.
Der Boxplot zeigt das Ergebnis der erfassten Stichprobe auf Gramm (g) gerundet.

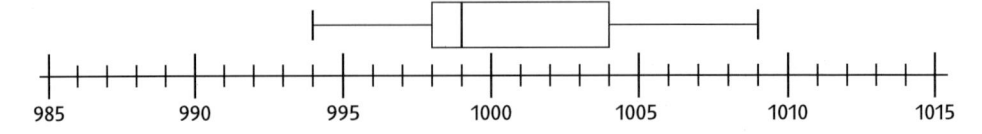

Geben Sie das untere und das obere Quartil sowie den Zentralwert an.
Nehmen Sie zu folgender Aussage Stellung:
„Das arithmetische Mittel der Stichprobe beträgt 999 g."

Aufgabe 8

Für eine Geburtstagsparty werden 20 Glückskekse gebacken, unterschiedlich gefüllt und in einen Korb gelegt:
- 12 Kekse enthalten jeweils ein Sprichwort
- 6 Kekse enthalten jeweils einen Witz
- die restlichen werden mit jeweils einem Kinogutschein gefüllt

Welche Wahrscheinlichkeit hat das Ereignis „mit einem Zug ein Sprichwort ziehen"?
Wie groß ist die Wahrscheinlichkeit für das Ereignis „beim gleichzeitigen Ziehen von zwei Glückskeksen unterschiedliche Füllungen erhalten"?

Aufgabe 1

Rechtwinkliges Dreieck ABC mit:
$\overline{AB}$ = 10,3 cm
β = 37,0°
AD halbiert den Winkel α.

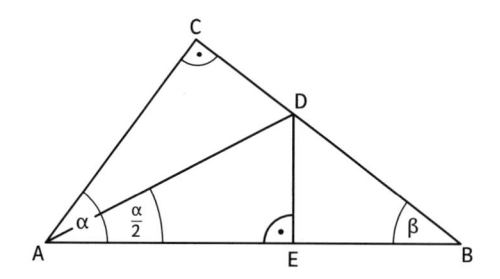

Berechnung der Länge $\overline{AC}$:
(→ Sinusfunktion im rechtwinkligen Dreieck ABC)

$\sin β = \dfrac{\overline{AC}}{\overline{AB}}$ $| \cdot \overline{AB}$

$\overline{AC} = \overline{AB} \cdot \sin β$

$\overline{AC} = 10{,}3 \cdot \sin 37{,}0°$

$\overline{AC} = 6{,}20$ $\hspace{4cm}$ $\underline{\underline{\overline{AC} = 6{,}2\,\text{cm}}}$

Berechnung des Abstands des Punktes D von $\overline{AB}$:
(→ Sinusfunktion im rechtwinkligen Dreieck AED)

$α = 90° - β$
$α = 90° - 37{,}0°$ $\hspace{4cm}$ $\underline{\underline{α = 53{,}0°}}$

$\sin \dfrac{α}{2} = \dfrac{\overline{DE}}{\overline{AD}}$ $| \cdot \overline{AD}$

$\overline{DE} = \overline{AD} \cdot \sin \dfrac{α}{2}$

Berechnung der Länge $\overline{AD}$:
(→ Kosinusfunktion im rechtwinkligen Dreieck ADC)

$\cos \dfrac{α}{2} = \dfrac{\overline{AC}}{\overline{AD}}$ $| \cdot \overline{AD}$ $| : \cos \dfrac{α}{2}$

$\overline{AD} = \dfrac{\overline{AC}}{\cos \dfrac{α}{2}}$

$\overline{AD} = \dfrac{6{,}20}{\cos 26{,}5°}$ $\hspace{3cm}$ $\underline{\underline{\overline{AD} = 6{,}93\,\text{cm}}}$

$\overline{DE} = 6{,}93 \cdot \sin 26{,}5°$ $\hspace{3cm}$ $\underline{\underline{\overline{DE} = 3{,}1\,\text{cm}}}$

Alternative Lösung: Das Viereck AEDC ist ein Drachen, die Diagonale $\overline{AD}$ ist Symmetrieachse des Drachens. Dann ist $\overline{DE} = \overline{CD}$ und es genügt im Dreieck ADC die Strecke $\overline{CD}$ mit der Tangensfunktion auszurechnen.

Aufgabe 2

Für das Rechteck ABCD gilt:
$\overline{BE}$ = 4,2 cm
φ = 21,7°
M ist Mittelpunkt der Seite $\overline{AD}$.

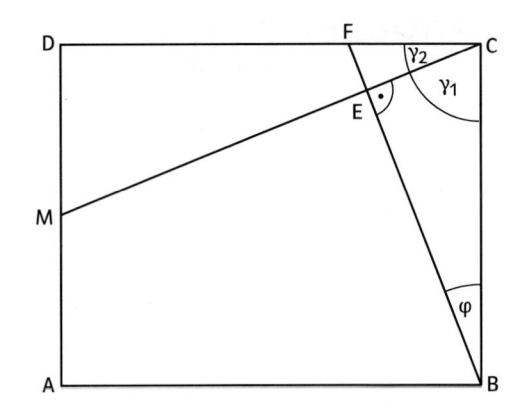

Berechnung der Länge $\overline{ME}$:
(→ Streckendifferenz)

$\overline{ME} = \overline{CM} - \overline{CE}$

Berechnung der Winkel γ_1 und γ_2:
(→ Winkelsumme)

$\gamma_1 = 90° - \varphi$
$\gamma_1 = 90° - 21{,}7°$ $\qquad\qquad\qquad\qquad\qquad\qquad\underline{\gamma_1 = 68{,}3°}$
$\gamma_2 = 90° - \gamma_1$
$\gamma_2 = 90° - 68{,}3°$ $\qquad\qquad\qquad\qquad\qquad\qquad\underline{\gamma_2 = 21{,}7°}$

Berechnung der Längen von $\overline{AD} = \overline{BC}$ und $\overline{CE}$:
(→ Kosinusfunktion und Pythagoras im rechtwinkligen Dreieck BCE)

$\cos\varphi = \dfrac{\overline{BE}}{\overline{BC}}$ $\quad | \cdot \overline{BC} \quad |:\cos\varphi$

$\overline{BC} = \dfrac{\overline{BE}}{\cos\varphi}$

$\overline{BC} = \dfrac{4{,}2}{\cos 21{,}7°}$ $\qquad\qquad\qquad\qquad\qquad\underline{\overline{BC} = 4{,}52\,\text{cm}}$

$\overline{CE} = \sqrt{\overline{BC}^2 - \overline{BE}^2}$

$\overline{CE} = \sqrt{4{,}52^2 - 4{,}2^2}$ $\qquad\qquad\qquad\qquad\underline{\overline{CE} = 1{,}67\,\text{cm}}$

Berechnung der Strecke $\overline{CM}$:
(→ Sinusfunktion im rechtwinkligen Dreieck MCD)

$\sin \gamma_2 = \dfrac{\frac{\overline{AD}}{2}}{\overline{CM}}$ $\quad | \cdot \overline{CM} \quad | : \sin \gamma_2$

$\overline{CM} = \dfrac{\overline{AD}}{2 \cdot \sin \gamma_2}$

$\overline{CM} = \dfrac{4{,}52}{2 \cdot \sin 21{,}7°}$ $\qquad\qquad\qquad\qquad\underline{\overline{CM} = 6{,}11 \,\text{cm}}$

$\overline{ME} = 6{,}11 - 1{,}67$ $\qquad\qquad\qquad\qquad\underline{\overline{ME} = 4{,}4 \,\text{cm}}$

Aufgabe 3

Ein Kegel und eine quadratische Pyramide werden verglichen:
Kegeldurchmesser d ist gleich lang wie die Pyramidengrundkante a.
$G_K = 78{,}5 \,\text{cm}^2$ (Grundfläche des Kegels)
$\alpha = 70{,}0°$
Behauptung: „Die Oberflächen beider Körper sind gleich groß"

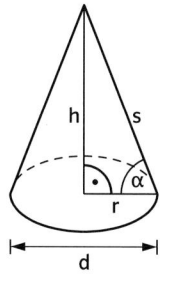

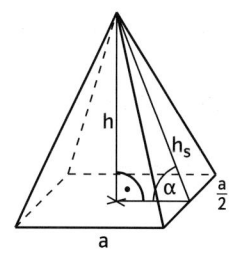

Berechnung der beiden Oberflächen O_K und O_P:
(→ Oberflächenformeln von Kegel und Pyramide)

$O_K = \pi \cdot r^2 + \pi \cdot r \cdot s$
$O_P = a^2 + 2a \cdot h_s$

Berechnung des Kegelradius r:
(→ Flächenformel der Grundfläche)

$G_K = \pi \cdot r^2 \quad |:\pi \quad |\sqrt{\ }$
$r = \sqrt{\dfrac{G_K}{\pi}}$
$r = \sqrt{\dfrac{78{,}5}{\pi}}$ $\qquad\qquad\qquad\qquad\underline{r = 5{,}00 \,\text{cm}}$

Berechnung der Mantellinie s:
(→ Kosinusfunktion im Achsenschnitt des Kegels)

$\cos\alpha = \frac{r}{s}$ $\mid \cdot s$ $\mid : \cos\alpha$

$s = \frac{r}{\cos\alpha}$

$s = \frac{5{,}00}{\cos 70{,}0°}$ $\hspace{4cm}$ $\underline{s = 14{,}62\,cm}$

$O_K = \pi \cdot 5{,}00^2 + \pi \cdot 5{,}00 \cdot 14{,}62$ $\hspace{2cm}$ $\underline{O_K = 308{,}2\,cm^2}$

Berechnung der Pyramidengrundkante a:
(→ Kegeldurchmesser gleich Grundkante)

$a = d = 2r$
$a = 2 \cdot 5{,}00$ $\hspace{6cm}$ $\underline{a = 10{,}00\,cm}$

Bestimmung der Seitenflächenhöhe h_s:
(→ Mantellinie gleich Seitenflächenhöhe)

$h_s = s$ $\hspace{7cm}$ $\underline{h_s = 14{,}62\,cm}$

$O_P = 10{,}00^2 + 2 \cdot 10{,}00 \cdot 14{,}62$ $\hspace{2cm}$ $\underline{O_P = 392{,}4\,cm^2}$

Tinas Aussage ist falsch, die Oberfläche des Kegels ist kleiner.

Eine **Lösung durch Argumentieren** könnte so aussehen:
Da die Grundfläche des Kegels vollständig im Grundflächenquadrat der Pyramide liegt und die beiden Körper gleich hoch sind, muss auch die Mantelfläche des Kegels kleiner als die der Pyramide sein.
Oder:
Da bei der Berechnung der Kegeloberfläche die Zahl π verwendet wird, können die beiden Oberflächen nicht gleich groß sein.

Aufgabe 4

Lösung der Bruchgleichung:
$\frac{x+3}{2x+2} - \frac{1}{2} = \frac{x^2}{x+1}$

Bestimmung des Hauptnenners:
(→ Faktorisieren der Nenner)

$$2x + 2 = 2 \cdot (x + 1)$$
$$2 = 2$$
$$x + 1 = x + 1$$
$$\overline{\text{HN:} \quad 2 \cdot (x + 1)}$$

Bestimmung der Definitionsmenge: $\underline{\underline{D = \mathbb{R}\setminus\{-1\}}}$

$$\frac{x+3}{2x+2} - \frac{1}{2} = \frac{x^2}{x+1} \quad | \cdot 2(x+1)$$

$$(x + 3) - 1 \cdot (x + 1) = 2x^2$$
$$x + 3 - x - 1 = 2x^2$$
$$2 = 2x^2 \quad |:2$$
$$x^2 = 1 \quad |\sqrt{}$$

(→ rein quadratische Gleichung)

$x_1 = +1$
$x_2 = -1$

Da -1 nicht zur Definitionsmenge gehört, ist die Lösungsmenge: $\underline{\underline{L = \{1\}}}$

Aufgabe 5

Drei Funktionsgleichungen von Parabeln und ein Schaubild mit vier Graphen.

(1) $y = \frac{1}{4}x^2 + 3$

(2) $y = (x - 3)^2$

(3) $y = x^2 + 6x + 12$

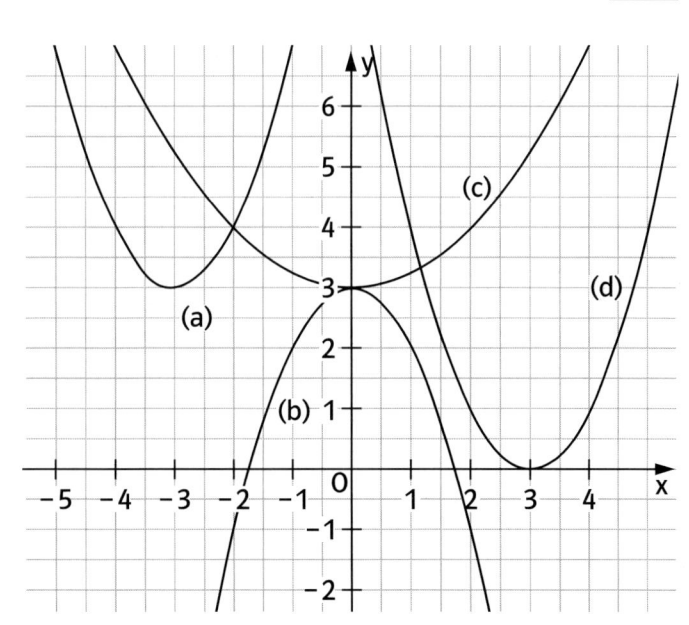

Graph	Funktionsgleichung	Begründung
(1) → (c)	$y = \frac{1}{4}x^2 + 3$	Der Graph von (c) ist die einzige gedehnte und nach oben geöffnete Parabel. Ihr Scheitelpunkt ist S(0|3).
(2) → (d)	$y = (x - 3)^2$	Der Graph von (d) ist eine nach rechts verschobene Normalparabel.
(3) → (a)	$y = x^2 + 6x + 12$	Die Funktionsgleichung der Parabel (3) ist eine nach links und nach oben verschobene Normalparabel. Durch quadratische Ergänzung lässt sich die Gleichung auf Scheitelform $y = (x + 3)^2 + 3$ bringen, aus der der Scheitel S(−3|3) abgelesen werden kann.

Funktionsgleichung des vierten Graphen:
Die Parabel ist auf der y-Achse verschoben und nach unten geöffnet.
Sie besitzt also die Form $y = ax^2 + c$.
Die Parabel geht durch die Punkte A(−1\|2) und B(1\|2). Damit handelt es sich um eine nach unten geöffnete und auf der y − Achse verschobene Normalparabel.

Die Gleichung von (b) lautet deshalb: $\underline{\underline{y = -x^2 + 3}}$

Aufgabe 6

Werbegrafik einer Bank zum Zuwachssparen.

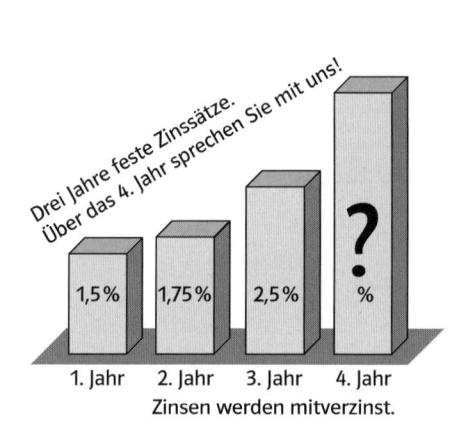

Drei Jahre feste Zinssätze.
Über das 4. Jahr sprechen Sie mit uns!

1,5 %   1,75 %   2,5 %   ? %

1. Jahr   2. Jahr   3. Jahr   4. Jahr
Zinsen werden mitverzinst.

Berechnung des Zinssatzes für das 4. Jahr:
(→ Zuwachssparen; verschiedene Zinssätze)

$K_4 = K_0 \cdot q_1 \cdot q_2 \cdot q_3 \cdot q_4$
$5500{,}00 = 5000{,}00 \cdot 1{,}015 \cdot 1{,}0175 \cdot 1{,}025 \cdot q_4$

$q_4 = \dfrac{5500{,}00}{5000{,}00 \cdot 1{,}015 \cdot 1{,}0175 \cdot 1{,}025}$

$q_4 = 1{,}0391$ $\underline{\underline{p_4\% = 3{,}91\%}}$

Die Bank müsste für das vierte Jahr einen Zinssatz von 3,91% anbieten.

Berechnung des jährlich gleich bleibenden Zinssatzes:
(→ Zinseszinsrechnung)

$K_4 = K_0 \cdot q^4 \quad |:K_0$
$q^4 = \dfrac{K_4}{K_0} \quad |\sqrt[4]{}$
$q = \sqrt[4]{\dfrac{5500}{5000}}$

$q = 1{,}0241$ $\underline{\underline{p\% = 2{,}41\%}}$

Der jährlich gleich bleibende Zinssatz müsste 2,41% betragen.

Aufgabe 7

Boxplot einer Stichprobe von abgefüllten 1 kg-Mehltüten.

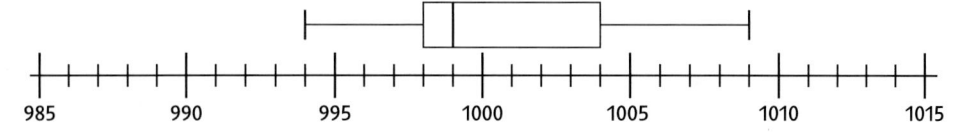

Bestimmung der Quartile und des Zentralwerts:
(→ Ablesen der Kennwerte aus dem Boxplot)

Das untere Quartil q_u ist der linke Rand der Box. $\underline{\underline{q_u = 998\,g}}$

Das obere Quartil q_o ist der rechte Rand der Box. $\underline{\underline{q_o = 1004\,g}}$

Der Zentralwert z teilt die zentrale Hälfte in zwei Teile. $\underline{\underline{z = 999\,g}}$

Stellungnahme zur vorgegebenen Aussage:
(→ Argumentieren; Definition des arithmetischen Mittels)

Zur Aussage „Das arithmetische Mittel der Stichprobe beträgt 999 g."
soll Stellung genommen werden.
Die im Boxplot verwendete Markierung bei 999 g stellt den Zentralwert der Datenmenge dar. Das arithmetische Mittel lässt sich aus einem Boxplot nicht ablesen. Der Boxplot erlaubt lediglich Aussagen über die Verteilung der Daten. Es wäre Zufall, wenn das arithmetische Mittel mit dem Zentralwert übereinstimmen würde.
Die Aussage ist somit nicht richtig.

Aufgabe 8

20 Glückskekse mit unterschiedlichen Füllungen liegen in einem Korb.
12 Glückskekse enthalten jeweils ein Sprichwort, 6 Kekse enthalten jeweils einen Witz, die restlichen sind mit einem Kinogutschein gefüllt.

Berechnung der Wahrscheinlichkeit „mit einem Zug ein Sprichwort ziehen":
(→ Einstufiges Zufallsexperiment)

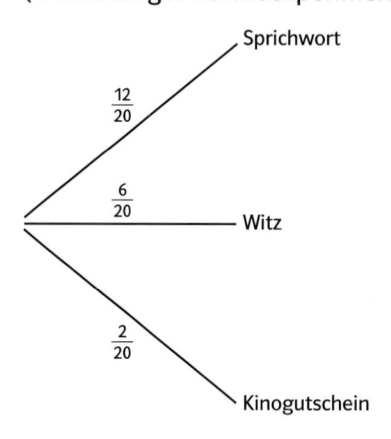

```
           Sprichwort
     12/20
         
      6/20 ———— Witz
         
      2/20
           Kinogutschein
```

P(ein Sprichwort ziehen) = $\frac{12}{20}$

P(ein Sprichwort ziehen) = $\frac{3}{5}$ P(ein Sprichwort ziehen) = 60 %

Die Wahrscheinlichkeit, mit einem Zug ein Sprichwort zu ziehen, beträgt $\frac{3}{5}$ bzw. 60 %.

Berechnung der Wahrscheinlichkeit „beim gleichzeitigen Ziehen von zwei Glückskeksen unterschiedliche Füllungen erhalten":
(→ Zweistufiges Zufallsexperiment ohne Zurücklegen, Gegenereignis)

Vorteilhaft bestimmt man die Wahrscheinlichkeit des Ereignisses „unterschiedliche Füllungen ziehen" über das Gegenereignis „gleiche Füllungen ziehen".

Dazu verwendet man das verkürzte Baumdiagramm.

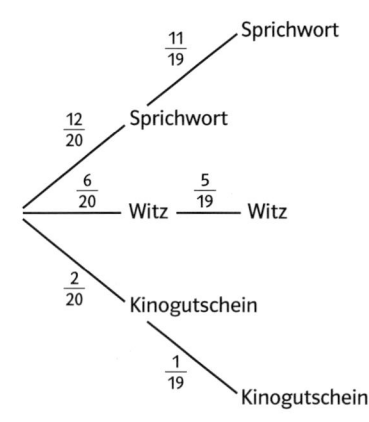

```
                 11/19      Sprichwort
        12/20  Sprichwort
              6/20     5/19
                  Witz ───── Witz
        2/20
              Kinogutschein
                  1/19
                       Kinogutschein
```

P(verschiedene Füllungen ziehen) = 1 − P(gleiche Füllungen ziehen)

P(verschiedene Füllungen ziehen) =
1 − (P(Sprichwort; Sprichwort) + P(Witz; Witz) + P(Kino; Kino))

P(verschiedene Füllungen ziehen) = $1 - \left(\frac{12}{20} \cdot \frac{11}{19} + \frac{6}{20} \cdot \frac{5}{19} + \frac{2}{20} \cdot \frac{1}{19}\right)$

P(verschiedene Füllungen ziehen) = $1 - \left(\frac{132}{380} + \frac{30}{380} + \frac{2}{380}\right)$

P(verschiedene Füllungen ziehen) = $\frac{216}{380}$

P(verschiedene Füllungen ziehen) = $\frac{54}{95}$

<u>P(verschiedene Füllungen ziehen) = 56,8 %</u>

Die Wahrscheinlichkeit, zwei Kekse mit unterschiedlichen Füllungen zu ziehen, beträgt $\frac{54}{95}$ bzw. 56,8 %.

Aufgabe 1 (Wahlbereich 2011)

a) Im Dreieck ABC gilt:
$\overline{AB}$ = 10,8 cm
α = 40,0°
γ = 58,0°
$\overline{AD}$ = $\overline{BD}$
Berechnen Sie den Flächeninhalt des Dreiecks BCD.

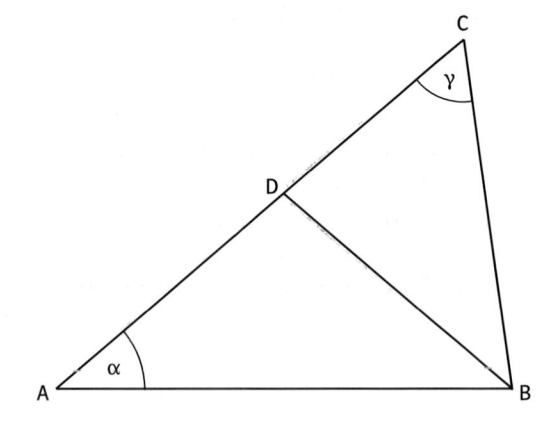

b) Die Figur besteht aus einem Viereck ABCD und einem regelmäßigen Achteck.
Außer dem Punkt E liegen alle Eckpunkte des regelmäßigen Achtecks auf den Seiten des Vierecks ABCD.
Weisen Sie nach, dass der Winkel ADC ein rechter Winkel ist.
Es gilt:
a = 6,2 cm
Berechnen Sie den Umfang des Vierecks ABCD.

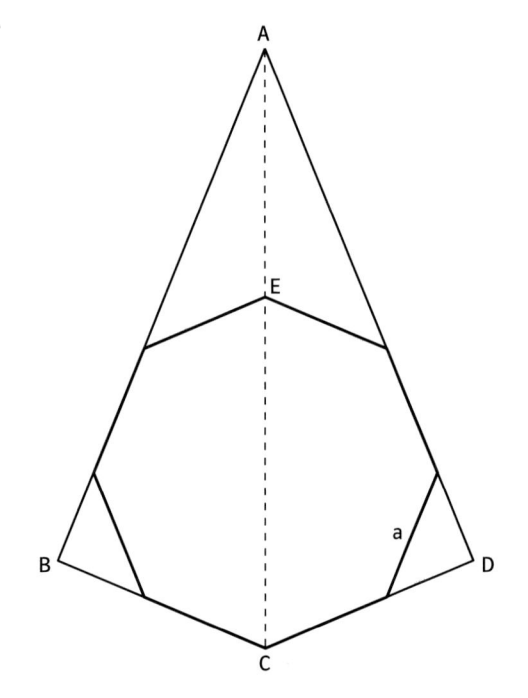

Aufgabe 1 | Lösungshinweis

a) Zur Berechnung des Dreiecksflächeninhalts BCD berechnet man die Seite $\overline{BC}$ des Dreiecks und die zugehörige Höhe.
Durch das Einzeichnen der Höhe im gleichschenkligen Dreieck ABD erhält man ein rechtwinkliges Dreieck in dem man die Strecke $\overline{BD}$ berechnen kann.
Über die Gleichschenkligkeit und die Winkelsumme kann man die Größe der Teilwinkel von β bestimmen.
Mit Hilfe von Winkelfunktionen kann man in den beiden rechtwinkligen Teildreiecken, die durch Einzeichnen der Höhe entstehen, die Höhe und die beiden Teilstrecken von $\overline{BC}$ berechnen.

b) Der Nachweis des rechten Winkels bei D kann über den Mittelpunktswinkel oder über die Innenwinkel des Achtecks erfolgen.
Man erhält dann über die Nebenwinkel den Beweis, dass das kleine Dreieck rechtwinklig und gleichschenklig ist.
Beim Berechnen des Vierecksumfangs kann man die Symmetrieeigenschaft des Vierecks nutzen. Die Strecke $\overline{CD}$ setzt sich aus der Achteckseite a und der halben Diagonalen eines Quadrats mit der Seitenlänge a zusammen. Die andere Seite $\overline{AD}$ kann mit der Tangensfunktion im Dreieck CDA berechnet werden.

Aufgabe 1 | Lösung

a) Im Dreieck ABC gilt:
$\overline{AB} = 10{,}8\,\text{cm}$
$\alpha = 40{,}0°$
$\gamma = 58{,}0°$
$\overline{AD} = \overline{BD}$

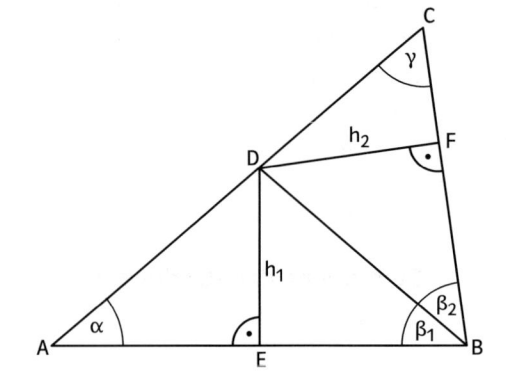

Berechnung des Flächeninhalts des Dreiecks BCD:
(→ Flächenformel)

$A_{BCD} = \frac{1}{2} \cdot \overline{BC} \cdot h_2$

$A_{BCD} = \frac{1}{2} \cdot (\overline{BF} + \overline{FC}) \cdot \overline{DF}$

Berechnung der Winkel β_1 und β_2:
(→ Dreieck ABD ist gleichschenklig)

$\beta_1 = \alpha$ $\hspace{4cm}$ $\underline{\beta_1 = 40{,}0°}$

(→ Winkelsumme)

$\beta_2 = 180° - \beta_1 - \alpha - \gamma$
$\beta_2 = 180° - 40{,}0° - 40{,}0° - 58{,}0°$ $\hspace{2cm}$ $\underline{\beta_2 = 42{,}0°}$

Berechnung der Strecke $\overline{BD}$:
(→ Kosinusfunktion im rechtwinkligen Dreieck EBD; $\overline{BE} = \frac{1}{2} \cdot \overline{AB}$)

$\cos \beta_1 = \frac{\overline{BE}}{\overline{BD}}$ $\hspace{1cm}$ $|\cdot \overline{BD}$ $\hspace{1cm}$ $|:\cos \beta_1$

$\overline{BD} = \frac{\overline{BE}}{\cos \beta_1}$

$\overline{BD} = \frac{5{,}4}{\cos 40{,}0°}$ $\hspace{4cm}$ $\underline{\overline{BD} = 7{,}05\,\text{cm}}$

Aufgabe 1 | Lösung

Berechnung der Dreieckshöhe $h_2 = \overline{DF}$:
($\rightarrow$ Sinusfunktion im rechtwinkligen Dreieck BFD)

$\sin \beta_2 = \dfrac{\overline{DF}}{\overline{BD}}$ | $\cdot \overline{BD}$

$\overline{DF} = \overline{BD} \cdot \sin \beta_2$

$\overline{DF} = 7{,}05 \cdot \sin 42{,}0°$ $\hspace{4cm}$ $\underline{\underline{\overline{DF} = 4{,}72\,\text{cm}}}$

Berechnung der Strecke $\overline{BF}$:
($\rightarrow$ Pythagoras im rechtwinkligen Dreieck BFD)

$\overline{BF} = \sqrt{\overline{BD}^2 - \overline{DF}^2}$

$\overline{BF} = \sqrt{7{,}05^2 - 4{,}72^2}$ $\hspace{4cm}$ $\underline{\underline{\overline{BF} = 5{,}24\,\text{cm}}}$

Berechnung der Strecke $\overline{CF}$:
($\rightarrow$ Tangensfunktion im rechtwinkligen Dreieck DFC)

$\tan \gamma = \dfrac{\overline{DF}}{\overline{CF}}$ | $\cdot \overline{CF}$ | $: \tan \gamma$

$\overline{CF} = \dfrac{\overline{DF}}{\tan \gamma}$

$\overline{CF} = \dfrac{4{,}72}{\tan 58{,}0°}$ $\hspace{4cm}$ $\underline{\underline{\overline{CF} = 2{,}95\,\text{cm}}}$

$A_{BCD} = \dfrac{1}{2} \cdot (5{,}24 + 2{,}95) \cdot 4{,}72$ $\hspace{2cm}$ $\underline{\underline{A_{BCD} = 19{,}3\,\text{cm}^2}}$

Aufgabe 1 | Lösung

b) Die Figur besteht aus einem Viereck ABCD und einem regelmäßigen Achteck. Außer E liegen alle Punkte des Achtecks auf den Seiten des Vierecks.
Es gilt: a = 6,2 cm

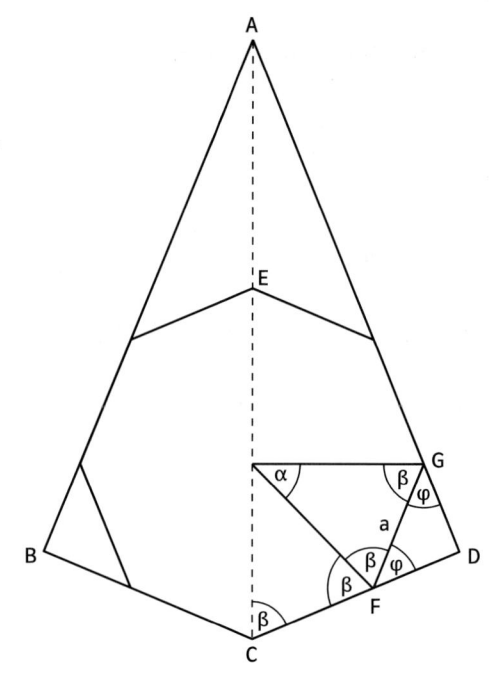

Nachweis des rechten Winkels bei D:
(→ Winkelsumme im Dreieck FDG)

∢ ADC = ∢ GDF = 180° − 2 φ

Berechnung des Winkels α:
(→ Mittelpunktswinkel im regelmäßigen Achteck)

α = 360° : 8 $\qquad$ α = 45°

Berechnung des Winkels β:
(→ Winkelsumme)

2 · β = 180° − α
2 · β = 180° − 45°
2 · β = 135° $\qquad$ β = 67,5°

Aufgabe 1 | Lösung

Berechnung des Winkels φ:
(→ Winkeldifferenz)

$\varphi = 180° - 2 \cdot \beta$
$\varphi = 180° - 135°$ $\quad\quad\quad\quad\quad\quad\quad\quad\quad\quad\quad\quad\underline{\underline{\varphi = 45°}}$

$\sphericalangle ADC = 180° - 2 \cdot 45°$ $\quad\quad\quad\quad\quad\quad\quad\quad\quad\underline{\underline{\sphericalangle ADC = 90°}}$

Der Winkel ADC ist also ein rechter Winkel.

Berechnung des Umfangs des Vierecks ABCD:
(→ Umfangsformel; Symmetrieeigenschaft des Drachens)

$u = 2 \cdot \overline{AD} + 2 \cdot \overline{CD}$

Berechnung der Strecke $\overline{CD} = \overline{BC}$:
(→ Streckenaddition)

$\overline{CD} = \overline{CF} + \overline{DF}$

Berechnung der Strecke $\overline{DF}$:
(→ Sinusfunktion im rechtwinkligen Dreieck FDG)

$\sin \varphi = \frac{\overline{DF}}{a}$ $\quad\quad | \cdot a$
$\overline{DF} = a \cdot \sin \varphi$
$\overline{DF} = 6{,}2 \cdot \sin 45{,}0°$ $\quad\quad\quad\quad\quad\quad\quad\quad\quad\underline{\underline{\overline{DF} = 4{,}38\,\text{cm}}}$

$\overline{CD} = 6{,}2 + 4{,}38$ $\quad\quad\quad\quad\quad\quad\quad\quad\quad\quad\underline{\underline{\overline{CD} = 10{,}58\,\text{cm}}}$

Berechnung der Strecke $\overline{AD} = \overline{AB}$:
(→ Tangensfunktion im rechtwinkligen Dreieck CDA)

$\tan \beta = \frac{\overline{AD}}{\overline{CD}}$ $\quad\quad | \cdot \overline{CD}$
$\overline{AD} = \overline{CD} \cdot \tan \beta$
$\overline{AD} = 10{,}58 \cdot \tan 67{,}5°$ $\quad\quad\quad\quad\quad\quad\quad\underline{\underline{\overline{AD} = 25{,}54\,\text{cm}}}$

$u = 2 \cdot 25{,}54 + 2 \cdot 10{,}58$ $\quad\quad\quad\quad\quad\quad\quad\underline{\underline{u = 72{,}2\,\text{cm}}}$

Aufgabe 2 (Wahlbereich 2011)

a) Von einer massiven regelmäßigen fünfseitigen Pyramide sind bekannt:
V = 329 cm³ (Volumen der Pyramide)
a = 7,0 cm
Ein Teil der Pyramide wird ausgeschnitten (siehe Skizze).
Berechnen Sie die Oberfläche des neu entstandenen Körpers.

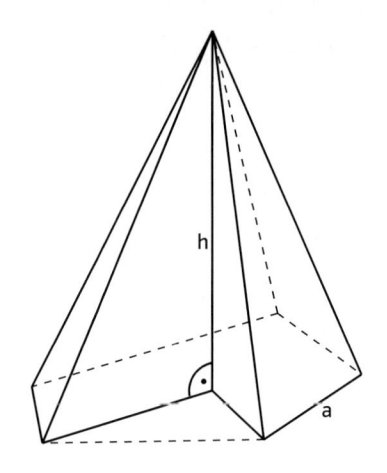

b) Ein zylinderförmiges Gefäß hat eine kegelförmige und eine halbkugelförmige Vertiefung. Das Wasser reicht genau bis zur Spitze der kegelförmigen Vertiefung (siehe Achsenschnitt).

Das Gefäß wird gedreht und auf die kegelförmige Vertiefung gestellt.

Zeigen Sie ohne Verwendung gerundeter Werte, dass die Höhe des Wasserstands dadurch $h_W = \frac{11}{3}e$ beträgt.

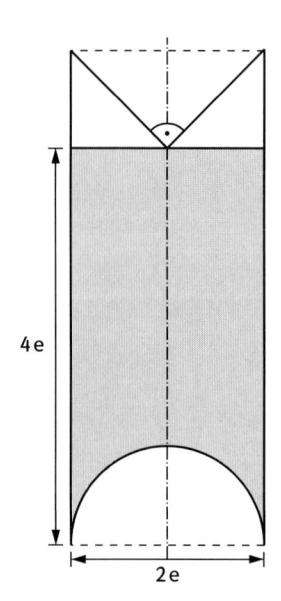

Aufgabe 2 | Lösungshinweis

a) Mit der Grundkante a lässt sich das regelmäßige Fünfeck (Grundfläche) berechnen. In einem Teildreieck der Grundfläche kann man den Umkreisradius bestimmen. Die Körperhöhe erhält man durch Umformen der Volumenformel.
Die neue Oberfläche setzt sich aus $\frac{4}{5}$ der Grundfläche, vier Seitenflächen der Pyramide und den beiden rechtwinkligen Schnittflächen zusammen.
Über die Seitenkante s, die aus r und h mit dem Satz von Pythagoras berechnet werden kann, erhält man die Seitenflächenhöhe h_s.
Die Summe der Teilflächen ergibt die Oberfläche des neu entstandenen Körpers.

b) Aus den gegebenen Größen kann man das Volumen des Wassers im Gefäß berechnen. Da das Wasservolumen gleich bleibt, wenn man das Gefäß umdreht, lässt sich die neue Höhe durch Umformen der Restvolumenformel bestimmen. Die Kegelhöhe ergibt sich aus dem Radius des Kegels, da der Achsenschnitt des Kegels ein rechtwinklig gleichschenkliges Dreieck ist.

Aufgabe 2 | Lösung

a) Von einer massiven regelmäßigen fünfseitigen Pyramide sind bekannt:
V = 329 cm³
a = 7,0 cm
Die Pyramide ist ausgeschnitten (siehe Skizze).

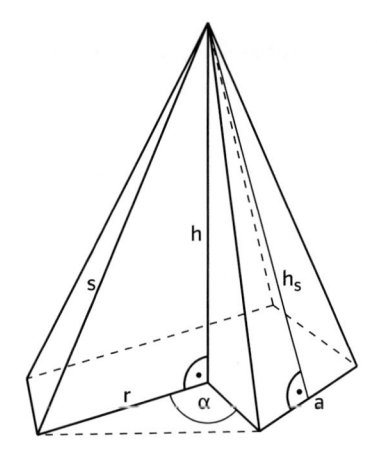

Berechnung der Oberfläche des neu entstandenen Körpers:
(→ Summe der Teilflächen)

$$O_{neu} = \frac{4}{5} \cdot G + 4 \cdot \frac{a \cdot h_s}{2} + 2 \cdot \frac{r \cdot h}{2}$$

Berechnung des Mittelpunktswinkels α:
α = 360° : 5   α = 72,0°

Berechnung des Radius r der Grundfläche:
(→ Sinusfunktion im rechtwinkligen Teildreieck der Grundfläche)

$$\sin\frac{\alpha}{2} = \frac{\frac{a}{2}}{r} \qquad |\cdot r \qquad |:\sin\frac{\alpha}{2}$$

$$r = \frac{\frac{a}{2}}{\sin\frac{\alpha}{2}}$$

$$r = \frac{3,5}{\sin 36°} \qquad\qquad\qquad r = 5,95\,cm$$

Berechnung der Grundfläche G:
(→ Fünfecksflächenformel)

$$G = 5 \cdot \frac{r^2 \cdot \sin\alpha}{2}$$

$$G = 5 \cdot \frac{5,95^2 \cdot \sin 72,0°}{2} \qquad\qquad G = 84,17\,cm^2$$

Berechnung der Pyramidenhöhe h:
(→ Umformen der Volumenformel)

$V = \frac{1}{3} \cdot G \cdot h \qquad |\cdot 3 \qquad |:G$

$h = \frac{3V}{G}$

$h = \frac{3 \cdot 329}{84{,}17}$ $\qquad\qquad\qquad\qquad\qquad$ $\underline{h = 11{,}73\,cm}$

Berechnung der Seitenkante s:
(→ Pythagoras in der Schnittfläche)

$s = \sqrt{h^2 + r^2}$

$s = \sqrt{11{,}73^2 + 5{,}95^2}$ $\qquad\qquad\qquad\qquad$ $\underline{s = 13{,}15\,cm}$

Berechnung der Seitenflächenhöhe h_s:
(→ Pythagoras im rechtwinkligen Teildreieck der Seitenfläche)

$h_s = \sqrt{s^2 - \left(\frac{a}{2}\right)^2}$

$h_s = \sqrt{13{,}15^2 - \left(\frac{7{,}0}{2}\right)^2}$ $\qquad\qquad\qquad\qquad$ $\underline{h_s = 12{,}68\,cm}$

$O_{neu} = \frac{4}{5} \cdot 84{,}17 + 4 \cdot \frac{7{,}0 \cdot 12{,}68}{2} + 2 \cdot \frac{5{,}95 \cdot 11{,}73}{2}$ $\qquad$ $\underline{O_{neu} = 314{,}7\,cm^2}$

b) Ein zylinderförmiges Gefäß mit kegelförmiger und halbkugelförmiger Vertiefung (siehe Achsenschnitt).

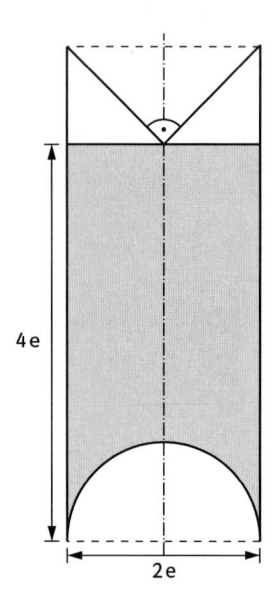

Nachweis der Wasserstandshöhe h_W nach dem Drehen des Gefäßes:
(→ Umformen der Volumenformel)

$V_W = V_{Zneu} - V_{Kegel}$
$V_W = \pi r^2 \cdot h_W - \frac{1}{3}\pi r^2 \cdot h_K$

Berechnung des Wasservolumens V_W:
(→ zusammengesetzter Körper mit $r = e$)
$V_W = V_{Zylinder} - V_{Halbkugel}$
$V_W = \pi \cdot r^2 \cdot h - \frac{2}{3}\pi \cdot r^3$
$V_W = \pi \cdot e^2 \cdot 4e - \frac{2}{3}\pi \cdot e^3$ $\underline{V_W = \frac{10}{3}\pi e^3}$

Berechnung der Kegelhöhe h_K:
(→ Achsenschnitt des Kegels ist rechtwinklig gleichschenklig)

$h_K = r$ $\underline{h_K = e}$

Das Wasservolumen ist konstant.

$\frac{10}{3}\pi e^3 = \pi e^2 \cdot h_W - \frac{1}{3}\pi e^2 \cdot e \quad |+\frac{1}{3}\pi e^3$
$\pi e^2 \cdot h_W = \frac{11}{3}\pi \cdot e^3 \quad |:\pi e^2$ $\underline{h_W = \frac{11}{3}e}$

Die Wasserhöhe beträgt $\frac{11}{3}e$.

Aufgabe 3 (Wahlbereich 2011)

a) Die nach oben geöffnete Normalparabel p_1 verläuft durch die Punkte A(1|5) und B(6|10).

Die Parabel p_2 hat die Gleichung $y = -x^2 + 2$.
Besitzen die beiden Parabeln gemeinsame Punkte? Überprüfen Sie durch Rechnung.

Geben Sie die Gleichung einer Gerade g an, die weder mit p_1 noch mit p_2 einen gemeinsamen Punkt hat.

b) Die Parabel p mit der Gleichung $y = -\frac{1}{2}x^2 + 4{,}5$ schneidet die x-Achse in den Punkten N_1 und N_2. Die Gerade g verläuft durch den rechten Schnittpunkt der Parabel mit der x-Achse und hat die Steigung $m = -2$.

Berechnen Sie den zweiten Schnittpunkt Q der Geraden g mit der Parabel p.

Die Punkte N_1 und N_2 sowie der Punkt Q bilden ein Dreieck.
Berechnen Sie den Flächeninhalt des Dreiecks.

Der Punkt Q bewegt sich jetzt oberhalb der x-Achse auf der Parabel p.
Für welche Lage von Q wird der Flächeninhalt des Dreiecks am größten?

Aufgabe 3 | Lösungshinweis

a) Durch Einsetzen der Koordinaten der Punkte A und B in die Normalform der Parabelgleichung $y = x^2 + px + q$ erhält man ein lineares Gleichungssystem, womit sich die Werte für p und q bestimmen lassen. Anschließend wandelt man die Normalform der Parabelgleichung von p_1 in die Scheitelform um und liest die Koordinaten des Scheitels S_1 ab. Die Parabel p_2 mit der Gleichung $y = -x^2 + 2$ ist eine nach unten geöffnete, auf der y-Achse verschobene Normalparabel. Zur Überprüfung, ob die beiden Parabeln gemeinsame Punkte besitzen, setzt man die Funktionsterme der beiden Parabelgleichungen gleich und löst diese Gleichung.

Mithilfe eines Schaubilds, in das die beiden Graphen der Parabeln eingezeichnet sind, erhält man eine Vorstellung, über die Lage der Geraden g, die weder mit p_1 noch mit p_2 einen gemeinsamen Punkt hat. Dazu liest man die Steigung m und den Achsenabschnitt b ab. Zur Überprüfung, dass die Gerade mit den Parabeln keine gemeinsamen Punkte besitzt, kann man die Funktionsterme der Gerade und der jeweiligen Parabel gleichsetzen und die Gleichung lösen.

b) Die Parabel p ist nach unten geöffnet und gedehnt. Die Gerade g geht durch den rechten Schnittpunkt der Parabel mit der x-Achse und hat die Steigung $m = -2$. Um die Geradengleichung von g bestimmen zu können, berechnet man zunächst die Koordinaten der Schnittpunkte der Parabel mit der x-Achse. Dazu setzt man den Funktionsterm der Parabelgleichung gleich null. Anschließend setzt man die Koordinaten des rechten Schnittpunkts der Parabel mit der x-Achse zusammen mit der Steigung $m = -2$ in die allgemeine Geradengleichung $y = mx + b$ ein. Um den zweiten Schnittpunkt Q der Parabel p mit der Gerade g zu berechnen, setzt man die Funktionsterme der Parabel und der Gerade gleich.

Der Flächeninhalt des Dreiecks N_1N_2Q lässt sich mit der allgemeinen Flächenformel des Dreiecks berechnen. Die Grundseite ist der Abstand der beiden Schnittpunkte der Parabel mit der x-Achse, die Höhe ist der y-Wert des Punktes Q. Da die Grundseite des Dreiecks N_1N_2Q konstant bleibt, wird der größtmögliche Flächeninhalt dann erreicht, wenn der Punkt Q die Lage des Scheitels der Parabel einnimmt.

a) Gegeben sind die Punkte A(1|5) und B(6|10) der Parabel p_1.
Die Parabel p_2 hat die Gleichung $y = -x^2 + 2$.

Berechnung der Gleichung der Parabel p_1:
($\rightarrow$ Einsetzen der Koordinaten von A und B in $y = x^2 + px + q$)

A(1|5):   (1) $5 = 1^2 + p \cdot 1 + q$ $|-p-1$
B(6|10):   (2) $10 = 6^2 + p \cdot 6 + q$ $|-6p-36$

(1') $-p + 4 = q$
(2') $-26 - 6p = q$

(1') = (2'): $-p + 4 = -26 - 6p$ $|+6p-4$
                  $5p = -30$ $|:5$
                    $p = -6$

eingesetzt in (1) erhält man

$5 = 1 + (-6) \cdot 1 + q$ $|+5$
$q = 10$ $p_1: y = x^2 - 6x + 10$

Berechnung der Schnittpunkte der Parabel p_1 und der Parabel p_2:
($\rightarrow$ Gleichsetzen der Funktionsterme)

$x^2 - 6x + 10 = -x^2 + 2$ $|+x^2 - 2$
$2x^2 - 6x + 8 = 0$ $|:2$
$x^2 - 3x + 4 = 0$

($\rightarrow$ Lösungsformel)

$x_{1,2} = \frac{3}{2} \pm \sqrt{\left(\frac{3}{2}\right)^2 - 4}$
$x_{1,2} = 1{,}5 \pm \sqrt{2{,}25 - 4}$

Der Wert unter der Wurzel (die Diskriminante) wird negativ.
Die quadratische Gleichung hat also keine Lösung. Also haben die beiden Parabeln p_1 und p_2 keinen gemeinsamen Punkt. Sie schneiden sich somit nicht.

Aufgabe 3 | Lösung

Bestimmung einer Geradengleichung, die mit beiden Parabeln keinen gemeinsamen Punkt hat:
(→ Schaubild der beiden Parabeln, Ablesen der Geradengleichung)

(→ Umformen der Parabelgleichung von p_1 in Scheitelform; quadratische Ergänzung)

$y = x^2 - 6x + 10$

$y = (x - 6x + 3^2) + 10 - 3^2$
$y = (x - 3)^2 + 1$ $\qquad\qquad\qquad\qquad\qquad\qquad\qquad\qquad\underline{S(3|1)}$

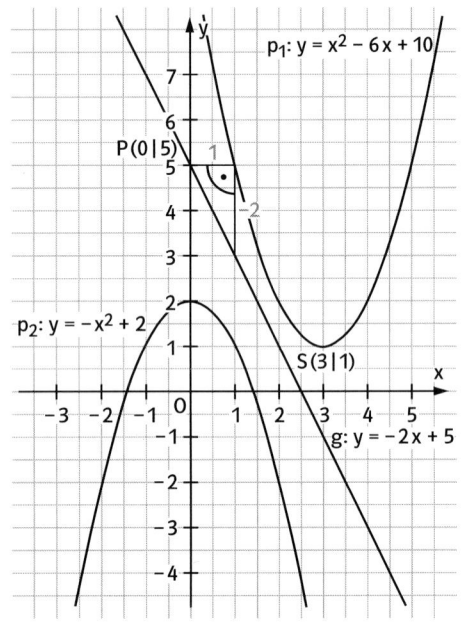

Bestimmung einer möglichen Gleichung der Geraden g:
(→ Ablesen der Steigung m und des Achsenabschnitts b aus dem Schaubild)

Die Gerade g geht durch P(0|5) und hat
die Steigung m = −2 $\qquad\qquad\qquad\qquad\qquad\qquad\underline{g: y = -2x + 5}$

Die Gerade g mit $y = -2x + 5$ ist eine mögliche Gerade, die weder mit p_1 noch mit p_2 einen gemeinsamen Punkt hat.

Bei einer rechnerischen Überprüfung zeigt sich, dass die zugehörigen quadratischen Gleichungen keine Lösungen besitzen.

Schnitt von g mit p_1 ergibt die Gleichung: $\quad\quad\quad x^2 - 6x + 10 = -2x + 5$
Schnitt von g mit p_2 ergibt die Gleichung: $\quad\quad\quad\quad\quad -x^2 + 2 = -2x + 5$

b) Gegeben ist die Parabel p mit der Gleichung $y = -\frac{1}{2}x^2 + 4{,}5$. Ihre Schnittpunkte mit der x-Achse heißen N_1 und N_2. Die Gerade g geht durch den rechten Schnittpunkt und hat die Steigung $m = -2$.

Berechnung der Schnittpunkte N_1 und N_2 der Parabel p mit x-Achse:
(→ Quadratische Gleichung)

$0 = -\frac{1}{2}x^2 + 4{,}5 \quad\quad |\cdot(-2)$
$0 = x^2 - 9 \quad\quad\quad\quad\; |+9$
$x^2 = 9 \quad\quad\quad\quad\quad\;\; |\sqrt{}$
$x_1 = -3 \quad\quad\quad\quad\quad\quad\quad\quad\quad\quad\quad\quad\quad\quad\quad \underline{N_1(-3\,|\,0)}$
$x_2 = 3 \quad\quad\quad\quad\quad\quad\quad\quad\quad\quad\quad\quad\quad\quad\quad\;\; \underline{N_2(3\,|\,0)}$

Berechnung der Geradengleichung von g:
(→ Einsetzen der Koordinaten von N_2 und der Steigung $m = -2$ in $y = mx + b$)

Mit $N_2(3\,|\,0)$ erhält man:
$0 = (-2) \cdot 3 + b \quad\quad |+6$
$b = 6 \quad\quad\quad\quad\quad\quad\quad\quad\quad\quad\quad\quad\quad\quad \underline{g: y = -2x + 6}$

Berechnung des zweiten Schnittpunktes Q von Parabel und Gerade:
(→ Gleichsetzen der Funktionsterme)

$-\frac{1}{2}x^2 + 4{,}5 = -2x + 6 \quad\quad |\cdot(-2)$
$\quad\quad x^2 - 9 = 4x - 12 \quad\quad |-4x + 12$
$x^2 - 4x + 3 = 0$

Aufgabe 3 | Lösung

(→ Lösungsformel)

$x_{1,2} = 2 \pm \sqrt{2^2 - 3}$
$x_{1,2} = 2 \pm 1$
$x_1 = 1$
$x_2 = 3$

(→ Berechnung der y-Werte durch Einsetzen in $y = -2x + 6$)

$y_1 = -2 \cdot 1 + 6$
$y_1 = 4$ Q(1|4)
$y_2 = -2 \cdot 3 + 6$
$y_2 = 0$ $N_2(3|0)$

Die Zeichnung zeigt das Dreieck N_1N_2Q.

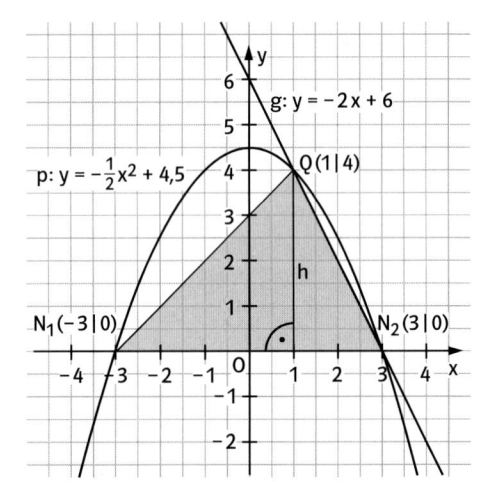

Berechnung des Flächeninhalts des Dreiecks N_1N_2Q:
(→ Flächenformel des allgemeinen Dreiecks)

$A = \dfrac{\overline{N_1N_2} \cdot h}{2}$

$A = \dfrac{6 \cdot 4}{2}$ A = 12 FE

Berechnung des größten Flächeninhalts des Dreiecks N_1N_2Q:
(→ Der Punkt Q bewegt sich auf p.)

Der Punkt Q bewegt sich oberhalb der x-Achse auf der Parabel p.

Bei gleichbleibender Grundseite $\overline{N_1N_2}$ ergibt sich die größte Dreieckshöhe im Scheitel $S(0\,|\,4,5)$ der Parabel p.

Somit gilt für den maximalen Flächeninhalt:

$A_{max} = \dfrac{\overline{N_1N_2} \cdot h_{max}}{2}$

$A_{max} = \dfrac{6 \cdot 4,5}{2}$ $\qquad\qquad\qquad\qquad\underline{\underline{A_{max} = 13,5 \text{ FE}}}$

Aufgabe 4 (Wahlbereich 2011)

a) Die Abschlussklassen der Linden-Realschule organisieren zugunsten eines sozialen Projekts eine Tombola.
Die Tabelle zeigt die Losverteilung und die damit jeweils verbundenen Gewinne.

Anzahl der Lose	Wert des Gewinns
150 Nieten	Kein Gewinn
40 Kleingewinne	je 4,00 €
10 Hauptgewinne	je 20,00 €

Ein Los kostet 2,00 €
Berechnen Sie den Erwartungswert.
Um den Gewinn für das soziale Projekt zu erhöhen, geben die Klassen 50 weitere Nieten in die Lostrommel.
Welchen Betrag können die Abschlussklassen spenden, wenn alle Lose verkauft werden?

b) Die nach oben geöffnete Normalparabel p_1 hat den Scheitelpunkt $S_1(-3|-2)$. Die Parabel p_2 mit dem Scheitelpunkt S_2 hat die Gleichung $y = x^2 - 4x + 7$.
Der Schnittpunkt der beiden Parabeln heißt R.
Günter behauptet: „Einer der drei Winkel des Dreiecks S_1S_2R ist stumpfwinklig."
Hat er Recht? Begründen Sie.

Aufgabe 4 | Lösungshinweis

a) Die Tombola stellt einen einstufigen Zufallsversuch dar, bei dem die Losverteilung und die jeweils damit verbundenen Gewinne bekannt sind. Zur Berechnung des Erwartungswertes ermittelt man zunächst die Wahrscheinlichkeiten der jeweiligen Gewinne und der Nieten. Anschließend bestimmt man den zu erwartenden Gewinn pro Los. Dann multipliziert man den jeweils zu erwartenden Gewinn mit der zugehörigen Wahrscheinlichkeit und bildet die Summe dieser Produkte. Das Ergebnis ist der Erwartungswert.

Für das soziale Projekt soll der Gewinn durch Zugabe von 50 weiteren Nieten erhöht werden. Der Spendenbetrag lässt sich aus der Differenz der Einnahmen und der Ausgaben ermitteln.

b) Durch das Einsetzen der Koordinaten des Scheitels S_1 in die Scheitelform erhält man die Gleichung von p_1. Durch Gleichsetzen der beiden Funktionsterme lässt sich der Schnittpunkt R der beiden Parabeln berechnen.

Die Koordinaten des Scheitels S_2 der Parabel p_2 erhält man durch Umformen der Parabelgleichung in Scheitelform.

Die Scheitelpunkte der Parabeln p_1 und p_2 sowie der Schnittpunkt der beiden Parabeln R bilden das Dreieck S_1S_2R. Zur Berechnung der Winkel des Dreiecks lassen sich rechtwinklige Dreiecke finden. Über die Winkelfunktionen können dann die notwendigen Teilwinkel bestimmt und die Behauptung rechnerisch nachgewiesen werden.

Der Nachweis des stumpfen Winkels kann aber auch über eine entsprechende Argumentation zu den Größen der Teilwinkel erfolgen.

Aufgabe 4 | Lösung

a) Tabelle mit Losverteilung und damit verbundenen Gewinnen.
Ein Los kostet 2,00 €.

Anzahl der Lose	Wert des Gewinns
150 Nieten	Kein Gewinn
40 Kleingewinne	je 4,00 €
10 Hauptgewinne	je 20,00 €

Berechnung der Gewinnwahrscheinlichkeiten:
(→ einstufiger Zufallsversuch)

$P(\text{Niete}) = \frac{150}{200}$

$P(\text{Kleingewinn}) = \frac{40}{200}$

$P(\text{Hauptgewinn}) = \frac{10}{200}$

Berechnung des erwarteten Gewinns pro Los:
(→ Gewinn abzüglich des Einsatzes)

Niete: 0 € − 2 € = −2 €
Kleingewinn: 4 € − 2 € = 2 €
Hauptgewinn: 20 € − 2 € = 18 €

Berechnung des Erwartungswerts E_1:
(→ Summe aus den Produkten von Gewinnwahrscheinlichkeit und erwartetem Gewinn pro Los)

$E_1 = \frac{150}{200} \cdot (-2) + \frac{40}{200} \cdot 2 + \frac{10}{200} \cdot 18$

$E_1 = -1{,}5 + 0{,}4 + 0{,}9 \qquad\qquad \underline{\underline{E_1 = -0{,}20\ \text{€}}}$

Der Erwartungswert beträgt −0,20 €.

Veränderung der Anzahl der Lose durch Zugabe von 50 weiteren Nieten.

Berechnung der höchstmöglichen Spende:
(→ Einnahmen abzüglich Ausgaben)
(Spende S = E − A)

Berechnung der Einnahmen E:
E = 250 · 2 €   E = 500 €

Berechnung der Ausgaben A:
Kleinpreise   40 · 4 € = 160 €
Hauptpreise 10 · 20 € = 200 €
Summe   360 €   A = 360 €

Spende S = 500 € − 360 €   S = 140 €

Die größtmögliche Spende beträgt 140 Euro.

b) Gegeben sind die Parabel p_1 mit dem Scheitelpunkt $S_1(-3|-2)$ und die Parabel p_2 mit der Gleichung $y = x^2 - 4x + 7$.
Günter behauptet, einer der Winkel des Dreiecks S_1S_2R ist stumpf.

Bestimmung der Parabelgleichung von p_1:
(→ Einsetzen der Koordinaten $S_1(-3|-2)$ in die Scheitelform)

$y = (x - (-3))^2 - 2$
$y = (x + 3)^2 - 2$
$y = x^2 + 6x + 9 - 2$ $p_1: y = x^2 + 6x + 7$

Berechnung des Schnittpunkts R der beiden Parabeln:
(→ Gleichsetzen der Funktionsterme)

$x^2 - 4x + 7 = x^2 + 6x + 7$ $| -x^2 + 4x - 7$
         $0 = 10x$ $| :10$
         $x = 0$

(→ Berechnung des y-Wertes durch Einsetzen in $y = x^2 - 4x + 7$)

$y = 0^2 - 4 \cdot 0 + 7$
$y = 7$ R(0|7)

Aufgabe 4 | Lösung

Bestimmung der Scheitelkoordinaten von S_2:
($\rightarrow$ Umformen in Scheitelform)

$y = x^2 - 4x + 7$
$y = (x^2 - 4x + 2^2) + 7 - 2^2$
$y = (x - 2)^2 + 3$ $\underline{S_2(2|3)}$

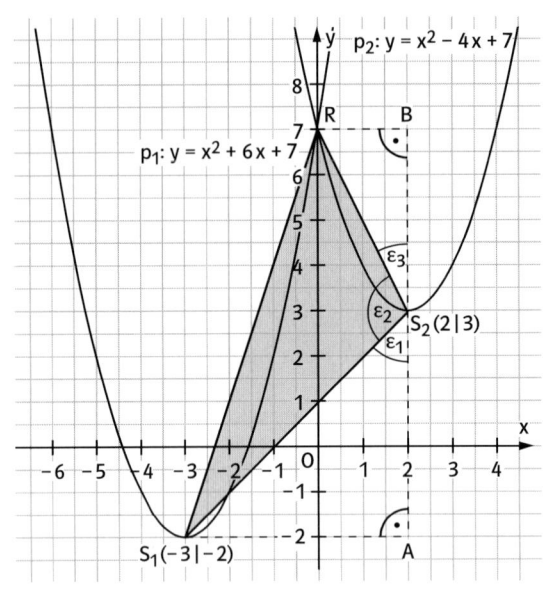

Begründung, dass ε_2 ein stumpfer Winkel ist:
($\rightarrow$ Argumentation; Eigenschaften von Dreiecken; trigonometrische Funktionen)

Das Dreieck S_1AS_2 ist rechtwinklig und gleichschenklig (halbes Quadrat).

Damit gilt für den Winkel ε_1: $\underline{\varepsilon_1 = 45°}$

Im Dreieck S_2BR gilt für den Winkel ε_2:
$\tan \varepsilon_2 = \frac{2}{4}$ $\underline{\tan \varepsilon_2 = \frac{1}{2}}$

Somit ist der Winkel ε_2 kleiner als 45°.

Die Summe der drei Winkel $\varepsilon_1 + \varepsilon_2 + \varepsilon_3$ ergibt 180°.

Da der Winkel ε_1 genau 45° beträgt und der Winkel ε_3 kleiner als 45° ist, muss der Winkel ε_2 größer als 90° sein.

Der Winkel ε_2 ist somit ein stumpfer Winkel.

Günter hat damit Recht.

Übungsaufgaben

zum Pflicht- und Wahlbereich
mit Lösungen

Aufgaben (Pflichtbereich) | Algebra

Lineare Gleichungssysteme (Lösungen ab Seite 25)

1
Bestimmen Sie die Lösung des linearen Gleichungssystems.
a) $2x + 5y = 14$
$y = 1 - x$
b) $4x - \frac{y}{2} = -27$
$3y = 22 + 4x$
c) $8x + 8 = 3y$
$4x + 4y = 18$
d) $12x - 8y + 12 = 0$
$3x + 2y = 0$

2
Lösen Sie das lineare Gleichungssystem zeichnerisch.
a) $y = -x + 1$
$y = \frac{1}{2}x - 2$
b) $y = \frac{2}{3}x - 5$
$y = -\frac{1}{2}x + 2$
c) $6y + 3x = 36$
$8x - 4y = -4$
d) $5y = 4x - 10$
$4y - 6x = 20$

3
Lösen Sie das lineare Gleichungssystem rechnerisch.
a) $\frac{x}{2} + 3y = -4$
$\frac{3}{4}y + 2 = \frac{1}{8}x$
b) $\frac{3x}{10} - \frac{2y}{5} = 5$
$\frac{4x}{5} + 3y = -7$
c) $\frac{x-8}{4} = \frac{3+y}{3} + 2$
$2 - \frac{x+3}{5} = \frac{y+4}{2}$
d) $\frac{2x+5}{4} - \frac{6y-1}{3} = 2$
$\frac{x}{2} + \frac{3}{4}y = -\frac{1}{2}$

4
Berechnen Sie die Lösung des linearen Gleichungssystems.
a) $2(3x + y) - 30 = 3(3y + x)$
$122 + 4(x - y) = -3(y - 2x)$
b) $4(x - 2y) - 6(4x - y) = 56$
$3(3x - 5y) - 2(10y - x) = -103$
c) $\frac{4x-y}{9} = \frac{5x-2y}{12}$
$\frac{2y-x}{4} - 6 = 7y$
d) $(x - 5)^2 + (x - 1)(4 - x) = 1 - 5y$
$(x - 3)^2 - (y + 1)^2 = (x - y)(x + y)$

Aufgaben (Pflichtbereich) | Algebra

Quadratische Gleichungen (Lösungen ab Seite 26)

5
Bestimmen Sie die Lösungen der quadratischen Gleichung.
a) $3,5x^2 + 3,5x - 3,5 = 2,5x^2 - 1,5x + 10,5$
b) $3x(x - 2) - (x^2 - 4x + 7) = x^2 + 8$
c) $(x - 5)(4x + 4) = 3x(x - 3) + 10$
d) $(x - 3)(x + 6) - 4(x^2 + 3x) = 15 - x(1 + 4x)$
e) $3(x + 5) - 5(x^2 - 3(x - 25)) = 6x(6 - x)$

6
Lösen Sie die Gleichung.
a) $(x + 2)^2 - 1 = 1,5(x + 6)$
b) $(x + 5)^2 - 2(x + 7) = -0,5(x + 8)$
c) $(x + 5)^2 - (2x - 1)^2 = x(4 - 2x)$
d) $(2x - 1)^2 - 2(x - 3)^2 - x(x + 6) + 2 = 0$

7
Berechnen Sie die Lösungen.
a) $(x + 1)^2 + (x - 2)^2 = (x + 3)^2 + \frac{1}{4}$
b) $2x\left(\frac{2}{11}x + 1\right) - 1 = \frac{1}{11}$
c) $\left(\frac{1}{2}x - \frac{3}{4}\right)^2 - x\left(\frac{x}{2} - 1\right) = \frac{1}{16}$
d) $\left(x - \frac{1}{2}\right)^2 - \left(\frac{3}{2} + x\right)^2 = \left(x - \frac{1}{2}\right)\left(x + \frac{1}{2}\right)$

8
Geben Sie die Lösungen ohne zu runden an.
a) $\frac{1}{2}(4x - 3)(3x - 1) + \frac{1}{4} = \frac{1}{4}(2x + 3)$
b) $\left(\frac{1}{3}x + 1\right)(3 - 9x) + \frac{5}{2} = -\frac{3}{2}(2x - 1)(2x + 1)$
c) $(x - \sqrt{2})(x - 5\sqrt{2}) = 3(2 - x\sqrt{2})$
d) $(x - 3)\left(x - \frac{1}{2}\right) - (x - \sqrt{3})(x + \sqrt{3}) = \left(x - \frac{1}{2}\right)^2 + \frac{9}{2}\left(\frac{1}{2} - x\right)$

Aufgaben (Pflichtbereich) | Algebra

Bruchgleichungen (Lösungen ab Seite 27)

9
Für welche Werte von x ist die Gleichung nicht definiert? Lösen Sie die Gleichung.

a) $\dfrac{x + 47}{x - 3} - 1 = 5x$

b) $\dfrac{2x - 13}{44} = \dfrac{4}{2x - 8}$

c) $\dfrac{x - 1}{3} = \dfrac{x - 1}{2x}$

d) $\dfrac{2x - 5}{2x - 1} = \dfrac{x - 1}{3x + 1}$

e) $\dfrac{2}{x^2 + 4x - 5} = \dfrac{1}{x^2 - 1}$

f) $\dfrac{x}{x^2 - 5x + 6} = \dfrac{2}{5 - x}$

10
Geben Sie die Definitionsmenge und die Lösungsmenge an.

a) $\dfrac{x^2 - 8}{x + 2} - 4 = \dfrac{2x}{x + 2}$

b) $2x \cdot \dfrac{x - 1}{x + 3} + 1 = \dfrac{4}{x + 3}$

c) $1 + \dfrac{2}{x} = \dfrac{3}{x - 2}$

d) $\dfrac{5}{x} - \dfrac{10}{x - 3} = 10$

e) $\dfrac{x}{x + 3} - 3 = \dfrac{4 - 3x}{x}$

f) $\dfrac{3x - 4}{x} = -\dfrac{6}{x + 1} - 1$

g) $\dfrac{x^2 - x + 2}{12x} - \dfrac{x + 2}{3x} - \dfrac{x + 1}{4x} = 0$

h) $\dfrac{x^2 + 4}{x} - \dfrac{x + 2}{2x} = \dfrac{3x^2 + 12}{4x}$

11
Berechnen Sie die Definitionsmenge und die Lösungsmenge der Gleichung.

a) $\dfrac{5x^2 + 4x - 23}{(x - 1)(x + 1)} = \dfrac{x - 2}{x - 1} + \dfrac{x + 3}{x + 1}$

b) $\dfrac{x}{x - 1} = \dfrac{3x - 1}{x^2 - 1} - \dfrac{2x}{x + 1}$

c) $2 = \dfrac{5}{x^2 + x} + \dfrac{x + 6}{x + 1}$

d) $\dfrac{x - 1}{x + 2} = \dfrac{x + 3}{2x} - 1$

e) $\dfrac{8x^2 + 25x - 20}{2x^2 - 2x} = \dfrac{2x - 1}{2x - 2} + \dfrac{x + 5}{x}$

f) $\dfrac{5x^2 - 40x + 11}{(x - 3)(x + 2)} + \dfrac{x - 1}{2x + 2} = \dfrac{x - 7}{x - 3}$

g) $\dfrac{4x^2 - 34x - 228}{(x - 10)(x - 2)} = \dfrac{x + 3}{x - 2} - \dfrac{2x + 1}{x - 10}$

h) $\dfrac{4x + 6}{x + 6} - \dfrac{x - 18}{x^2 - 36} = \dfrac{x - 5}{x - 6}$

i) $\dfrac{9x^2 + 20x - 69}{(2x - 4)(x + 5)} - \dfrac{x + 1}{x + 5} = \dfrac{x - 1}{2x - 4}$

j) $\dfrac{4x - 8}{x^2 - 4x + 4} = \dfrac{x + 4}{2x - 4} - \dfrac{2x - 1}{x - 2}$

Aufgaben (Pflichtbereich) | Algebra

Quadratische Funktionen (Lösungen ab Seite 28)

12
Eine quadratische Funktion der Form $y = x^2 + px + q$ ist gegeben. Bestimmen Sie die Koordinaten des Scheitelpunkts und zeichnen Sie das Schaubild.
a) $y = x^2 - 4x + 7$
b) $y = x^2 + 8x + 17$
c) $y = x^2 - 3x + 0{,}25$
d) $y = x^2 + x - 4{,}25$

13
Bestimmen Sie die Koordinaten des Scheitelpunkts und zeichnen Sie das Schaubild in ein Koordinatensystem.
a) $y = -x^2 + 4$
b) $y = \frac{1}{2}x^2 - 2$
c) $y = \frac{3}{2}x^2 - 6$
d) $y = -\frac{1}{2}x^2 - 3{,}5$

14
Zeichnen Sie das Schaubild der quadratischen Funktion und berechnen Sie die Koordinaten der Schnittpunkte mit der x-Achse.
a) $y = x^2 - 4x + 3$
b) $y = (x + 3)^2 - 1$
c) $y = x^2 + 4x$
d) $y = (x + 0{,}5)^2 - 0{,}25$

15
Eine nach oben geöffnete verschobene Normalparabel hat den Scheitelpunkt $S(-1|-4)$. Stellen Sie die Funktionsgleichung in der Form $y = x^2 + px + q$ dar. Der Scheitelpunkt und die beiden Schnittpunkte mit der x-Achse bilden ein Dreieck. Berechnen Sie den Umfang und den Flächeninhalt dieses Dreiecks.

16
Eine nach oben geöffnete verschobene Normalparabel p_1 hat den Scheitelpunkt $S_1(-1|-3)$. Eine zweite Parabel p_2 mit der Gleichung $y = \frac{1}{3}x^2 - 2$ schneidet die erste Parabel in zwei Punkten P_1 und P_2.
Zeichnen Sie die beiden Parabeln in ein gemeinsames Koordinatensystem und berechnen Sie die Koordinaten ihrer beiden Schnittpunkte.

17
Gegeben sind die beiden Parabeln
p_1: $y = x^2 - 4x + 2$
p_2: $y = -x^2 + 2$
Berechnen Sie die Koordinaten der Schnittpunkte P und Q der beiden Parabeln. Wie lang ist die Strecke $\overline{PQ}$?
Unter welchem Winkel schneidet die Verbindungsstrecke $\overline{PQ}$ die x-Achse?

Aufgaben (Pflichtbereich) | Algebra

18
Gegeben sind eine nach oben geöffnete verschobene Normalparabel p_1 mit dem Scheitel $S_1(-1|-1)$ und eine zweite Parabel p_2 mit der Gleichung $y = x^2 - 4x + 6$.
Zeichnen Sie die beiden Parabeln in ein gemeinsames Koordinatensystem und berechnen Sie die Koordinaten ihres Schnittpunkts P. Die beiden Parabelscheitel S_1 und S_2 bilden mit dem Punkt P ein Dreieck.
Berechnen Sie seinen Umfang.

19
Gegeben ist eine Parabel p_1 mit der Gleichung $y = x^2 + 6x + 8$.
Der Scheitel wird um 8 LE in x-Richtung nach rechts verschoben. Bestimmen Sie die Gleichung der neuen Parabel p_2 in der Form $y = x^2 + px + q$.
Der Schnittpunkt P der beiden Parabeln p_1 und p_2 bildet mit den Parabelscheitelpunkten ein gleichschenkliges Dreieck.
Berechnen Sie den Umfang des Dreiecks und die Größe der Winkel.

20
Eine Parabel mit der Gleichung $y = x^2 + px + q$ verläuft durch die beiden Punkte $P(-2|15)$ und $Q(2|-9)$. Bestimmen Sie die Funktionsgleichung der Parabel und die Koordinaten ihres Scheitelpunkts S.
Wie lang sind die beiden Strecken $\overline{SP}$ und $\overline{SQ}$?

21
Gegeben ist eine Parabel p mit der Gleichung $y = \frac{1}{4}x^2 - 3$.
Eine Gerade der Form $y = mx + b$ mit der Steigung $m = -\frac{1}{2}$ schneidet die Parabel in den Punkten $P(2|-2)$ und Q.
Bestimmen Sie die Gleichung der Geraden und die Koordinaten des Punkts Q.

22
Die beiden Geraden $g: y = \frac{1}{2}x + 1$ und $h: y = -\frac{1}{6}x + 3$ schneiden sich im Punkt S. Dieser Punkt ist der Scheitel einer nach oben geöffneten verschobenen Normalparabel. Bestimmen Sie die Gleichung der Parabel in der Form $y = x^2 + px + q$.

23
Die beiden Geraden $g: y = x + 1$ und $h: y = -x + 1$ haben mit der Parabel $p: y = \frac{1}{5}x^2 + 1$ den Punkt $P(0|1)$ gemeinsam. Berechnen Sie die Koordinaten der weiteren Schnittpunkte mit den Parabeln Q und R und den Flächeninhalt des Dreiecks PQR.

Aufgaben (Pflichtbereich) | Trigonometrie

Dreiecke (Lösungen ab Seite 31)

1
Im allgemeinen Dreieck ABC liegt das gleichschenklige Dreieck ADC.
Es gilt: $\overline{AD} = \overline{DC} = 4,8$ cm
$\delta_1 = 70,0°$
$\overline{BD} = 7,5$ cm
Berechnen Sie den Winkel γ.

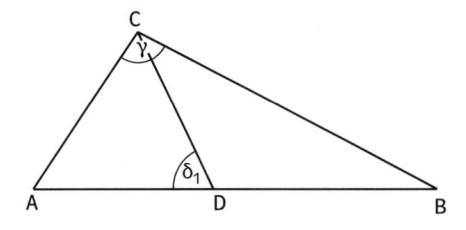

2
Im Dreieck ABC sind folgende Größen gegeben:
$\alpha = 17,8°$
$\beta = 50,2°$
$\overline{BC} = 35,4$ cm
Berechnen Sie die Strecke $\overline{CD}$, den Abstand des Punktes C von $\overline{BD}$ und die Seite $\overline{AC}$.

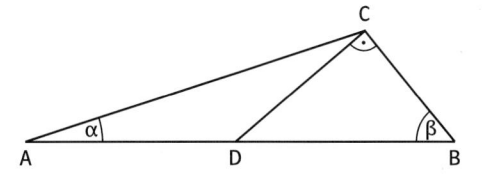

3
Im Dreieck ABC sind gegeben:
$\overline{AD} = 4,9$ cm
$\overline{CD} = 5,3$ cm
Flächeninhalt A = 37,8 cm²
Berechnen Sie die Größe der Winkel α, β und γ.

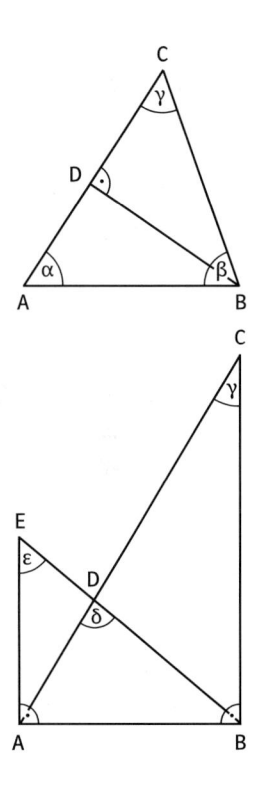

4
Von dem rechtwinkligen Dreieck ABC sind gegeben:
$\overline{BC} = 8,8$ cm
$A_{ABC} = 15,8$ cm² (Flächeninhalt des Dreiecks)
Der Flächeninhalt des Dreiecks ABE ist halb so groß wie der des Dreiecks ABC.
Berechnen Sie die Größe der Winkel γ, δ und ε.

Pflichtbereich | 7

Aufgaben (Pflichtbereich) | Trigonometrie

Vierecke (Lösungen ab Seite 31)

5

In das Quadrat ABCD mit der Seitenlänge 8,0 cm ist ein Viereck AMED eingezeichnet. Der Punkt M halbiert die Seite $\overline{AB}$.
Es gilt: $\sphericalangle ADE = \delta_1 = 72{,}5°$.
Berechnen Sie die Größe des Winkels ε und den Flächeninhalt des Vierecks AMED.

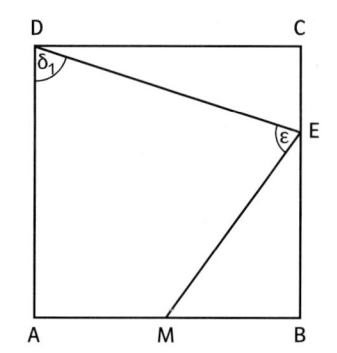

6

Im Viereck ABCD sind gegeben:
$\overline{AB} = 26{,}8$ cm
$\overline{BD} = 35{,}2$ cm
$\delta = 88{,}5°$
Berechnen Sie den Winkel γ und den Umfang des Vierecks.

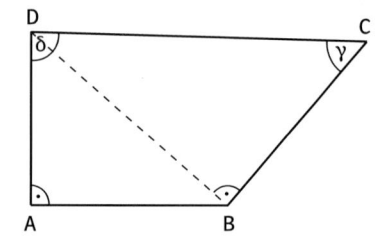

7

Die Punkte M_1 und M_2 halbieren die Seiten des rechtwinkligen Trapezes ABCD. Es gilt:
$\overline{AD} = 8{,}4$ cm
$\overline{AB} = 18{,}0$ cm
$\beta = 40{,}2°$
Berechnen Sie den Flächeninhalt der gefärbten Fläche AM_1CM_2.

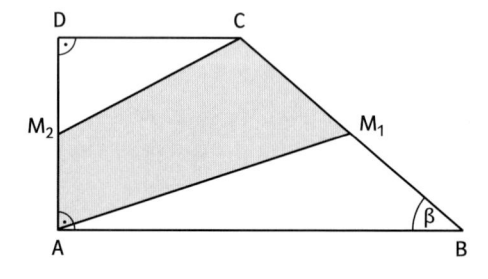

8

Im Trapez ABCD liegt das Dreieck ECD. Gegeben sind:
$\overline{AB} = 15{,}0$ cm
$\overline{AD} = 11{,}2$ cm
$\overline{DE} = 14{,}0$ cm
$\varepsilon_2 = 85{,}0°$
Berechnen Sie den Flächeninhalt des Dreiecks ECD.

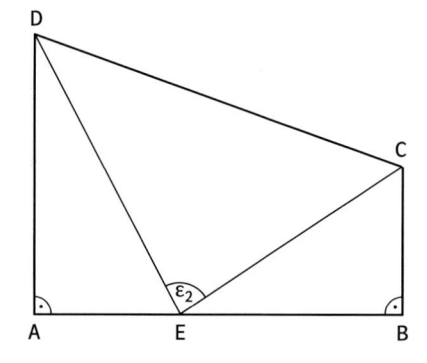

Aufgaben (Pflichtbereich) | Trigonometrie

Vielecke (Lösungen ab Seite 32)

9
Vom Fünfeck ABCDE sind gegeben:
$\overline{AB} = a = 25{,}8\,\text{m}$
$\overline{AE} = e = 17{,}2\,\text{m}$
$\overline{CD} = \overline{DE}$
β = 68,4°
δ = 136,8°
Berechnen Sie die Länge der Strecke $\overline{CE}$ und den Flächeninhalt des Dreiecks ECD.

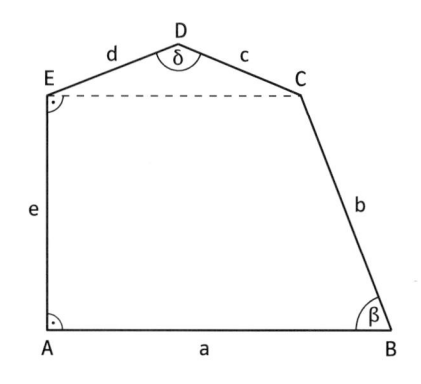

10
Vom Fünfeck ABCDE sind folgende Maße gegeben:
$\overline{AB} = 45{,}3\,\text{m}$
$\overline{BC} = 21{,}4\,\text{m}$
$\overline{CD} = 32{,}6\,\text{m}$
β = 123,4°
Berechnen Sie die Strecken $\overline{DE}$ und $\overline{AE}$.

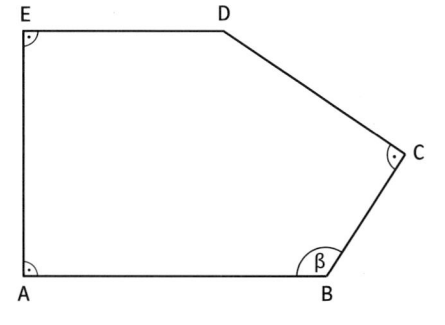

11
Im Fünfeck ABCDE sind gegeben:
$\overline{AB} = 54{,}2\,\text{m}$
$\overline{BC} = 26{,}8\,\text{m}$
$\overline{CD} = 38{,}5\,\text{m}$
$\overline{AE} = 40{,}1\,\text{m}$
Berechnen Sie die Strecke $\overline{CE}$ und die Winkel γ und ε.

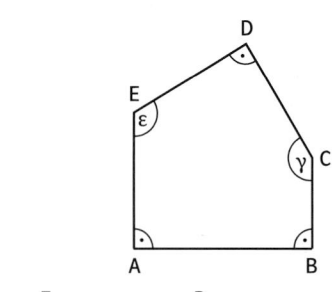

12
Dem Rechteck ABDE sind zwei rechtwinklige Dreiecke angesetzt.
Gegeben sind:
$\overline{AB} = 33{,}2\,\text{cm}$
$\overline{CD} = 39{,}4\,\text{cm}$
β = 135,2°
ε = 148,4°
Berechnen Sie den Umfang des Sechsecks ABCDEF.

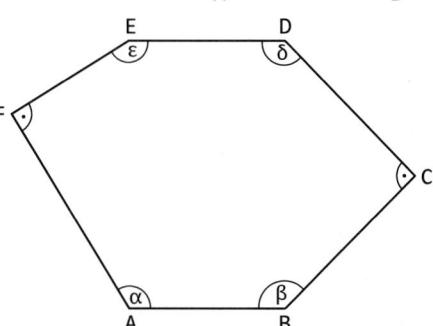

Aufgaben (Pflichtbereich) | Stereometrie

Quadratische Pyramide (Lösungen ab Seite 33)

1
Von einer quadratischen Pyramide sind gegeben:
Grundkante a = 18,5 cm, Seitenkante s = 25,4 cm.
Berechnen Sie das Volumen und die Oberfläche der Pyramide.

2
Die Seitenfläche einer quadratischen Pyramide ist ein gleichseitiges Dreieck mit der Seitenlänge 25,2 cm. Berechnen Sie die Körperhöhe h und das Volumen V der Pyramide.

3
Gegeben ist eine quadratische Pyramide mit:
Grundkante a = 8,6 cm
ε = 65,4°
Berechnen Sie die Seitenkante s und die Oberfläche der Pyramide.

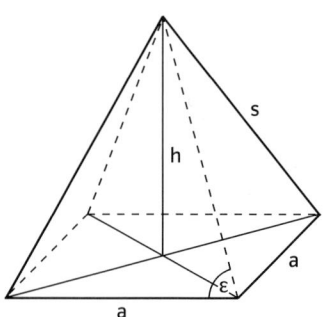

4
Gegeben ist eine quadratische Pyramide mit:
Körperhöhe h = 12,8 cm
α = 72,5°
Berechnen Sie die Grundkante a und den Winkel β.

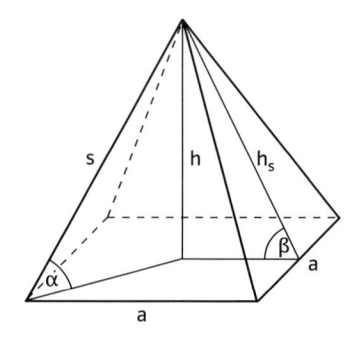

5
Von einer quadratischen Pyramide sind gegeben:
a = 12,5 cm
α = 38,5°
Die Strecke $\overline{EF}$ ist parallel zur Grundkante $\overline{BC}$.
Berechnen Sie den Umfang des Vierecks AEFD.
Um welche Art von Viereck handelt es sich?

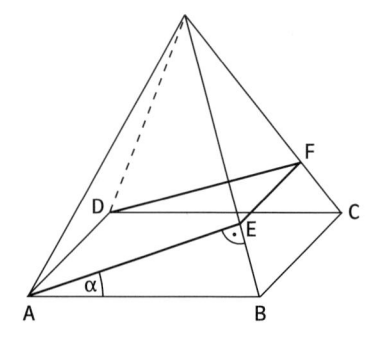

Aufgaben (Pflichtbereich) | Stereometrie

Andere Pyramiden (Lösungen ab Seite 33)

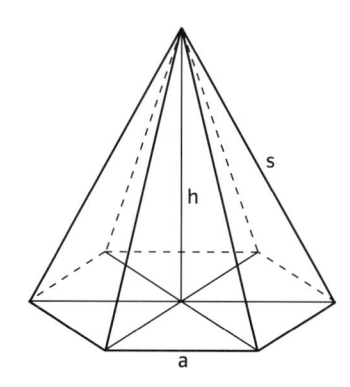

6
Gegeben ist eine regelmäßige sechs-
seitige Pyramide mit:
Körperhöhe h = 14,8 cm
Seitenkante s = 18,4 cm
Berechnen Sie das Volumen der
Pyramide.

7
Von einer Achtecks-Pyramide sind gegeben:
Grundkante a = 6,8 cm
Volumen V = 521,0 cm³
Berechnen Sie die Körperhöhe h der Pyramide.
Wie groß ist der Winkel α, der von der Seitenfläche und der Grundfläche einge-
schlossen wird?

8
Die Mantelfläche einer regelmäßigen Neunecks-Pyramide ist M = 362,9 cm²,
ihre Seitenflächenhöhe h_s = 12,6 cm.
Berechnen Sie die Oberfläche der Pyramide und die Körperhöhe h.

9
Eine regelmäßige Zehnecks-Pyramide hat die Grundkante a = 9,4 cm und die
Körperhöhe h = 17,5 cm.
Wie groß ist die Oberfläche eines Würfels, der dasselbe Volumen wie die Pyra-
mide hat?

10
Von einer Fünfecks-Pyramide sind
gegeben:
Grundkante a = 11,6 cm
Volumen V = 1250,0 cm³.
Wie hoch ist die Pyramide?
Um wie viel Prozent ist die Mantel-
fläche der Pyramide größer als die
Grundfläche?

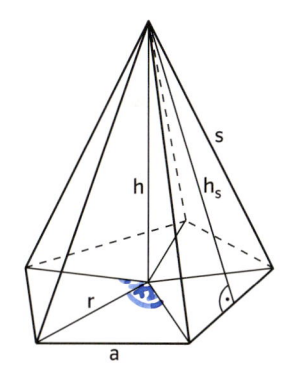

Aufgaben (Pflichtbereich) | Stereometrie

Vergleich von Körpern (Lösungen ab Seite 34)

11
Ein Kegel hat den Radius $r = 6{,}0$ cm und die Höhe $h = 10{,}8$ cm.
Ein Zylinder mit gleichem Radius hat auch das gleiche Volumen wie der Kegel.
Vergleichen Sie die beiden Oberflächeninhalte.

12
Einem Kegel mit Radius $r = 4{,}8$ cm und Körperhöhe $h = 7{,}5$ cm ist eine möglichst große Sechsecks-Pyramide einbeschrieben.
Berechnen Sie die Differenz der beiden Rauminhalte.

13
Ein Kegel und eine Kugel haben dasselbe Volumen.
Vom Kegel sind der Grundkreisradius $r = 16{,}8$ cm und die Körperhöhe $h = 29{,}3$ cm gegeben.
Berechnen Sie die Oberfläche der Kugel.

14
Gegeben ist ein Kegel:
Mantelfläche $M = 165{,}5 \text{ cm}^2$
Grundkreisradius $r = 6{,}2$ cm
Berechnen Sie das Volumen des Kegels und die Größe des Winkels γ zwischen Körperhöhe h und Mantellinie s.

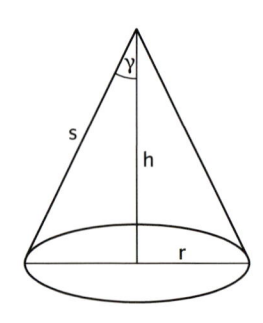

15
Ein Kegel hat den Radius $r = 8{,}5$ cm und die Höhe $h = 12{,}0$ cm.
Ein Zylinder hat die gleiche Höhe. Die Mantelfläche des Zylinders ist gleich groß wie die Mantelfläche des Kegels.
Berechnen Sie das Volumen des Zylinders.

16
Die Abbildung zeigt den Diagonalschnitt einer quadratischen Pyramide.
Es gilt: $s = 17{,}0$ cm
Ein Kegel ist gleich hoch wie die Pyramide. Die Rauminhalte der beiden Körper sind ebenfalls gleich groß.
Berechnen Sie die Oberfläche des Kegels.

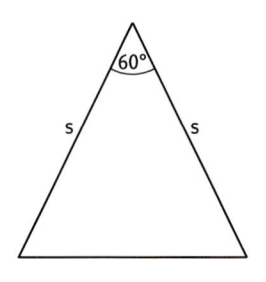

Aufgaben (Pflichtbereich) | Stereometrie

Zusammengesetzte Körper (Lösungen ab Seite 34)

17
Ein Körper ist aus einem Würfel und einer quadratischen Pyramide zusammengesetzt.
Folgende Maße sind gegeben:
a = 18,5 cm
s = 14,2 cm
Berechnen Sie die Oberfläche des Körpers und die Gesamtkörperhöhe h.

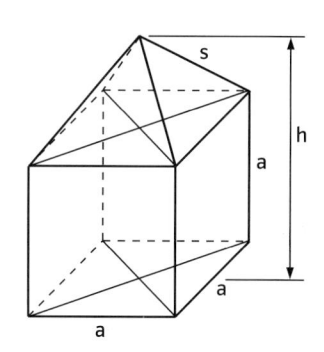

18
Die Deckfläche eines Sechsecks-Prismas und die Grundfläche einer Sechsecks-Pyramide sind deckungsgleich. Von der Pyramide sind die Grundkante a = 5,2 cm und die Seitenkante s = 8,4 cm bekannt. Prisma und Pyramide sind außerdem gleich hoch.
Berechnen Sie das Volumen und die Oberfläche des zusammengesetzten Körpers.

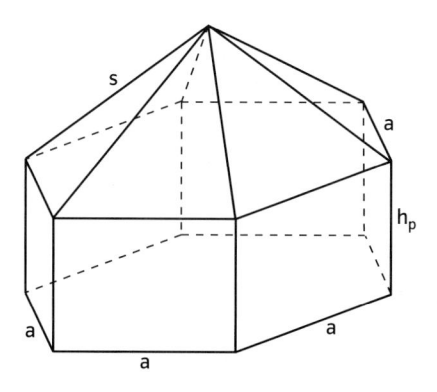

19
Zwei gleich große quadratische Pyramiden sind an ihren Grundflächen aufeinandergesetzt. Die Grundkante a = 12 cm und die Gesamtoberfläche O = 864 cm² des Körpers sind bekannt.
Berechnen Sie die Höhe und das Volumen der Doppelpyramide.

20
Aus einem Kegel ist eine Halbkugel herausgearbeitet.
Der Radius der Halbkugel beträgt 6,3 cm. Das Volumen des Körpers beträgt 1107,2 cm³. Höhe und Grundkreisdurchmesser des Kegels sind gleich groß. Berechnen Sie die Oberfläche des Körpers.

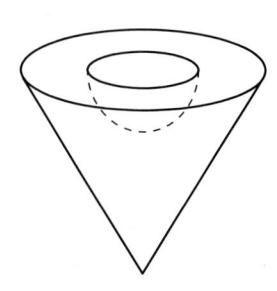

Aufgaben (Pflichtbereich) | Sachrechnen

Prozentrechnen (Lösungen ab Seite 35)

1
Ein Mountain-Bike kostet 1006,72 €. Hinzu kommen 19 % Mehrwertsteuer.
Berechnen Sie den Endpreis.
Wie viel Euro Mehrwertsteuer sind im Endpreis enthalten?

2
Der Preis einer Stereo-Anlage verringert sich um 12 % und beträgt nur noch 790,24 €. Wie hoch war der Preis ursprünglich?
Um wie viel Prozent liegt der ursprüngliche Preis über dem reduzierten Preis?

3
Im Endpreis eines Computers (Preis einschließlich 19 % MwSt.) sind 311,34 € Mehrwertsteuer enthalten.
Wie hoch ist der Preis ohne Mehrwertsteuer?
Auf den Endpreis werden 3 % Skonto gewährt. Berechnen Sie den Preis nach Skontoabzug.

4
Auf den Endpreis (Preis einschließlich 19 % MwSt.) eines Laserdruckers werden 5 % Rabatt gewährt. Der Drucker kostet dann noch 568,10 €.
Wie viel Euro Mehrwertsteuer sind im Endpreis enthalten?

5
Der Preis einer Kaffeemaschine erhöht sich zunächst um 20 % und wird anschließend wieder um 21 € gesenkt. Dieser Preis liegt um 6 % über dem ursprünglichen Preis.
Wie hoch war der ursprüngliche Preis?

6
Der Preis eines Fernsehers wird zunächst um 5 % gesenkt, danach nochmals um 25 € reduziert. Nach einer dritten Preissenkung um 8 % (bezogen auf den bereits zweimal reduzierten Preis) kostet der Fernseher noch 587,05 €.
Wie hoch war der ursprüngliche Preis?
Um wie viel Prozent wurde der ursprüngliche Preis insgesamt reduziert?

7
Der Preis einer Ware verteuert sich zunächst um 25 %. Danach wird der verteuerte Preis wieder um 10 % verringert.
Berechnen Sie die tatsächliche prozentuale Preisänderung.

Aufgaben (Pflichtbereich) | Sachrechnen

Zinsrechnen (Lösungen ab Seite 35)

8
Welches Kapital erbringt in 7 Monaten bei einem Zinssatz von 6,0 % einen Zinsertrag von 105,00 €?

9
In wie viel Tagen hat sich ein Kapital bei einem Zinssatz von 4,0 % von 3500 € auf 3517,50 € erhöht?

10
Herr Schmitz überzieht sein Girokonto für 55 Tage um 3250 €. Die Bank berechnet einen Überziehungszinssatz von 14,75 %.
Berechnen Sie die anfallenden Zinsen.
Wie lange müsste Herr Schmitz denselben Geldbetrag in Höhe von 3250 € bei einem Zinssatz von 3 % auf seinem Sparbuch anlegen, um die Überziehungszinsen ausgleichen zu können?

11
Zwei Banken machen unterschiedlichen Angebote zur Geldanlage.
Welches der beiden Angebote bietet den höheren Zinssatz?

Angebot A	Angebot B
Anfangskapital: 5000 €	Anfangskapital: 4000 €
Zinsen nach 5 Monaten: 130,20 €	Zinsen nach 7 Monaten: 151,67 €

12
Lisa hat zu Jahresanfang auf ihrem Sparbuch einen Kontostand von 800,00 €. Der Zinssatz beträgt 2,5 %. Nach 4 Monaten zahlt sie 300 € ein.
Berechnen Sie den Kontostand nach Ablauf von weiteren 5 Monaten.

13
Frau Mezger legt bei ihrer Bank Geld zu einem Zinssatz von 3,5 % für 8 Monate an. Nach Ablauf der 8 Monate erhält Frau Mezger zusätzlich zu den Zinsen nach eine Prämie in Höhe von einem Prozent des Anfangsguthabens. Ihr Guthaben beträgt dann 12 400 €.
Berechnen Sie das Anfangsguthaben.
Welchen tatsächlichen Zinssatz erhält Frau Mezger somit?

Aufgaben (Pflichtbereich) | Sachrechnen

Zinseszins (Lösungen ab Seite 36)

14
Frau Weber legt einen Betrag von 2500 € für 3 Jahre bei ihrer Bank zu einem Zinssatz von 5,5 % an. Zinsen werden mitverzinst.
Wie viel Euro Zinsen erhält Frau Weber nach Ablauf von 3 Jahren?

15
Ein Kapital wächst in 4 Jahren bei einem gleichbleibenden Zinssatz von 5,75 % auf 6253,04 € an. Zinsen werden mitverzinst.
Wie hoch war das Anfangsguthaben?
Um wie viel Prozent hat sich das Kapital insgesamt erhöht?

16
Ein Kapital erhöht sich in 6 Jahren von 8500 € auf 12229 €. Zinsen werden mitverzinst.
Wie hoch ist der jährlich gleichbleibende Zinssatz?
Auf welchen Betrag ist das Kapital nach Ablauf von 4 weiteren Jahren angewachsen, wenn sich der Zinssatz um 2 Prozentpunkte gleichbleibend erhöht?
Zinsen werden wiederum mitverzinst.

17
Herr Schwab legt einen bestimmten Betrag für 4 Jahre zu einem Zinssatz von 7,5 % bei der Bank an. Zinsen werden mitverzinst. Nach Ablauf der 4 Jahre erhält Herr Schwab insgesamt 4025,63 € Zinsen.
Wie hoch war das Anfangsguthaben?

18
Corinna legt zu Jahresanfang 1400 € bei ihrer Sparkasse an.
Der Zinssatz beträgt 3,75 %. Zinsen werden mitverzinst.
Wie viel Euro Zinsen erhält sie nach 1 Jahr und 7 Monaten?
Auf welches Guthaben ist der Anfangsbetrag somit angewachsen?

19
Ein Guthaben ist bei einem Zinssatz von 6,75 % in 2 Jahren und 5 Monaten auf 5623,71 € angestiegen. Zinsen wurden mitverzinst.
Berechnen Sie das Anfangsguthaben.

Aufgaben (Pflichtbereich) | Sachrechnen

Zuwachssparen (Lösungen ab Seite 36)

20
Frau Jäger legt ein Kapital von 17 500 € für 4 Jahre zu folgenden Bedingungen an:
- Zinssatz im 1. Jahr: 5,75 %
- Zinssatz im 2. Jahr: 6,5 %
- Zinssatz im 3. Jahr: 7,25 %
- Zinssatz im 4. Jahr: 8,75 %

Zinsen werden mitverzinst.
Wie hoch ist das angesparte Kapital nach Ablauf von 4 Jahren?
Wie viel Euro Zinsen werden am Ende des 2. Jahres gutgeschrieben?
Welchen jährlich gleichbleibenden Zinssatz hätte Frau Jäger mit ihrer Bank vereinbaren müssen, wenn sie nach 4 Jahren über dasselbe Kapital hätte verfügen wollen?

21
Herr Berg hat ein Kapital zu folgenden Konditionen angelegt:
- Zinssatz im 1. Jahr: 5,5 %
- Zinssatz im 2. Jahr: 7,25 %
- Zinssatz im 3. Jahr: 7,75 %

Zinsen werden mitverzinst.
Nach Ablauf von 3 Jahren erhält Herr Berg 14 630,13 € ausbezahlt.
Wie hoch war der Anfangsbetrag?

22
Ein Kapital wächst in 5 Jahren von 10 000 € auf 13 284,15 € an. Im 1. Jahr beträgt der Zinssatz 4,25 %, im 2. Jahr 4,75 %. Im dritten, vierten und fünften Jahr bleibt der Zinssatz unverändert, liegt aber über dem des zweiten Jahres. Zinsen werden mitverzinst.
Berechnen Sie den Zinssatz für das 3. Jahr.

23
Ein Kapital von 8000 € wird im 1. Jahr mit 5,25 % verzinst. Am Ende des 2. Jahres werden 547,30 € Zinsen gutgeschrieben. Nach Ablauf von 3 Jahren ist das anfängliche Kapital auf 9617,43 € angewachsen. Zinsen wurden jeweils mitverzinst.
Berechnen Sie die Zinssätze für das 2. und 3. Jahr.

Aufgaben (Pflichtbereich) | Sachrechnen

Ratensparen (Lösungen ab Seite 37)

24
Bei einem Ratensparvertrag werden zu Beginn eines jeden Jahres 4500 € eingezahlt. Der Zinssatz beträgt 7%. Die Zinsen werden mitverzinst.
Wie viel Euro sind nach 4 Jahren angespart?
Welchen jährlich gleichbleibenden Betrag müsste man zu Beginn eines jeden Jahres einzahlen, um mit den gleichen Zinsbedingungen nach 3 Jahren 20 000 € zu erhalten?

25
Familie Braun zahlt jeweils zu Jahresbeginn gleichbleibende Beträge auf einen Ratensparvertrag ein. Der Zinssatz beträgt 6,5%. Zinsen werden mitverzinst. Nach 3 Jahren ist das Guthaben auf 6132,91 € angewachsen.
Berechnen Sie die jährlichen Sparraten.

26
Frau Walter zahlt drei Jahre hintereinander immer zu Jahresanfang Geld bei ihrer Bank ein. Der Einzahlungsbetrag des zweiten Jahres liegt um 300 € über der Anfangsrate, die Rate des dritten Jahres liegt um 200 € über der des zweiten Jahres. Der Zinssatz beträgt über den gesamten Zeitraum gleichbleibend 6,0%. Zinsen werden mitverzinst. Nach Ablauf von 3 Jahren beträgt das Guthaben von Frau Walter 2891,85 €.
Berechnen Sie die jeweiligen Einzahlungsbeträge.
Wie viel Euro Zinsen wurden insgesamt gutgeschrieben?

27
Herr Brankovic zahlt drei Jahre nacheinander stets zu Jahresanfang Geld bei seiner Bank ein. Der Einzahlungsbetrag des 2. Jahres liegt um 5% über dem des 1. Jahres, der Einzahlungsbetrag des 3. Jahres um 4% über dem des 2. Jahres. Die Bank gewährt über den gesamten Zeitraum einen gleichbleibenden Zinssatz von 7,0%. Zinsen werden mitverzinst. Nach Ablauf von drei Jahren ist das Guthaben auf 10 067,76 € angewachsen.
Berechnen Sie die Summe der eingezahlten Beträge.

28
Familie Schmid zahlt zwei Jahre lang jeweils zu Jahresanfang einen Betrag von 4500 € auf einen Sparvertrag ein. Nach Ablauf von zwei Jahren ist das Guthaben auf 9791,13 € angestiegen.
Wie hoch ist der Zinssatz?

Aufgaben (Pflichtbereich) | Sachrechnen

Kreditformen (Lösungen ab Seite 37)

29
Familie Neumaier nimmt bei der Bank ein Darlehen in Höhe von 100 000 € auf. Die Bank verlangt einen Zinssatz von 4,2 % jeweils bezogen auf die Restschuld zu Beginn des Jahres. Es wird eine jährliche Rückzahlungsrate (Zinsen + Tilgung) von 8000 € vereinbart.
Berechne die Restschuld zu Beginn des 3. Jahres.
Um wie viel Euro waren die Zinsen im 2. Jahr geringer als im 1. Jahr?

30
Die Bank hat für die Rückzahlung eines Darlehens einen Tilgungsplan erstellt.

Jahr	Restschuld zu Jahresbeginn	Zinsen	Tilgung	Restschuld zu Jahresende
1				
2	76 200,00	3048,00	3952,00	72 248,00
3	72 248,00	2889,92	4110,08	68 137,92

Mit welchem Zinssatz rechnet die Bank?
Ergänzen Sie in der Tabelle die fehlenden Angaben für das 1. Jahr

31
Zur Renovierung ihrer Wohnung nimmt Familie Bender einen Kleinkredit in Höhe von 12 000,00 € auf. Die Bank schlägt folgende Bedingungen vor:
    Laufzeit: 36 Monate
    monatlicher Zinssatz: 0,42 % bezogen auf den Kreditbetrag
    einmalige Bearbeitungsgebühr: 2,0 % bezogen auf den Kreditbetrag
Berechnen Sie die gesamten Kreditkosten.
Wie hoch ist die letzte Rate, wenn die ersten 35 gleich hoch sind und jeweils auf volle 100 € gerundet werden?

32
Martina nimmt einen Kleinkredit in Höhe von 9000,00 € auf.
Bei einer Laufzeit von 48 Monaten wird folgende Rückzahlung festgelegt:
- 47 Raten zu je 225,00 €
- 1 Rate zu 333,00 €
- einmalige Bearbeitungsgebühr 2% auf den vollen Kreditbetrag
- der monatliche Zinssatz bezieht sich auf den vollen Kreditbetrag

Welcher Zinssatz wird bei dieser Berechnung verwendet?

Aufgaben (Pflichtbereich) | Sachrechnen

Diagramme (Lösungen ab Seite 38)

33
Die Tabelle zeigt zum einen den weltweiten CO_2-Ausstoß im Jahre 2003, zum anderen sind die Bevölkerungszahlen angegeben.

Land	CO_2-Ausstoßmenge (in Millionen Tonnen)	Bevölkerungszahlen (in Millionen)
USA	5987	300
China	4770	1300
Russland	1559	140
Indien	1123	1100
Deutschland	865	82
Kanada	597	32

Zeichnen Sie ein Säulendiagramm für den weltweiten CO_2-Ausstoß.
Weshalb lassen sich die angegebenen Daten nicht durch ein Kreisdiagramm darstellen?
Wie hoch ist der Pro-Kopf-Ausstoß von CO_2 im jeweiligen Land?
Erstellen Sie eine Rangliste für den Pro-Kopf-Ausstoß.
Um wie viel Prozent liegt der Pro-Kopf-Ausstoß von CO_2 in den USA über dem von Indien? Vergleichen Sie die Werte mit denen der Bevölkerungszahlen der beiden Länder.

34
Das Diagramm zeigt den energiebedingten, weltweiten Ausstoß von CO_2 in Milliarden Tonnen.
Berechnen Sie für die einzelnen 10-Jahres-Zeiträume von 2000 bis 2030 die jeweiligen prozentualen Steigerungen. Wie hoch wäre eine durchschnittliche, jährlich gleichbleibende prozentuale Steigerung im Zeitraum 2000 bis 2010?
Ist im Zeitraum von 1971 bis 2000 der weltweite CO_2-Ausstoß tatsächlich stärker angestiegen als ab dem Jahr 2000?

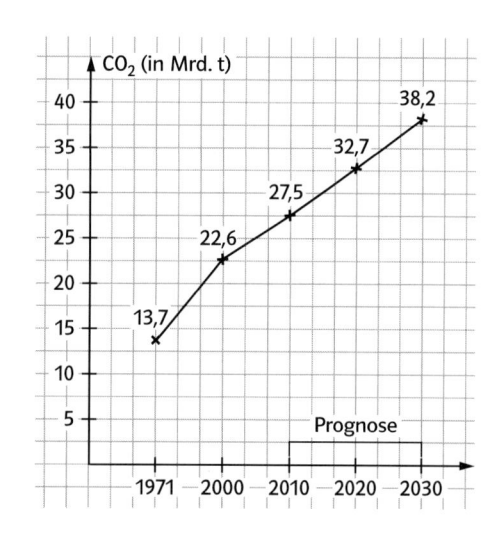

Aufgaben (Pflichtbereich) | Daten und Zufall

Daten (Lösungen ab Seite 40)

1
Bei einer Sammlung von alten Batterien wurden folgende Ergebnisse in den einzelnen Klassen erzielt (Angaben in kg).

	5	6	7	8	9	10
a	60	51	42	45	54	63
b	63	53	176	70	48	59
c	65	50	55	53	282	51

Berechnen Sie die Mittelwerte der Klassenstufen und vergleichen Sie mit dem Mittelwert aller Klassen.
Ermitteln Sie den Zentralwert aller Klassen und begründen Sie, warum dieser Wert eine bessere Aussage über das durchschnittliche Ergebnis einer Klassenstufe ermöglicht.
Wie ändert sich der Mittelwert, wenn in jeder Klassenstufe der höchste und der niedrigste Wert gestrichen wird?

2
Zwei Schülergruppen haben bei einem Test ihre Reaktionszeiten in Sekunden gemessen:

Gr. 1	0,27	0,37	0,38	0,41	0,42	0,37	0,36	0,41	0,35	0,29
Gr. 2	0,36	0,34	0,30	0,29	0,86	0,34	0,30	0,39	0,40	0,31

Ordnen Sie die Ergebnisse jeder Gruppe in einer Rangliste und ermitteln Sie die Kennwerte: Minimum, Maximum, Spannweite, Mittelwert und Zentralwert.
Wie ändern sich Mittelwert und Zentralwert, wenn in jeder Gruppe der beste und der schlechteste Wert gestrichen wird?

3
Der Trainer einer Leichtathletikmannschaft hat bei drei Werfern an verschiedenen Tagen 8 Ergebnisse gemessen (Wurfweite in m):

Werfer 1	40	68	39	41	66	42	40	41
Werfer 2	52	54	52	53	56	54	53	54
Werfer 3	45	60	58	61	48	51	59	46

Ermitteln Sie die Kennwerte für die einzelnen Werfer und beurteilen Sie anhand dieser Werte ihre Leistungen und die Chancen für den Wettkampf.

Aufgaben (Pflichtbereich) | Daten und Zufall

4
Frau Brenner hat zwei Wochen lang aufgeschrieben wie lange sie für die Fahrt zum Arbeitsplatz benötigt (Angaben in Minuten).
1. Woche

Mo	Di	Mi	Do	Fr	Sa
62	63	56	57	54	52

2. Woche

Mo	Di	Mi	Do	Fr	Sa
61	60	156	134	65	54

Ermitteln Sie die Kennwerte für jede Woche getrennt und für beide Wochen gemeinsam. Vergleichen Sie.
Zeichnen Sie die zugehörigen Boxplots untereinander. Welche Aussagen lassen sich machen?

5
In der Klasse 10b wurden die Körpergrößen von Mädchen und Jungen gemessen (Angaben in cm).

M	163	169	159	173	165	166	160	169	170	162	156	168	170
J	176	178	168	164	202	185	179	183	180	176	177	188	

Ermitteln Sie für Mädchen und Jungen getrennt die fünf Kennwerte, die zum Zeichnen eines Boxplots notwendig sind.
Zeichnen Sie die beiden Boxplots und vergleichen Sie.

6
In den beiden abgebildeten Boxplots sind die SMS-Kontakte von Mädchen und Jungen einer Klasse dargestellt (Angaben auf 5er-Zahlen gerundet).

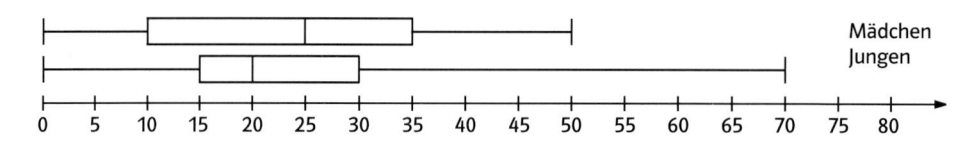

Stellen Sie in einer Tabelle alle Kennwerte von Mädchen und Jungen getrennt zusammen. Welche Aussagen lassen sich daraus ableiten?
Haben Mädchen mehr SMS-Kontakte als Jungen?

Aufgaben (Pflichtbereich) | Daten und Zufall

Wahrscheinlichkeitsrechnung (Lösungen ab Seite 42)

7
Aus dem Behälter werden zwei Kugeln gezogen. Die erste Kugel wird nach dem Ziehen wieder zurückgelegt.
Wie groß ist die Wahrscheinlichkeit beim ersten Zug keine weiße Kugel zu ziehen?
Mit welcher Wahrscheinlichkeit werden zwei schwarze Kugeln gezogen?
Wie groß ist die Wahrscheinlichkeit zwei graue Kugeln zu ziehen, wenn die erste gezogene Kugel nicht zurückgelegt wird?

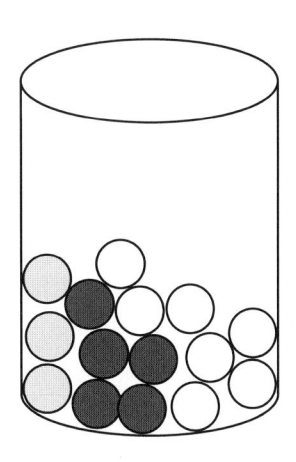

8
Zwei Spielwürfel werden geworfen. Mit welcher Wahrscheinlichkeit sind beide Augenzahlen geradzahlig?
Mit welcher Wahrscheinlichkeit ist die Summe der Augenzahlen eine einstellige Zahl?
Wie groß ist die Wahrscheinlichkeit höchstens eine Drei zu würfeln?

9
In einem Behälter befinden sich eine schwarze, drei blaue und fünf rote Kugeln. Es werden zwei Kugeln gleichzeitig gezogen.
Erstellen Sie ein Baumdiagramm mit den zugehörigen Wahrscheinlichkeiten.
Wie groß ist die Wahrscheinlichkeit eine schwarze und eine rote Kugel zu ziehen?
Mit welcher Wahrscheinlichkeit, ist mindestens eine Kugel blau?

10
Das Glücksrad hat lauter gleich große Felder. Es wird zweimal nacheinander gedreht.
Mit welcher Wahrscheinlichkeit bleibt der Zeiger auf zwei gleichfarbigen Feldern stehen?
Wie groß ist die Wahrscheinlichkeit verschiedenfarbige Felder zu treffen?

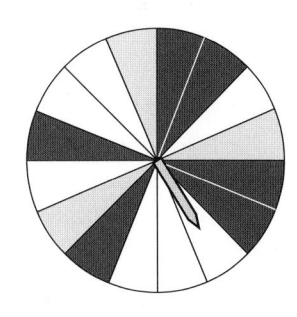

Aufgaben (Pflichtbereich) | Daten und Zufall

11
In einer Schale liegen 7 rot, 3 blau, 4 gelb und 5 grün gefärbte Ostereier.
Es werden zwei Eier mit einem Griff herausgenommen.
Wie groß ist die Wahrscheinlichkeit, dass nur rot gefärbte Eier gezogen werden? Mit welcher Wahrscheinlichkeit ist mindestens ein grünes Osterei dabei?

12
In einem Teich befinden sich 12 Karpfen und 18 Forellen. Ein Angler möchte zwei Fische fangen.
Mit welcher Wahrscheinlichkeit fängt er mindestens einen Karpfen?

13
In einem Lostopf befinden sich Lose für
- 5 Hauptgewinne,
- 50 Kleinpreise und
- 145 Nieten.
- Viola zieht zwei Lose.

Wie groß ist die Wahrscheinlichkeit keine Niete zu ziehen?
Mit welcher Wahrscheinlichkeit gewinnt Viola mindestens einen Preis?

14
Zwei Würfel sind wie in den abgebildeten Netzen beschriftet.
Beide Würfel werden gleichzeitig geworfen.
Wie groß ist die Wahrscheinlichkeit einen Pasch zu werfen?
Mit welcher Wahrscheinlichkeit erhält man die Augensumme 7?

15
Ein Kreisel ist in 8 gleich große Felder unterteilt, die mit den Zahlen 1 bis 8 beschriftet sind. Er wird zweimal hintereinander gedreht.
Die beiden Zahlenwerte, auf denen der Kreisel liegen bleibt, werden miteinander multipliziert.
Mit welcher Wahrscheinlichkeit ist das Produkt eine Quadratzahl?
Wie groß ist die Wahrscheinlichkeit, eine durch 5 teilbare Zahl zu erhalten?

Lineare Gleichungssysteme

1
a) $x = -3$
   $y = 4$

b) $x = -7$
   $y = -2$

c) $x = \frac{1}{2}$
   $y = 4$

d) $x = -\frac{1}{2}$
   $y = \frac{3}{4}$

2
a)

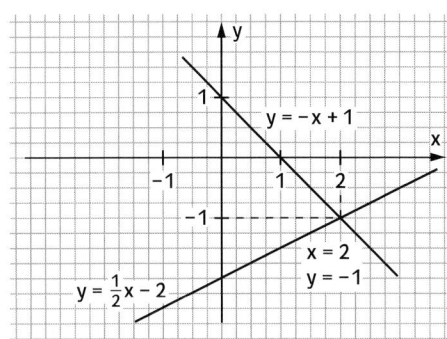

b)

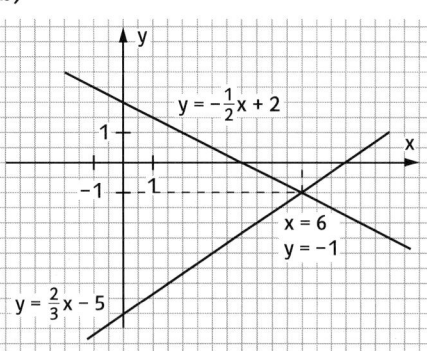

c)

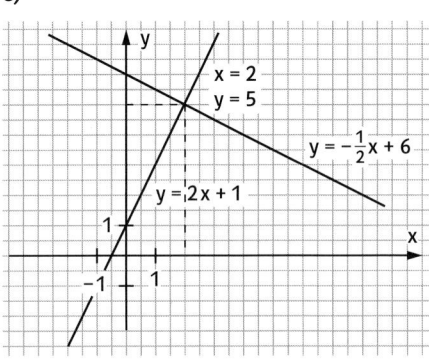

d)

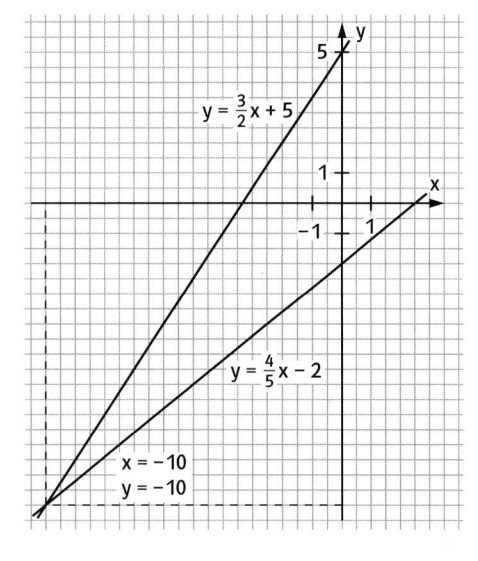

3
a) $x = 4$
   $y = -2$

b) $x = 10$
   $y = -5$

c) $x = 12$
   $y = -6$

d) $x = -\frac{1}{2}$
   $y = -\frac{1}{3}$

4

a) $x = 52$
 $y = 18$
 $\left(\rightarrow \begin{array}{l} 6x + 2y - 30 = 9y + 3x \\ 122 + 4x - 4y = -3y + 6x \end{array}\right)$

b) $x = -3$
 $y = 2$
 $\left(\rightarrow \begin{array}{l} 4x - 8y - 24x + 6y = 56 \\ 9x - 15y - 20y + 2x = -103 \end{array}\right)$

c) $x = 2$
 $y = -1$
 $\left(\rightarrow \begin{array}{l} 48x + 12y = 45x - 18y \\ 2y - x = 28y + 24 \end{array}\right)$

d) $x = 2$
 $y = -2$
 $\left(\rightarrow \begin{array}{l} x^2 - 10x + 25 + 4x - x^2 - 4 + x = 1 - 5y \\ x^2 - 6x + 9 - y^2 - 2y - 1 = x^2 - y^2 \end{array}\right)$

Quadratische Gleichungen

5

a) $x_1 = 2$
 $x_2 = -7$
 $(\rightarrow x^2 + 5x - 14 = 0)$

b) $x_1 = 5$
 $x_2 = -3$
 $(\rightarrow x^2 - 2x - 15 = 0)$

c) $x_1 = 10$
 $x_2 = -3$
 $(\rightarrow x^2 - 7x - 30 = 0)$

d) $x_1 = 11$
 $x_2 = -3$
 $(\rightarrow x^2 - 8x - 33 = 0)$

e) $x_1 = 30$
 $x_2 = -12$
 $(\rightarrow x^2 - 18x - 360 = 0)$

6

a) $x_1 = 1{,}5$
 $x_2 = -4$
 $(\rightarrow x^2 + 2{,}5x - 6 = 0)$

b) $x_1 = -2{,}5$
 $x_2 = -6$
 $(\rightarrow x^2 + 8{,}5x + 15 = 0)$

c) $x_1 = 12$
 $x_2 = -2$
 $(\rightarrow x^2 - 10x - 24 = 0)$

d) $x_1 = 3$
 $x_2 = -5$
 $(\rightarrow x^2 + 2x - 15 = 0)$

7

a) $x_1 = 8{,}5$
 $x_2 = -0{,}5$
 $(\rightarrow x^2 - 8x - 4{,}25 = 0)$

b) $x_1 = 0{,}5$
 $x_2 = -6$
 $(\rightarrow x^2 + 5{,}5x - 3 = 0)$

c) $x_1 = 2$
 $x_2 = -1$
 $\left(\rightarrow \frac{1}{4}x^2 - \frac{3}{4}x + \frac{9}{16} - \frac{x^2}{2} + x - \frac{1}{16} = 0;\right.$
 $\left. x^2 - x - 2 = 0\right)$

d) $x_1 = -\frac{1}{2}$
 $x_2 = -\frac{7}{2}$
 $\left(\rightarrow x^2 + 4x + \frac{7}{4} = 0\right)$

Lösungen (Pflichtbereich) | Algebra

8
a) $x_1 = 1$
   $x_2 = \frac{1}{6}$
   $(\to x^2 - \frac{7}{6}x + \frac{1}{6} = 0)$
b) $x_1 = 2$
   $x_2 = \frac{2}{3}$
   $(\to x^2 - \frac{8}{3}x + \frac{4}{3} = 0)$
c) $x_1 = 2\sqrt{2}$
   $x_2 = \sqrt{2}$
   $(\to x^2 - 3\sqrt{2}x + 4 = 0)$
d) $x_1 = 1 + \sqrt{3}$
   $x_2 = 1 - \sqrt{3}$
   $(\to x^2 - 2x - 2 = 0)$

Bruchgleichungen

9
a) $D = \mathbb{R} \setminus \{3\}$
   $L = \{5; -2\}$
b) $D = \mathbb{R} \setminus \{4\}$
   $L = \{12; -1,5\}$
c) $D = \mathbb{R} \setminus \{0\}$
   $L = \{1,5; 1\}$
d) $D = \mathbb{R} \setminus \{\frac{1}{2}; -\frac{1}{3}\}$
   $L = \{3; -\frac{1}{2}\}$
e) $D = \mathbb{R} \setminus \{1; -1; -5\}$
   $L = \{3\}$
f) $D = \mathbb{R} \setminus \{2; 3; 5\}$
   $L = \{4; 1\}$

10
a) $D = \mathbb{R} \setminus \{-2\}$
   $L = \{8\}$
b) $D = \mathbb{R} \setminus \{-3\}$
   $L = \{1; -0,5\}$
c) $D = \mathbb{R} \setminus \{2; 0\}$
   $L = \{4; -1\}$
d) $D = \mathbb{R} \setminus \{3; 0\}$
   $L = \{1,5; 1\}$
e) $D = \mathbb{R} \setminus \{0; -3\}$
   $L = \{6; -2\}$
f) $D = \mathbb{R} \setminus \{0; -1\}$
   $L = \{0,5; -2\}$
g) $D = \mathbb{R} \setminus \{0\}$
   $L = \{9; -1\}$
h) $D = \mathbb{R} \setminus \{0\}$
   $L = \{2\}$ ($\to x = 0 \notin D$)

11
a) $D = \mathbb{R} \setminus \{1; -1\}$
   $L = \{2; -3\}$
b) $D = \mathbb{R} \setminus \{1; -1\}$
   $L = \{\frac{1}{3}\}$ ($\to x = 1 \notin D$)
c) $D = \mathbb{R} \setminus \{0; -1\}$
   $L = \{5\}$ ($\to x = -1 \notin D$)
d) $D = \mathbb{R} \setminus \{0; -2\}$
   $L = \{2; -1\}$
e) $D = \mathbb{R} \setminus \{0; 1\}$
   $L = \{0,5; -5\}$
f) $D = \mathbb{R} \setminus \{3; -1\}$
   $L = \{7; 1\}$
g) $D = \mathbb{R} \setminus \{2; 10\}$
   $L = \{-4\}$
   ($\to x = 10 \notin D$)
h) $D = \mathbb{R} \setminus \{6; -6\}$
   $L = \{\frac{2}{3}\}$ ($\to x = 6 \notin D$)
i) $D = \mathbb{R} \setminus \{2; -5\}$
   $L = \{\}$ ($\to x = 2$ und $x = -5 \notin D$)
j) $D = \mathbb{R} \setminus \{2\}$
   $L = \{-\frac{2}{3}\}$ ($\to x = 2 \notin D$)

Quadratische Funktionen

12
a) $S(2|3)$ b) $S(-4|1)$ c) $S(1,5|-2)$ d) $S(-0,5|-4,5)$
Schaubilder sind nach oben geöffnete verschobene Normalparabeln mit angegebenem Scheitelpunkt.

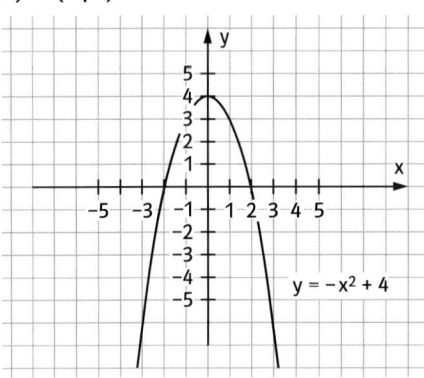

13
a) $S(0|4)$

b) $S(0|-2)$

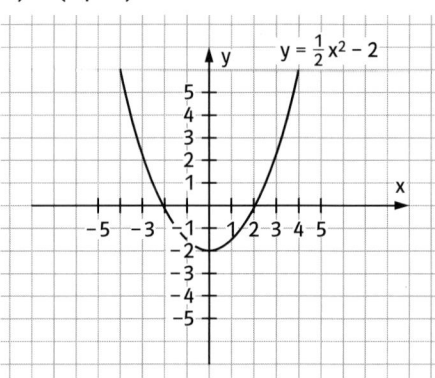

c) $S(0|-6)$

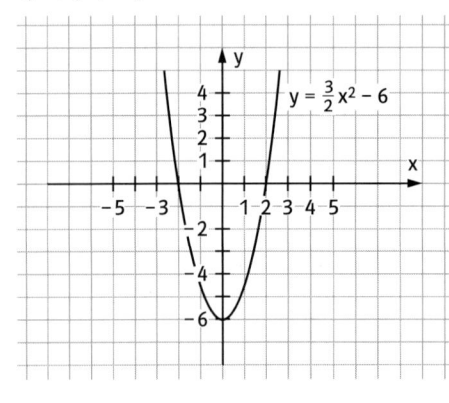

d) $S(0|-3,5)$

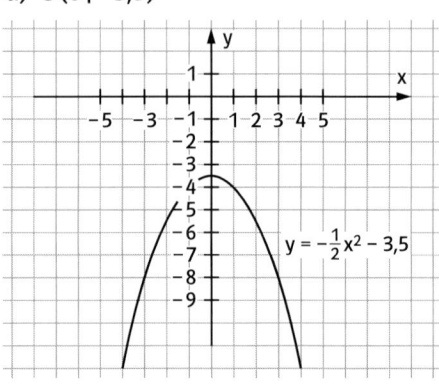

14
a) $S(2|-1)$ mit $N_1(1|0)$ und $N_2(3|0)$
b) $S(-3|-1)$ mit $N_1(-2|0)$ und $N_2(-4|0)$
c) $S(-2|-4)$ mit $N_1(-4|0)$ und $N_2(0|0)$
d) $S(-0,5|-0,25)$ mit $N_1(0|0)$ und $N_2(-1|0)$

15
$y = x^2 + 2x - 3$; Schnittpunkte mit der x-Achse: $N_1(-3|0)$ und $N_2(1|0)$
$\overline{SN_1} = \overline{SN_2} = 2\sqrt{5}\,LE = 4{,}47\,LE$ und $\overline{N_1N_2} = 4\,LE$
$u = 12{,}9\,LE$ und $A = 8\,FE$

16
Schnittpunkte
$P_1(-3|1)$ und $P_2(0|-2)$

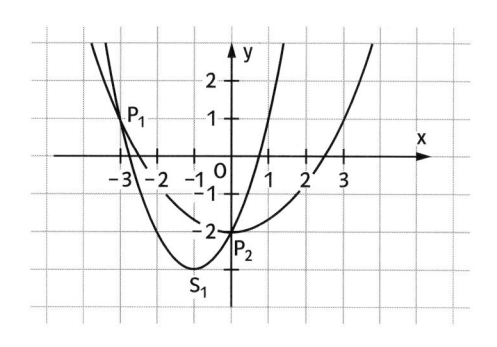

17
Schnittpunkte $P(0|2)$ und $Q(2|-2)$
Strecke $\overline{PQ} = 2\sqrt{5}\,LE = 4{,}47\,LE$
Schnittwinkel $\alpha = 63{,}4°$

18
Schnittpunkt $P(1|3)$

Umfang des Dreiecks $11{,}5\,LE$

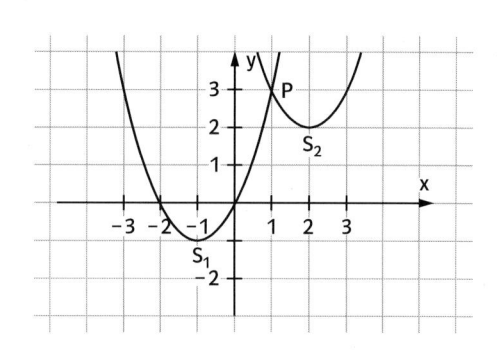

19
p_2: $y = x^2 - 10x + 24$; Schnittpunkt $P(1|15)$
$u = 41\,LE$; $\alpha = \beta = 76{,}0°$ und $\gamma = 28{,}0°$.

20
p: $y = x^2 - 6x - 1$; Scheitel $S(3|-10)$
$\overline{SP} = 25{,}5\,LE$ und $\overline{SQ} = 1{,}4\,LE$

21
Gerade g: $y = -\frac{1}{2}x - 1$; $Q(-4|1)$

22
$S(3|2{,}5)$; Parabelgleichung p: $y = x^2 - 6x + 11{,}5$

23
$Q(5|6)$ und $R(-5|6)$
$A = 25\,\text{FE}$.

Lösungen (Pflichtbereich) | Trigonometrie

Dreiecke

1
$\gamma = 98{,}7°$
($\rightarrow \alpha = 55°$; $\beta = 26{,}3°$)

2
$\overline{CD} = 42{,}5\,\text{cm}$; Abstand: $27{,}2\,\text{cm}$; $\overline{AC} = 89{,}0\,\text{cm}$
($\rightarrow \gamma = 112°$)

3
$\alpha = 56{,}5°$ $\beta = 69{,}1°$ $\gamma = 54{,}4°$
($\rightarrow h_b = 7{,}4\,\text{cm}$)

4
$\overline{AB} = 3{,}6\,\text{cm}$; $\overline{AE} = 4{,}4\,\text{cm}$
$\gamma = 22{,}2°$; $\delta = 61{,}5°$ und $\varepsilon = 39{,}3°$

Vierecke

5
$\varepsilon = 71{,}4°$; $A = 43{,}0\,\text{cm}^2$

6
$\gamma = 51{,}1°$ $u = 123{,}2\,\text{cm}$
($\rightarrow \overline{BC} = 28{,}4\,\text{cm}$; $\overline{CD} = 45{,}2\,\text{cm}$; $\overline{AD} = 22{,}8\,\text{cm}$)

7
$A_{AM_1CM_2} = 54{,}7\,\text{cm}^2$
($\rightarrow A_{\text{Trapez}} = 109{,}45\,\text{cm}^2$; $A_{\triangle M_2CD} = 16{,}93\,\text{cm}^2$; $A_{\triangle ABM_1} = 37{,}8\,\text{cm}^2$
Allgemein gilt: Die gefärbte Fläche ist stets halb so groß wie die Trapezfläche.)

8
$A_{\triangle ECD} = 61{,}8\,\text{cm}^2$
($\rightarrow A_{\text{Trapez}} = 128{,}4\,\text{cm}^2$; $A_{AED} = 47{,}0\,\text{cm}^2$; $A_{EBC} = 19{,}5\,\text{cm}^2$)

Vielecke

9
$\overline{CE} = 19{,}0\,\text{m}$ $\qquad A_{\triangle ECD} = 35{,}6\,\text{m}^2$
($\rightarrow \overline{CD} = \overline{DE} = 10{,}2\,\text{m}$)

10
$\overline{DE} = 29{,}8\,\text{m}$ $\qquad \overline{AE} = 35{,}8\,\text{m}$
($\rightarrow \overline{BD} = 39{,}0\,\text{m}$)

11
$\overline{CE} = 55{,}8\,\text{m}$ $\qquad \gamma = 150{,}2°$ $\qquad \varepsilon = 119{,}8°$

12
$u = 221{,}3\,\text{cm}$
($\rightarrow \overline{BC} = 39{,}1\,\text{cm}; \ \overline{AF} = 47{,}3\,\text{cm}; \ \overline{FE} = 29{,}1\,\text{cm}$)

Lösungen (Pflichtbereich) | Stereometrie

Quadratische Pyramide

1
$V = 2483{,}6\,cm^3 \quad O = 1217{,}3\,cm^2$
($\rightarrow h = 21{,}8\,cm;\ h_s = 23{,}7\,cm$)

2
$h = 17{,}8\,cm \qquad V = 3772\,cm^3$
($\rightarrow h_s = 21{,}8\,cm$)

3
$s = 10{,}3\,cm \qquad O = 235{,}5\,cm^2$
($\rightarrow h_s = 9{,}4\,cm$)

4
$a = 5{,}7\,cm \qquad \beta = 77{,}4°$

5
$\overline{AE} = \overline{DF} = 9{,}78\,cm;\ \overline{EF} = 5{,}93\,cm;\ U_{AEFD} = 38\,cm$
Es handelt sich um ein achsensymmetrisches Trapez.

Andere Pyramiden

6
$V = 1522{,}8\,cm^3$
($\rightarrow a = 10{,}9\,cm$)

7
$h = 7{,}0\,cm;$ Winkel zwischen Seitenfläche und Grundfläche $\alpha = 40{,}5°$

8
$a = 6{,}4\,cm;\ O = 616\,cm^2;\ h = 9{,}0\,cm$

9
$V_P = V_W = 3917{,}19\,cm^3;\ O_W = 1503{,}5\,cm^2$

10
$h = 16{,}2\,cm;\ G = 231{,}42\,cm^2;\ M = 523{,}74\,cm^2$
Die Mantelfläche ist um 126,3 % größer als die Grundfläche.

Vergleich von Körpern

11
$O_{Kegel} = 346\,cm^2$ $\qquad$ $O_{Zylinder} = 362\,cm^2$
($\rightarrow h_Z = 3{,}6\,cm;\ s = 12{,}35\,cm$)

12
Differenz: $31{,}3\,cm^3$
($\rightarrow V_K = 181{,}0\,cm^3;\ V_{Pyramide} = 149{,}7\,cm^3$)

13
$O = 2039\,cm^2$
($\rightarrow r_{Kugel} = 12{,}7\,cm;\ V = 8660{,}0\,cm^3$)

14
$V = 233{,}9\,cm^3;\ \gamma = 46{,}8°$
($\rightarrow s = 8{,}5\,cm;\ h = 5{,}8\,cm$)

15
$V = 1023{,}3\,cm^3$
($\rightarrow s = 14{,}71\,cm;\ r_Z = 5{,}21\,cm;\ M_K = 392{,}8\,cm^2$)

16
$O_{Kegel} = 490\,cm^2$
($\rightarrow a = 12{,}02\,cm;\ h = 14{,}72\,cm;\ r = 6{,}78\,cm;\ s_K = 16{,}21\,cm$)

Zusammengesetzte Körper

17
$O = 2110\,cm^2$ $\qquad$ $h = 24{,}0\,cm$ $\qquad$ ($\rightarrow h_S = 10{,}8\,cm$)

18
$V = 618{,}2\,cm^3;\ O = 400{,}8\,cm^2$

19
$h = 34\,cm$ $\qquad$ $V = 1632\,cm$ $\qquad$ ($\rightarrow h_S = 18\,cm$)

20
$r_{Kegel} = 9{,}20\,cm;\ O = 985{,}1\,cm^2$

Prozentrechnen

1
Endpreis: 1198 €; Mehrwertsteuer: 191,28 €

2
Ursprünglicher Preis: 898 €; prozentualer Preisunterschied: 13,6 %

3
Preis ohne MwSt.: 1638,63 €; Preis nach Skontoabzug: 1891,50 €

4
Mehrwertsteuer: 95,48 €

5
Ursprünglicher Preis: 150 €

6
Ursprünglicher Preis: 698 €; prozentuale Preissenkung insgesamt: 15,9 %

7
Tatsächliche Preiserhöhung: 12,5 %

Zinsrechnen

8
Kapital: 3000 €

9
Zeit: 45 Tage

10
Überziehungszinsen: 73,24 €; Zeit: ca. 270 Tage

11
Angebot A: 6,25 % Angebot B: 6,5 % Angebot B bietet den höheren Zinssatz.

12
Kontostand: 1118,20 €

13
Anfangsguthaben: 12 000 €. Tatsächlicher Zinssatz: 5 %

Zinseszins

14
Zinsen: 435,60 €

15
Anfangsguthaben: 5000 €; prozentuale Erhöhung: 25,1 %

16
Zinssatz: 6,25 %; Kapital nach 10 Jahren: 16 792 €

17
Anfangsguthaben: 12 000 €

18
Zinsen: 84,27 €; Kapital (1 Jahr 7 Monate): 1484,27 €

19
Anfangsguthaben: 4800 €
$\left(\rightarrow 5623{,}71 = x \cdot 1{,}0675^2 + x \cdot 1{,}0675^2 \cdot \frac{5}{12} \cdot 0{,}0675\right)$

Zuwachssparen

20
Kapital nach 4 Jahren: 22 987,65 €
Zinsen am Ende des 2. Jahres: 1202,91 €
gleichbleibender Zinssatz: 7,06 %

21
Anfangsbetrag: 12 000 €

22
Zinssatz für das 3. Jahr: 6,75 %
($\rightarrow 13\,284{,}15 = 10\,000 \cdot 1{,}0425 \cdot 1{,}0475 \cdot q^3$)

23
Zinssatz für das 2. Jahr: 6,5 %
Zinssatz für das 3. Jahr: 7,25 %
($\rightarrow$ 9617,43 = (8000 · 1,0525 + 547,30) · q)

Ratensparen

24
Kapital nach 4 Jahren: 21 378,33 €
Jährlich gleichbleibender Betrag: 5814,05 €

25
jährliche Rate: 1800 €

26
1. Jahr: 600 €   2. Jahr: 900 €   3. Jahr: 1100 €
Zinsen: 291,85 €
($\rightarrow$ 2891,85 = ((x · 1,06 + x + 300) · 1,06 + x + 500) · 1,06)

27
Summe: 8797,60 €
($\rightarrow$ 10 067,76 = ((x · 1,07 + x · 1,05) · 1,07 + x · 1,05 · 1,04) · 1,07)

28
Zinssatz: 5,75 %
($\rightarrow$ 9791,13 = (4500 · q + 4500) · q)

Kreditformen

29
Restschuld zu Beginn des 3. Jahres 92 240,40 €.
Die Zinsen waren im zweiten Jahr um 159,60 € geringer als im ersten.

30
Die Bank rechnet mit 4,0 %.

Jahr	Restschuld zu Jahresbeginn	Zinsen	Tilgung	Restschuld zu Jahresende
1	80 000,00	3200,00	3800,00	76 200,00

31
Kreditkosten: 12 000,00 € (Kreditbetrag) + 1814,40 € (Zinsen) + 240,00 € (Bearbeitungsgebühr) = 14 054,40 €
Die letzte Rate beträgt 54,40 €.

32
Es wird ein monatlicher Zinssatz von 0,4 % verwendet.

Diagramme

33

CO_2-Ausstoß (in Mio. t)

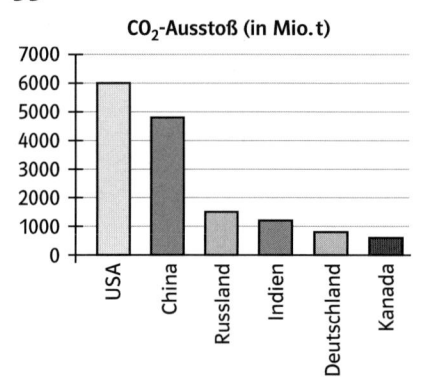

[Balkendiagramm: USA ~6000, China ~4800, Russland ~1500, Indien ~1200, Deutschland ~800, Kanada ~600]

Um ein Kreisdiagramm verwenden zu können, müssen alle Werte vorliegen. Die 6 Nationen stellen nur eine Auswahl dar.

Rangplatz	Land	Pro-Kopf-Ausstoßmenge (in t)
1	USA	20,0
2	Kanada	18,7
3	Russland	11,1
4	Deutschland	10,6
5	China	3,7
6	Indien	1,0

Der Pro-Kopf-Ausstoß der USA liegt um 1900 % über dem von Indien.
Indien hat hingegen 800 Mio. mehr Einwohner, also 267 % mehr Einwohner als die USA.

34

Steigerungen
2000–2010: 21,7 %
2010–2020: 18,9 %
2020–2030: 16,8 %
Für eine gleichbleibende Zunahme mit dem Wachstumsfaktor q gilt:
27,5 = 22,6 · q^{10} mit q = 1,0198, also rund 2,0 % Steigerung.
Nimmt man eine jährlich gleichbleibende prozentuale Zunahme an, wäre die prozentuale Steigerung 2,0 % pro Jahr.

Die Frage, ob der Ausstoß von CO_2 im Zeitraum von 1971 bis 2000 stärker angestiegen ist, lässt sich anhand des Diagramms nicht direkt beantworten: Für den Zeitraum von 1971 bis 2000 (29 Jahre) wurde derselbe Abschnitt auf der x-Achse gewählt wie für die folgenden 10-Jahres-Zeiträume.
Im Zeitraum von 1971 bis 2000 stieg der CO_2-Ausstoß von 13,7 Mrd. Tonnen auf 22,6 Mrd. Tonnen an, dies sind ca. 65 %.

Daten

1

Klassenstufe	5	6	7	8	9	10
Mittelwert	62,7	51,3	91	56	128	57,7

Mittelwert aller Klassen: 74,4
Die beiden „Ausreißer" 7b und 9c verzerren das Ergebnis.
Zentralwert aller Klassen: 54,5; hier werden die extremen Werte nicht berücksichtigt.
Der Mittelwert ändert sich nach Streichen von Minimum und Maximum jeder Klassenstufe von 74,4 auf 55,8, das sind 18,6 Batterien Differenz.

2

Ranglisten:

Gr. 1	0,27	0,29	0,35	0,36	0,37	0,37	0,38	0,41	0,41	0,42
Gr. 2	0,29	0,30	0,30	0,31	0,34	0,34	0,36	0,39	0,40	0,86

Kennwerte:

	Minimum	Maximum	Spannweite	Mittelwert	Zentralwert
Gr. 1	0,27	0,42	0,15	0,36	0,37
Gr. 2	0,29	0,86	0,57	0,39	0,34

Mittelwerte und Zentralwerte nach Streichung der Extremwerte jeder Gruppe:

	Mittelwert
Gr. 1	0,37
Gr. 2	0,34

In Gruppe 2 ändert sich der Mittelwert stärker, weil der Wert 0,86 ein „Ausreißer" ist.
Der Zentralwert bleibt in beiden Gruppen gleich.

3

	Minimum	Maximum	Spannweite	Mittelwert	Zentralwert
Werfer 1	39	68	29	47,1	41
Werfer 2	52	56	4	53,5	53,5
Werfer 3	45	61	16	53,5	54,5

Werfer 1 schwankt sehr stark in seinen Leistungen (Spannweite 29 m), kann aber am weitesten werfen (Maximum 68 m).
Werfer 2 ist sehr zuverlässig in seinen Leistungen (Spannweite nur 4 m), ein erster Platz im Wettkampf ist nicht zu erwarten, aber auch kein schwaches Ergebnis.
Werfer 3 kann weiter als Werfer 2 werfen, ist aber nicht so konstant.

4
Kennwerte

	Min.	q_u	z	q_o	Max.	$\bar{x}$
1. Woche	52	54	56,5	62	63	57,3
2. Woche	54	60	63	134	156	88,3
gesamt	52	55	60,5	64	156	72,8

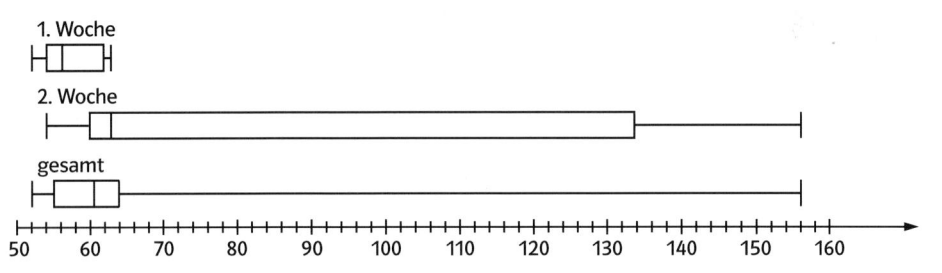

Der Datenumfang einer Woche ist sehr begrenzt, sodass nur bedingt Aussagen über Quartile und den Quartilabstand gemacht werden können.
Für die Gesamtsituation ist die 1. Woche aussagekräftiger, da sich die „Ausreißer" der 2. Woche stark auf die zentrale Hälfte der zweiten Woche auswirken.
Mögliche Aussagen sind: Meist braucht Frau Brenner zwischen 55 und 64 Minuten für ihre Fahrt zur Arbeit. Es gibt aber gelegentlich auch Tage, an denen sie gut zweieinhalb Stunden unterwegs ist.
Im Durchschnitt braucht sie etwa 73 Minuten.

5
Kennwerte

	Min.	q_u	z	q_o	Max.
Mädchen	156	162	166	169	173
Jungen	164	176	178,5	184	202

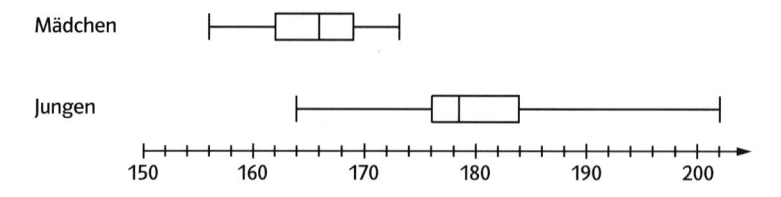

Insgesamt sind die Jungen größer, die Spannweite ist größer, was auf die Extremwerte zurückzuführen ist.
Bei Jungen und Mädchen liegt die Größe von mindestens der Hälfte der Jugendlichen ähnlich nah beieinander.

6
Kennwerte

	Min.	q_u	z	q_o	Max.
Mädchen	0	10	25	35	50
Jungen	0	15	20	30	70

Mindestens die Hälfte aller Jungen haben zwischen 15 und 30 SMS-Kontakte, bei den Mädchen ist das Bild weniger einheitlich.
Mindestens die Hälfte aller Mädchen hat mehr als 25 SMS-Kontakte, mindestens die Hälfte aller Jungs weniger als 20. Es gibt aber kein Mädchen, das so viele SMS-Kontakte hat wie der „Rekordhalter" bei den Jungen (70).

Wahrscheinlichkeitsrechnung

7
P(nicht weiß) = $\frac{8}{15}$ P(schwarz, schwarz) = $\frac{1}{9}$ P(grau, grau) = $\frac{1}{35}$

8
P(beide Augenzahlen geradzahlig) = $\frac{1}{4}$ = 25 %

P(Summe der Augenzahlen ist einstellig) = $\frac{5}{6}$ = 83,3 %

P(höchstens eine Drei) = 1 − P(3,3) = 1 − $\frac{1}{36}$ = $\frac{35}{36}$ = 97,2 %

9

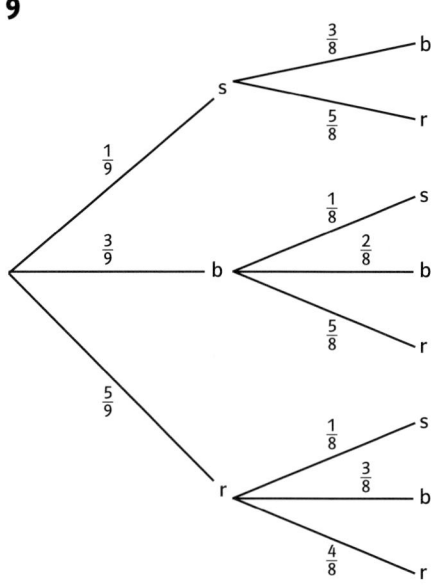

```
        3/8 → b
   s <
    \   5/8 → r
1/9
        1/8 → s
3/9 b < 2/8 → b
        5/8 → r
5/9
        1/8 → s
    r < 3/8 → b
        4/8 → r
```

P(s und r) = $\frac{1}{9} \cdot \frac{5}{8} + \frac{5}{9} \cdot \frac{1}{8} = \frac{5}{36}$ = 13,9 %

P(mindestens eine Kugel blau) = $\frac{1}{9} \cdot \frac{3}{8} + \frac{3}{9} \cdot 1 + \frac{5}{9} \cdot \frac{3}{8} = \frac{7}{12}$ = 58,3 %

10
P(gleiche Farben) = $\frac{6}{16} \cdot \frac{6}{16} + \frac{7}{16} \cdot \frac{7}{16} + \frac{3}{16} \cdot \frac{3}{16} = \frac{47}{128}$ = 36,7 %

P(verschiedene Farben) = 1 − P(gleiche Farben) = 1 − $\frac{47}{128} = \frac{81}{128}$ = 63,3 %

11
P(rot, rot) = $\frac{7}{19} \cdot \frac{6}{18} = \frac{7}{57}$ = 12,3 %

P(mindestens ein grünes Ei) = $\frac{7}{19} \cdot \frac{5}{18} + \frac{3}{19} \cdot \frac{5}{18} + \frac{4}{19} \cdot \frac{5}{18} + \frac{5}{19} \cdot 1 = \frac{80}{171}$ = 46,8 %

12
Es handelt sich um das Modell „Ziehen ohne Zurücklegen".

P(mindestens ein Karpfen) = 1 − P(zwei Forellen) = 1 − $\frac{18}{30} \cdot \frac{17}{29} = \frac{94}{145}$ = 64,8 %

13

$P(\text{keine Niete}) = \frac{5}{200} \cdot \frac{4}{199} + \frac{5}{200} \cdot \frac{50}{199} + \frac{50}{200} \cdot \frac{5}{199} + \frac{50}{200} \cdot \frac{49}{199} = \frac{297}{3980} = 7{,}5\,\%$

$P(\text{mindestens ein Preis}) = 1 - P(\text{zwei Nieten}) = 1 - \frac{145}{200} \cdot \frac{144}{199} = 1 - \frac{522}{995} = \frac{473}{995} = 47{,}5\,\%$

14

$P(\text{Pasch}) = P(1;\,1) + P(2;\,2) + P(3;\,3) = \frac{1}{2} \cdot \frac{1}{6} + \frac{1}{6} \cdot \frac{1}{6} + \frac{1}{3} \cdot \frac{1}{6} = \frac{1}{6} = 16{,}7\,\%$

Die Augensumme lässt sich gut mit einer Tabelle darstellen:

	1	2	3	4	5	6
1	2	3	4	5	6	7
1	2	3	4	5	6	7
1	2	3	4	5	6	7
2	3	4	5	6	7	8
3	4	5	6	7	8	9
3	4	5	6	7	8	9

$P(\text{Augensumme 7}) = \frac{6}{36} = \frac{1}{6} = 16{,}7\,\%$

15

Lösung über Tabelle

$P(\text{Quadratzahl}) = \frac{5}{32} = 15{,}6\,\%$

$P(\text{Produkt ist eine durch 5 teilbare Zahl}) = \frac{15}{64} = 23{,}4\,\%$

Aufgaben (Wahlbereich) | Algebra

(Lösungen ab Seite 59)

1
a) Die Parabel p hat die Gleichung $y = x^2 + 3x - 1{,}25$.
Die Gerade g hat die Gleichung $y = -x + 1$.
Berechnen Sie die Koordinaten des Scheitelpunkts der Parabel und zeichnen Sie die Parabel und die Gerade in dasselbe Koordinatensystem.
Berechnen Sie die Koordinaten der Schnittpunkte von Parabel und Gerade.
Wie lautet die Gleichung einer zur Geraden g parallelen Geraden h, die durch den Scheitel der Parabel verläuft?

b) Bestimmen Sie die Definitionsmenge und die Lösungsmenge der Gleichung.

$$\frac{x+3}{2x+8} - \frac{4}{x^2-16} = \frac{1}{4}$$

2
a) Eine nach oben geöffnete verschobene Normalparabel p_1 hat den Scheitelpunkt $S_1(-2{,}5\,|\,-4)$.
Geben Sie die zugehörige Funktionsgleichung in der Form $y = x^2 + px + q$ an.
Berechnen Sie die Koordinaten der Schnittpunkte mit der x-Achse.
Eine zweite nach unten geöffnete verschobene Normalparabel p_2 hat den Scheitelpunkt $S_2(-0{,}5\,|\,-2)$.
Zeigen Sie durch Rechnung, dass die beiden Parabeln nur den Punkt $P(-1{,}5\,|\,-3)$ gemeinsam haben.

b) Geben Sie die Definitionsmenge und die Lösungsmenge der Gleichung an.

$$\frac{x+1}{2x-10} - \frac{12}{3x-15} = 1 - \frac{x^2-6}{4x-20}$$

3
a) Eine Parabel p der Form $y = x^2 + px + q$ und eine Gerade g schneiden sich in den Punkten $P(0\,|\,1)$ und $Q(3\,|\,-2)$.
Eine zweite Gerade h mit der Steigung $m = 1$ schneidet die Parabel in $P(0\,|\,1)$ und in R.
Berechnen Sie die Gleichungen der beiden Geraden und der Parabel.
Die Punkte P, Q und R sind Eckpunkte eines Dreiecks. Berechnen Sie dessen Flächeninhalt.

Aufgaben (Wahlbereich) | Algebra

b) Die Gerade g mit der Gleichung $y = 2x - 3$ und die Parabel $p: y = \frac{1}{2}x^2 + c$ haben einen gemeinsamen Punkt P.
Berechnen Sie die Koordinaten des Punktes P und zeichnen Sie die Parabel und die Gerade in ein gemeinsames Koordinatensystem.
Durch den gemeinsamen Punkt P verläuft eine weitere Gerade h, die senkrecht auf g steht. Zeichnen Sie die Gerade ein und ermitteln Sie ihre Gleichung. Berechnen Sie die Koordinaten des zweiten Schnittpunkts von h und p.

4

a) Gegeben sind die beiden Parabeln p_1 und p_2:
$p_1: y = x^2 - 6x + 7$ und $p_2: y = x^2 + x$
Bestimmen Sie die Koordinaten der Scheitelpunkte S_1 und S_2 und zeichnen Sie die Parabeln in ein gemeinsames Koordinatensystem.
Berechnen Sie die Koordinaten des Schnittpunkts der beiden Parabeln.
S_1 und S_2 liegen auf einer Geraden g. Bestimmen Sie die Gleichung dieser Geraden.

b) Die Gerade g mit der Gleichung $y = -2x + 4{,}5$ verläuft zwischen den beiden Parabeln p_1 und p_2 mit den Gleichungen $y = -\frac{1}{3}x^2 + 1$ und
$y = x^2 - 8x + 14$, ohne sie zu treffen. Zeigen Sie dies durch Rechnung.
Wie muss man die Gerade parallel verschieben, damit sie mit p_1 einen Punkt gemeinsam hat?

5

a) Die Punkte $A(5|-1)$ und $B(-1|11)$ sind Punkte einer nach oben geöffneten, verschobenen Normalparabel.
Bestimmen Sie die Gleichung der Parabel in der Form $y = x^2 + px + q$.
Eine weitere Parabel hat die Gleichung $y = -x^2 + 4$.
Berechnen Sie die Koordinaten der Schnittpunkte beider Parabeln.

b) Eine Parabel p hat den Scheitelpunkt $S(-2|-3)$.
Die Gerade g hat die Steigung $m = -2$ und geht durch den Punkt $P(1|-10)$.
Zeigen Sie rechnerisch, dass die Parabel p und die Gerade g nur einen gemeinsamen Punkt T besitzen.
Berechnen Sie die Koordinaten des Punktes T.

6

a) Die Parabel p mit der Gleichung $y = x^2 + 2$ und die Gerade g mit der Gleichung $y = 2x + 1$ haben genau einen gemeinsamen Punkt P.
Berechnen Sie die Koordinaten dieses Punktes P.
Durch Spiegelung der Geraden g an der y-Achse erhält man die Gerade h, die mit der Parabel p den Punkt Q gemeinsam hat und die y-Achse zusätzlich im Punkt R schneidet.
Berechnen Sie die Winkel des Dreiecks PQR und dessen Umfang.

b) Drei Parabeln p_1, p_2 und p_3 haben die Gleichungen:

p_1: $y = \frac{1}{2}x^2$

p_2: $y = x^2 + 1$

p_3: $y = 2x^2 + 2$

Zeichnen Sie die Schaubilder in ein gemeinsames Koordinatensystem.
Wie muss man die Parabel p_1 verschieben, damit man insgesamt drei gemeinsame Punkte mit den beiden anderen Parabeln erhält?
Geben Sie die Gleichung der verschobenen Parabel an.
Wie muss man die Parabel p_3 verschieben, damit insgesamt vier gemeinsame Punkte mit den beiden anderen Parabeln entstehen?
Geben Sie die Gleichung einer solchen Parabel an.

Aufgaben (Wahlbereich) | Trigonometrie

(Lösungen ab Seite 73)

1

a) Vom Fünfeck ABCDE sind folgende Maße gegeben:
a = 21,4 cm
b = 23,6 cm
d = 17,5 cm
e = 16,9 cm
β = 121,5°
ε = 136,4°
Berechnen Sie die Länge der Seite c.

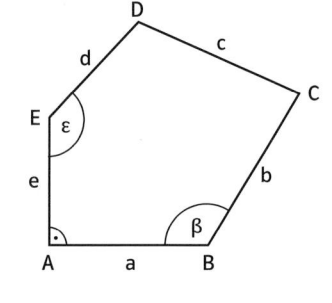

b) Im Viereck ABCD gilt:
$\overline{BC} = \overline{CD}$
$\overline{AD} = 3e$
β = 105°
Zeigen Sie, dass der Flächeninhalt mit der Formel $A = \frac{3}{2}e^2(\sqrt{3} + 2)$ berechnet werden kann.

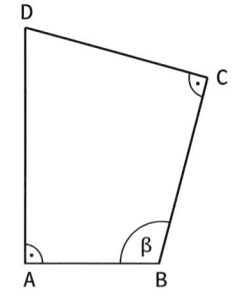

2

a) Von dem Fünfeck ABCDE sind folgende Größen gegeben:
$\overline{AB} = a = 8,2$ cm
$\overline{BC} = b = 6,5$ cm
$\overline{DE} = d = 3,2$ cm
$\overline{AE} = e = 4,6$ cm
β = 76,5°
ε = 64,8°
Berechnen Sie die Länge der Strecke $\overline{CD}$.

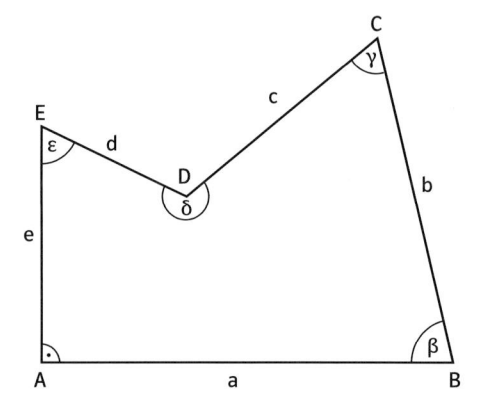

Aufgaben (Wahlbereich) | Trigonometrie

b) Für nebenstehende Figur gilt:
$\overline{AD} = 2e$
$\overline{BC} = x$
$\sphericalangle BAD = 45°$
$\sphericalangle ACB = 60°$
Zeigen Sie, dass für die Strecke x gilt:
$x = \frac{e\sqrt{6}}{3}$
Zeigen Sie, dass der Flächeninhalt des Dreiecks ACD mit der Formel
$A = \frac{e^2}{3}(3 - \sqrt{3})$
berechnet werden kann.

3
a) Gegeben sind das gleichseitige Dreieck ABC und das gleichschenklige Dreieck DEF. Es gilt:
$\overline{AB} = 10{,}0\,\text{cm}$
$\overline{CF} = 7{,}2\,\text{cm}$
Berechnen Sie den Umfang des Dreiecks DEF.

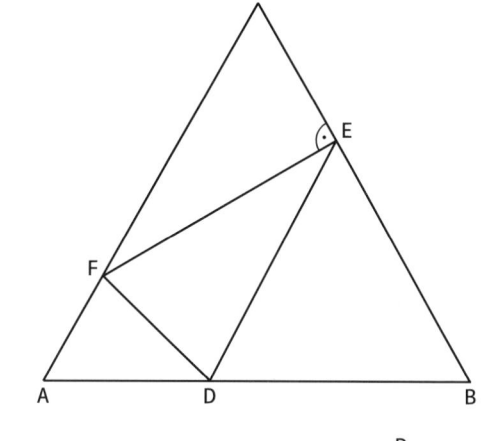

b) In nebenstehender Figur gilt:
$\overline{BE} = \overline{DE}$
Zeigen Sie ohne Verwendung gerundeter Werte, dass sich der Umfang des Fünfecks ABCDE mit der Formel
$u = \frac{e}{3}(3\sqrt{2} + 3\sqrt{3} + \sqrt{6} + 3)$
berechnen lässt.

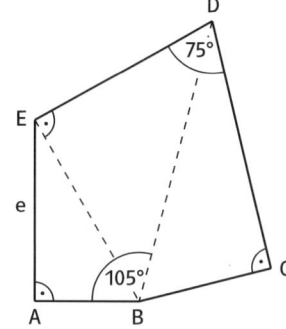

Aufgaben (Wahlbereich) | Trigonometrie

4

a) Vom Trapez ABCD sind bekannt:
$\overline{AB}$ = 14,0 cm
$\overline{BC}$ = 6,2 cm
β = 64,5°
δ = 147,0°
Der Punkt G liegt auf $\overline{AB}$.
Bestimmen Sie die Lage des Punktes G so, dass für den Flächeninhalt des Dreiecks AGD und den Flächeninhalt des Trapezes GBCD gilt:
$A_{AGD} = A_{GBCD}$.

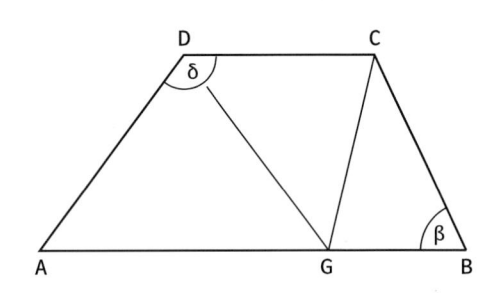

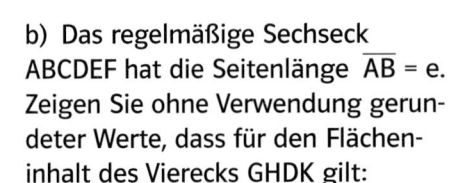

b) Das regelmäßige Sechseck ABCDEF hat die Seitenlänge $\overline{AB}$ = e.
Zeigen Sie ohne Verwendung gerundeter Werte, dass für den Flächeninhalt des Vierecks GHDK gilt:
$A = \frac{5}{24}e^2\sqrt{3}$

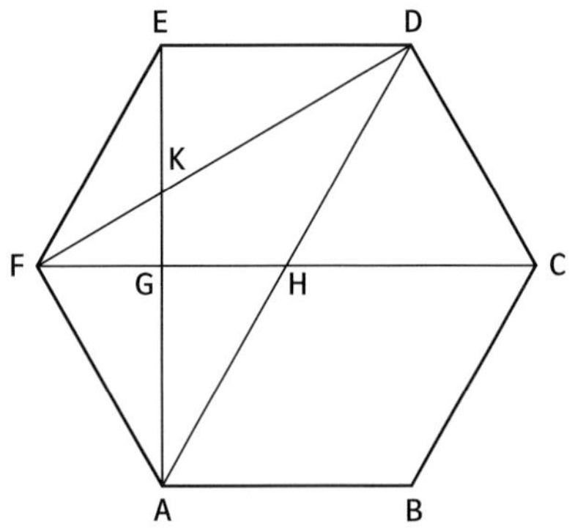

5

a) Im Rechteck ABCD liegt das Dreieck EBF. Es gilt:
$\overline{AB}$ = 16,0 cm
$\overline{BC}$ = 7,5 cm
Berechnen Sie den Flächeninhalt des Dreiecks EBF.

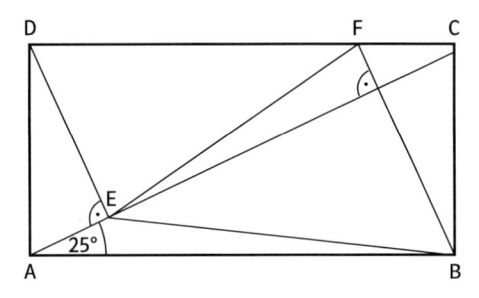

b) Gegeben ist das rechtwinklige Dreieck ABC. Es gilt:
$\overline{CD} = 2e\sqrt{2}$
Weisen Sie nach, dass der Flächeninhalt des Dreiecks DBC mit der Formel $A = 2e^2(\sqrt{3} - 1)$ berechnet werden kann.

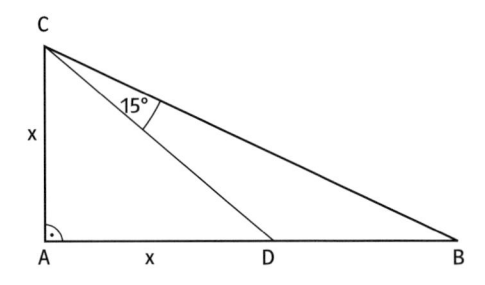

50 | Wahlbereich

6

a) Von der quadratischen Pyramide sind bekannt:
a = 7,5 cm
h = 8,0 cm
Die Punkte M_1 und M_2 halbieren die Seitenkanten.
Berechnen Sie den Umfang des Dreiecks AM_1M_2.

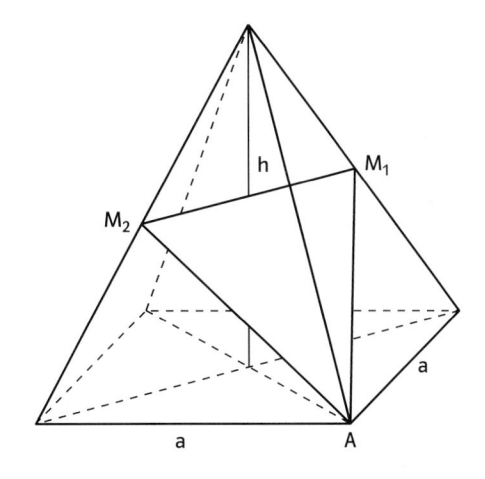

b) Vom rechtwinkligen Trapez ABCD sind bekannt:
$\overline{AB}$ = 2e
$\overline{BC}$ = 3e
Weisen Sie ohne Verwendung gerundeter Werte nach, dass gilt:
$\sin \alpha = \frac{\sqrt{5}}{5}$

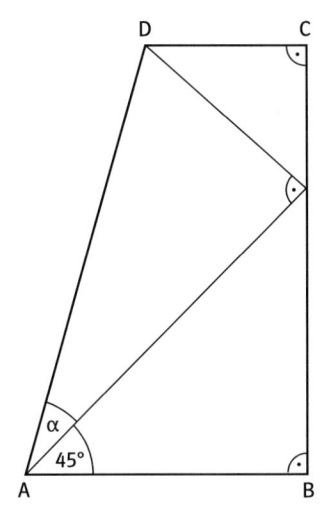

Aufgaben (Wahlbereich) | Stereometrie

(Lösungen ab Seite 90)

1

a) Ein Körper besteht aus einer quadratischen Pyramide und einem Quadratprisma mit gemeinsamer Grundfläche.
Die Skizze zeigt einen Parallelschnitt durch den Körper. Es gilt:
a = 6,0 cm
h_{Pr} = 10,0 cm (Höhe Prisma)
Die Mantelfläche des Prismas ist genauso groß wie die Mantelfläche der Pyramide.
Berechnen Sie den Neigungswinkel ε und das Volumen des zusammengesetzten Körpers.

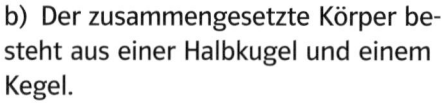

b) Der zusammengesetzte Körper besteht aus einer Halbkugel und einem Kegel.
Für die Oberfläche des zusammengesetzten Körpers gilt: $O = 4\pi e^2$.
Berechnen Sie in Abhängigkeit von e und ohne Verwendung gerundeter Werte das Volumen des zusammengesetzten Körpers.
Weisen Sie nach, dass die Gesamthöhe mit der Formel
$h_{ges} = e \cdot (1 + \sqrt{3})$ berechnet werden kann.

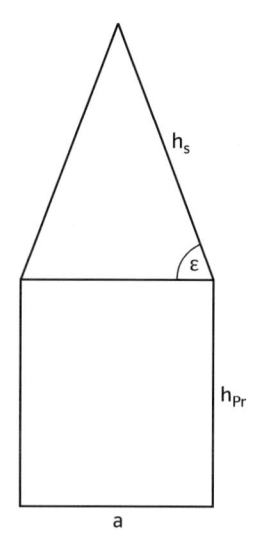

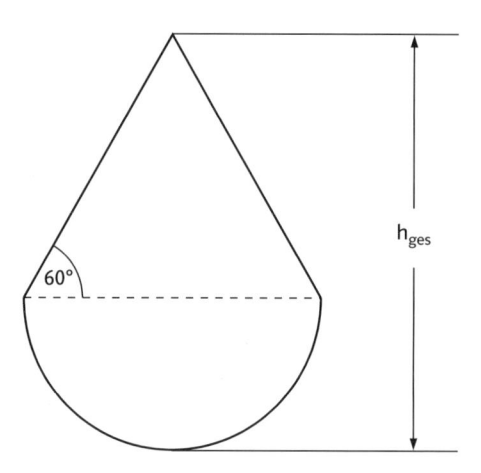

2

a) Von einer regelmäßigen Zwölfeckspyramide sind gegeben:
a = 6,5 cm
h_s = 16,2 cm
Eine quadratische Pyramide hat eine gleich große Grundfläche und ein gleich großes Volumen.
Berechnen Sie die Mantelfläche der quadratischen Pyramide.

Aufgaben (Wahlbereich) | Stereometrie

b) Von einer quadratischen Pyramide mit der Kantenlänge a = 4e wurde ein Teil entfernt.
Für das Volumen des abgebildeten Restkörpers gilt:
$V = \frac{80}{3}e^3$
Zeigen Sie ohne Verwendung gerundeter Werte, dass sich die Oberfläche des Restkörpers mit der Formel
$O = 18e^2 + 8e^2\sqrt{2} + 10e^2\sqrt{17}$
berechnen lässt.

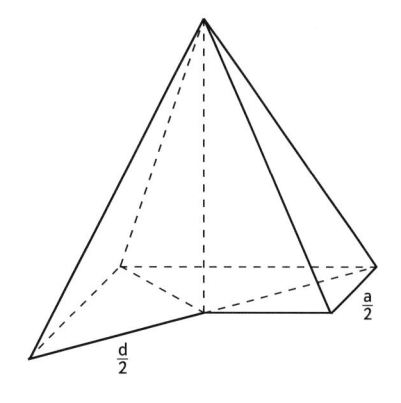

3
a) Von einem Kegel sind bekannt:
r = 5,0 cm
h = 12,0 cm
Vom Kegel wird ein Drittel herausgeschnitten.
Verringert sich die Oberfläche damit ebenfalls um ein Drittel? Berechnen Sie.

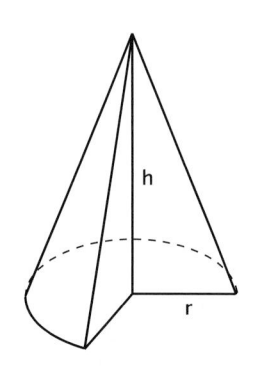

b) Einem Zylinder ist auf seiner Deckfläche ein Kegel aufgesetzt.
Gegeben sind:
Gesamtoberfläche $O = 84\pi e^2$
Kegelmantellinie s = 5e
Zylinderhöhe $h_Z = 10e$
Zeigen Sie, dass für die Körperhöhe des Kegels gilt:
h = 4e

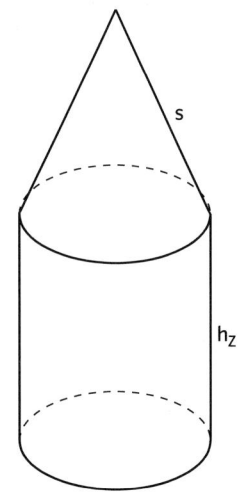

Aufgaben (Wahlbereich) | Stereometrie

4

a) Im Rechteck liegen sechs gleichschenklige Dreiecke. Mit den sechs Dreiecken lässt sich die Mantelfläche einer regelmäßigen Sechseckspyramide bekleben. Es gilt:
b = 8,0 cm
α = 22,0°
Berechnen Sie das Volumen der Sechseckspyramide.

b) Ein Doppelkegel hat nebenstehenden Achsenschnitt.
Stellen Sie ohne Verwendung gerundeter Werte Formeln für die Berechnung von Volumen und Oberfläche des Doppelkegels in Abhängigkeit von e auf.

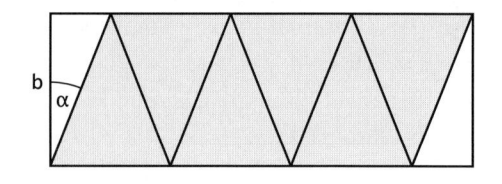

5

a) Die Abbildung zeigt das Netz einer regelmäßigen Sechseckspyramide.
Von der Pyramide sind bekannt:
V = 40,5 cm³
a = 3,0 cm
Berechnen Sie den Winkel α.
Der Punkt B halbiert eine der Seitenkanten der Pyramide.
Wie lang ist die Strecke $\overline{AB}$ im Körper?

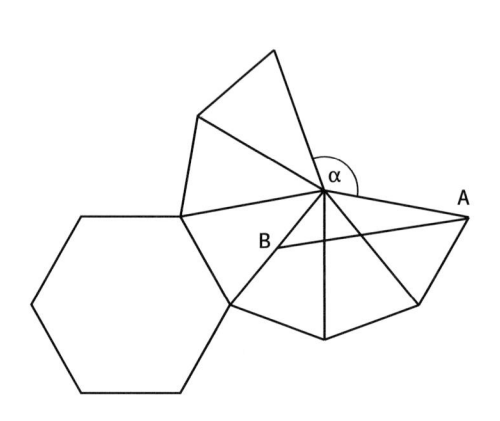

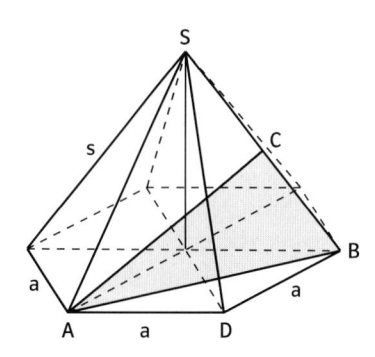

Aufgaben (Wahlbereich) | Stereometrie

b) Von einem Würfel werden, wie in der Abbildung dargestellt, vier Ecken abgeschnitten.
Die Punkte A, B, C und D halbieren dabei die Deckkanten des Würfels.
Weisen Sie ohne Verwendung gerundeter Werte nach, dass die Oberfläche des Restkörpers mit der Formel
$O = 5e^2$
berechnet werden kann.

6

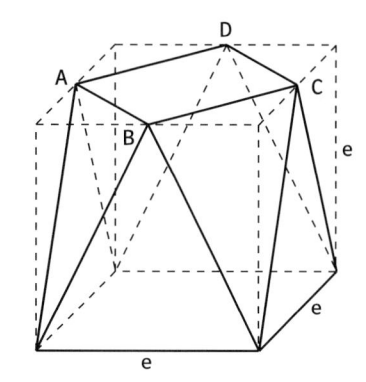

Aus einem rechteckigen Papierbogen soll das Netz einer regelmäßigen Sechseckspyramide ausgeschnitten werden. Für die Pyramide soll gelten:
a = 5,4 cm
h = 7,2 cm
Welche Maße muss der rechteckige Papierbogen mindestens haben, wenn das Netz wie in der Abbildung ausgeschnitten werden soll?

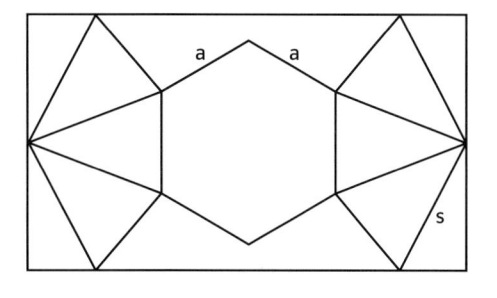

b) Von einer regelmäßigen Sechseckspyramide sind bekannt:
a = e (Grundkante)
s = e√3 (Seitenkante)
Der Punkt C halbiert die Seitenkante s.
Weisen Sie ohne Verwendung gerundeter Werte nach, dass der Flächeninhalt des Dreiecks ABC mit der Formel
$A = \frac{3e^2\sqrt{3}}{8}$
berechnet werden kann.

Aufgaben (Wahlbereich) | Wahrscheinlichkeit

(Lösungen ab Seite 103)

1

a) Betti würfelt mit zwei Würfeln. Die Netze zeigen die Beschriftungen der beiden Würfel.
Mit welcher Wahrscheinlichkeit würfelt sie einen Pasch, also zwei gleiche Symbole?
Wie hoch ist die Wahrscheinlichkeit, kein rundes Symbol zu würfeln?

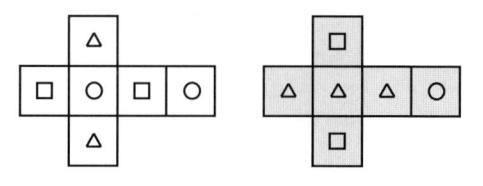

b) Auf einem Tisch liegen verdeckt 12 gleich große Kärtchen.
Auf ihnen ist jeweils ein Buchstabe aufgedruckt.

Buchstabe	E	L	G	A
Anzahl der Kärtchen	3	2	6	1

Daniel zieht mit einem Griff zwei Kärtchen.
Wie groß ist die Wahrscheinlichkeit, dass auf den gezogenen Kärtchen gleiche Buchstaben stehen?
Mit welcher Wahrscheinlichkeit werden zwei Konsonanten gezogen?

2

a) Das Glücksrad wird zweimal nacheinander gedreht.
Mit welcher Wahrscheinlichkeit bleibt es zweimal auf dem Buchstaben E stehen?
Wie groß ist die Wahrscheinlichkeit, dass der Zeiger weder auf dem Buchstaben A noch auf B noch auf C stehen bleibt?

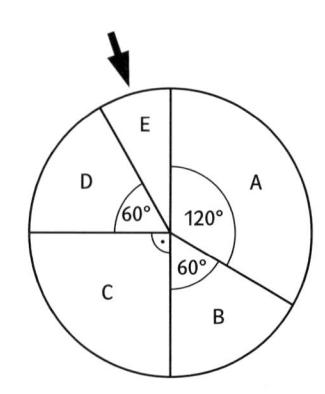

b) In einer Lotterie gibt es folgende Gewinnausschüttung:
- 2 % der Lose gewinnen 100 €
- 4 % der Lose gewinnen 10 €
- 8 % der Lose gewinnen 5 €

Ein Los kostet 3 €.
Berechnen Sie den Erwartungswert.
Wie teuer müsste ein Los sein, damit das Spiel fair ist?

Aufgaben (Wahlbereich) | Wahrscheinlichkeit

3

a) Eine Verkehrszählung ergab folgendes Ergebnis:
- PKW: 75 % aller Fahrzeuge
- LKW: 20 % aller Fahrzeuge

Alle weiteren Fahrzeuge wurden unter „Sonstige Fahrzeuge" zusammengefasst.
Wie groß ist die Wahrscheinlichkeit, dass unter zwei vorbeifahrenden Fahrzeugen kein LKW ist?
Mit welcher Wahrscheinlichkeit zählt mindestens ein Fahrzeug von zwei vorbeifahrenden Fahrzeugen zu den „Sonstigen Fahrzeugen"?

b) In einem Behälter sind 20 weiße und 10 rote Kugeln.
Wie viele weiße Kugeln müssen vor dem Ziehen entnommen werden, dass für den ersten Zug gilt: P(rote Kugel) = 0,4?
Wie viele grüne Kugeln muss man den 20 weißen und 10 roten Kugeln hinzufügen, damit für den ersten Zug gilt: P(grüne oder rote Kugel) = $\frac{3}{7}$?

4

a) Auf einem Teller liegen 15 rote, 20 gelbe und 25 grüne Gummibärchen. Tina nimmt sich zwei Gummibärchen auf einmal.
Mit welcher Wahrscheinlichkeit erwischt sie kein grünes Gummibärchen?
Wie groß ist die Wahrscheinlichkeit, höchstens ein gelbes Gummibärchen zu ziehen?

b) In einer Kasse liegen acht Geldstücke: eine 2-Euro-Münze, einige 1-Euro-Münzen und 50-Cent-Stücke.
Mona nimmt ohne hinzuschauen gleichzeitig zwei Münzen aus der Kasse.
Die Wahrscheinlichkeit zwei 50-Cent-Stücke zu ziehen ist $\frac{1}{28}$.
Wie viele 1-Euro-Münzen und 50-Cent-Stücke befinden sich zu Anfang in der Kasse?
Wie groß ist die Wahrscheinlichkeit, mit der Entnahme von zwei Münzen einen geringeren Betrag als 3 Euro zu entnehmen?

5

a) In einem Behälter liegen 5 gelbe, 2 weiße und 3 rote Kugeln.
Max zieht zwei Kugeln nacheinander. Die erste gezogene Kugel legt er nur dann in den Behälter zurück, wenn sie weiß ist. Sonst behält er die Kugel.
Mit welcher Wahrscheinlichkeit zieht Max mit dem zweiten Griff eine weiße Kugel?

Aufgaben (Wahlbereich) | Wahrscheinlichkeit

b) Auf dem Tisch liegen verdeckt fünf gleich große Kärtchen.
Die Kärtchen sind mit den Ziffern 5, 2, 1, 1 und 1 beschriftet. Zieht man das Kärtchen mit der Zahl 5, erhält man 5 €. Zieht man die 2 oder die 1, dann muss man 2 € bzw. 1 € bezahlen. Ist das Spiel fair?
Es wird ein sechstes Kärtchen, das mit der Zahl 5 beschriftet ist, hinzugelegt. Welcher Einsatz pro Karte ist dann notwendig, damit ein faires Spiel zustande kommt?

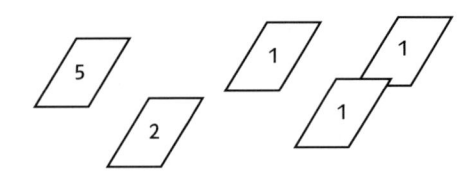

6

a) Die Felder des Glücksrads sind mit den Ziffern 1 bis 5 beschriftet. Die Mittelpunktswinkel der Felder sind in der Zeichnung angegeben.
Das Glücksrad wird zweimal gedreht. Die jeweiligen Ergebnisse werden miteinander multipliziert.
Mit welcher Wahrscheinlichkeit ist das Produkt eine zweistellige Zahl?

b) In einer Schale liegen 8 Kugeln. Einige davon sind rot, einige blau und eine Kugel ist weiß.
Es werden zwei Kugeln entnommen. Die zuerst gezogene Kugel wird wieder in die Schale zurückgelegt.
Die Wahrscheinlichkeiten der beiden Ereignisse „zwei rote Kugeln ziehen" und „zwei blaue Kugeln ziehen" ergeben zusammen $\frac{25}{64}$.
Wie viele Kugeln von jeder Farbe liegen zu Beginn in der Schale?

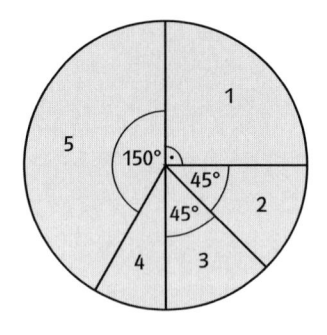

1

a) **Bestimmung der Koordinaten des Scheitelpunktes:**
(→ Quadratische Ergänzung)

$y = x^2 + 3x - 1{,}25$
$y = x^2 + 3x + 2{,}25 - 1{,}25 - 2{,}25$
$y = (x + 1{,}5)^2 - 3{,}5$ $\hspace{4cm}$ $\underline{S(-1{,}5 \mid -3{,}5)}$

Schaubild:

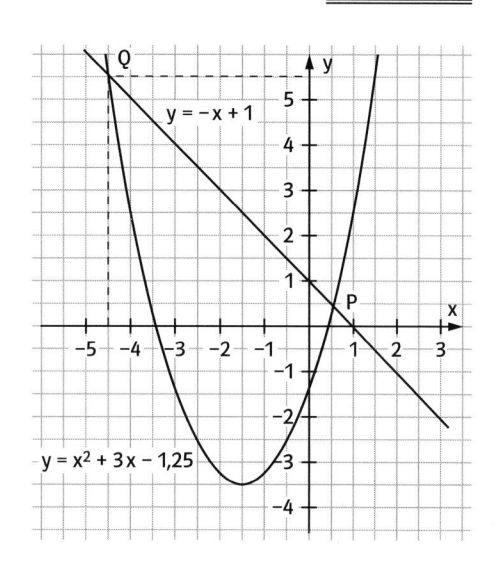

Berechnung der Schnittpunkte von Parabel und Gerade:
Mit $y = x^2 + 3x - 1{,}25$ und $y = -x + 1$ ergibt sich
$x^2 + 3x - 1{,}25 = -x + 1 \quad |+x - 1$
$x^2 + 4x - 2{,}25 = 0$

$x_{1,2} = -2 \pm \sqrt{4 + 2{,}25}$
$\phantom{x_{1,2}} x_1 = 0{,}5;$ dann ist $y_1 = -0{,}5 + 1 = 0{,}5$ $\hspace{2cm}$ $\underline{P(0{,}5 \mid 0{,}5)}$

$\phantom{x_{1,2}} x_2 = -4{,}5;$ dann ist $y_2 = 4{,}5 + 1 = 5{,}5$ $\hspace{2cm}$ $\underline{Q(-4{,}5 \mid 5{,}5)}$

Bestimmung der Funktionsgleichung der Geraden h:
(→ Hauptform der linearen Funktion)

$m = -1$; $S(-1{,}5 | -3{,}5)$: $y = mx + b$
$\qquad\qquad\qquad -3{,}5 = (-1) \cdot (-1{,}5) + b$
$\qquad\qquad\qquad b = -5$ $\hfill y = -x - 5$

b) Lösung der Bruchgleichung:

$\dfrac{x+3}{2x+8} - \dfrac{4}{x^2 - 16} = \dfrac{1}{4}$

Bestimmung des Hauptnenners:
$2x + 8 = \quad 2 \cdot (x + 4)$
$x^2 - 16 = \quad\;\; (x + 4) \cdot (x - 4)$
$\qquad 4 = 2 \cdot 2$
___

HN: $\quad 2 \cdot 2 \cdot (x + 4) \cdot (x - 4) = 4(x + 4)(x - 4)$

Definitionsmenge: $\hfill D = \mathbb{R} \setminus \{4;\ -4\}$

$\qquad\dfrac{x+3}{2x+8} - \dfrac{4}{x^2-16} = \dfrac{1}{4} \qquad\qquad | \cdot HN$

$(x + 3) \cdot 2 \cdot (x - 4) - 4 \cdot 4 = (x + 4)(x - 4)$
$\qquad 2x^2 - 2x - 24 - 16 = x^2 - 16 \qquad | -x^2 + 16$
$\qquad\qquad x^2 - 2x - 24 = 0$

(→ Lösungsformel $x_{1,2} = -\dfrac{p}{2} \pm \sqrt{\left(\dfrac{p}{2}\right)^2 - q}$ für $x^2 + px + q = 0$)

$x_{1,2} = 1 \pm \sqrt{1 + 24}$
$x_{1,2} = 1 \pm 5$
$\;x_1 = 6$
$\;x_2 = -4$

Da $x = -4$ nicht zur Definitionsmenge gehört,
heißt die Lösungsmenge: $\hfill L = \{6\}$

2

a) **Bestimmung der Funktionsgleichung p_1:**
($\rightarrow$ Scheitelform der quadratischen Funktion)

$y = (x - d)^2 + c$

$S(-2{,}5 \mid -4)$: $y = (x - (-2{,}5))^2 - 4$
$\qquad\qquad\quad y = x^2 + 5x + 6{,}25 - 4 \qquad\qquad \underline{\underline{y = x^2 + 5x + 2{,}25}}$

Berechnung der Schnittpunkte mit der x-Achse:
($\rightarrow$ Punkte auf der x-Achse haben den y-Wert null)

$0 = x^2 + 5x + 2{,}25$

($\rightarrow$ Lösungsformel $x_{1,2} = -\frac{p}{2} \pm \sqrt{\left(\frac{p}{2}\right)^2 - q}$ für $x^2 + px + q = 0$)

$x_{1,2} = -2{,}5 \pm \sqrt{2{,}5^2 - 2{,}25}$
$x_{1,2} = -2{,}5 \pm 2$
$\quad x_1 = -0{,}5 \qquad\qquad\qquad\qquad\qquad\qquad\qquad \underline{\underline{N_1(-0{,}5 \mid 0)}}$
$\quad x_1 = -4{,}5 \qquad\qquad\qquad\qquad\qquad\qquad\qquad \underline{\underline{N_2(-4{,}5 \mid 0)}}$

Bestimmung der Funktionsgleichung p_2:
($\rightarrow$ Scheitelform der quadratischen Funktion,
nach unten geöffnet: $y = -(x - d)^2 + c$)

$S(-0{,}5 \mid -2)$: $y = -(x - (-0{,}5))^2 - 2$
$\qquad\qquad\quad y = -(x^2 + x + 0{,}25) - 2$
$\qquad\qquad\quad y = -x^2 - x - 0{,}25 - 2 \qquad\qquad \underline{\underline{y = -x^2 - x - 2{,}25}}$

Schnitt der beiden Parabeln:
($\rightarrow$ Gleichsetzen der Parabelgleichungen)

$x^2 + 5x + 2{,}25 = -x^2 - x - 2{,}25 \qquad \mid +x^2 + x + 2{,}25$
$2x^2 + 6x + 4{,}5 = 0 \qquad\qquad\qquad\quad\; \mid :2$
$x^2 + 3x + 2{,}25 = 0$

(→ Lösungsformel $x_{1,2} = -\frac{p}{2} \pm \sqrt{\left(\frac{p}{2}\right)^2 - q}$ für $x^2 + px + q = 0$)

$x_{1,2} = -1{,}5 \pm \sqrt{1{,}5^2 - 2{,}25}$
$x_{1,2} = -1{,}5 \pm 0$
$\quad x_1 = x_2 = -1{,}5$
$\quad y = -3$ $\hspace{4cm}$ <u>P(−1,5 | −3)</u>

b) Lösung der Bruchgleichung:

$\frac{x+1}{2x-10} - \frac{12}{3x-15} = 1 - \frac{x^2-6}{4x-20}$

Bestimmung des Hauptnenners:
$2x - 10 = \quad\; 2 \cdot \quad (x-5)$
$3x - 15 = \quad\quad\; 3 \cdot (x-5)$
$4x - 20 = 2 \cdot 2 \cdot \quad (x-5)$
―――――――――――――――――
HN: $\quad\; 2 \cdot 2 \cdot 3 \cdot (x-5) = 12(x-5)$

Definitionsmenge: $\hspace{4cm}$ <u>$D = \mathbb{R} \setminus \{5\}$</u>

$\hspace{1.5cm}\frac{x+1}{2x-10} - \frac{12}{3x-15} = 1 - \frac{x^2-6}{4x-20}$ $\quad$ | · HN
$(x+1) \cdot 2 \cdot 3 - 12 \cdot 2 \cdot 2 = 1 \cdot 12(x-5) - (x^2-6) \cdot 3$
$\hspace{1.2cm} 6x + 6 - 48 = 12x - 60 - 3x^2 + 18$ $\quad$ | $+3x^2 - 12x + 42$
$\hspace{2.2cm} 3x^2 - 6x = 0$ $\quad$ | : 3
$\hspace{2.4cm} x^2 - 2x = 0$
$\hspace{2.4cm} x(x-2) = 0$

(→ Produkt gleich null; mindestens ein Faktor muss den Wert null haben)

$\quad\; x_1 = 0$
$x - 2 = 0 \quad\;$ | + 2
$\quad\; x_2 = 2$ $\hspace{5cm}$ <u>L = {0; 2}</u>

3
a) **Bestimmung der Funktionsgleichungen der Geraden g und h:**
($\rightarrow$ Hauptform der linearen Funktion $y = mx + b$)

g: $P(0|1)$: $1 = b$
   $Q(3|-2)$: $-2 = 3m + 1$ $|-1$
              $m = -1$ $\underline{\underline{y = -x + 1}}$

h: $P(0|1)$; $m = 1$: $1 = b$ $\underline{\underline{y = x + 1}}$

Bestimmung der Funktionsgleichung der Parabel p:
($\rightarrow$ verschobene Normalparabel $y = x^2 + px + q$)

$P(0|1)$: $1 = q$
$Q(3|-2)$: $-2 = 3^2 + 3p + 1$ $|-10$
           $-12 = 3p$ $|:3$ $\underline{\underline{y = x^2 - 4 + 1}}$
           $p = -4$

Berechnung des Schnittpunkts R von Gerade h und Parabel p:
($\rightarrow$ Gleichsetzen der Funktionsgleichungen von h und p)

$x^2 - 4x + 1 = x + 1$ $|-x - 1$
   $x^2 - 5x = 0$
   $x(x - 5) = 0$

($\rightarrow$ Produkt gleich null, mindestens ein Faktor muss den Wert null haben)

$x_1 = 0$
$x_2 = 5$
$y_2 = 6$ $\underline{\underline{R(5|6)}}$

Berechnung des Flächeninhalts des Dreiecks PQR:
($\rightarrow$ Dreieck PQR ist rechtwinklig, da g senkrecht auf h steht.)

$A_{PQR} = \dfrac{\overline{PQ} \cdot \overline{PR}}{2}$

Berechnung der Dreiecksseiten $\overline{PQ}$ und $\overline{PR}$:
(→ Satz von Pythagoras)

$\overline{PQ} = \sqrt{3^2 + 3^2}$
$\overline{PQ} = \sqrt{18}$ $\hspace{4cm}$ $\underline{\overline{PQ} = 3\sqrt{2} \text{ LE}}$
$\overline{PR} = \sqrt{5^2 + 5^2}$
$\overline{PR} = \sqrt{50}$ $\hspace{4cm}$ $\underline{\overline{PR} = 5\sqrt{2} \text{ LE}}$

$A_{PQR} = \dfrac{3\sqrt{2} \cdot 5\sqrt{2}}{2}$ $\hspace{3cm}$ $\underline{A_{PQR} = 15 \text{ FE}}$

b) Berechnung der Koordinaten des gemeinsamen Punktes P:
(→ Gleichsetzen der Funktionsgleichungen von Parabel und Gerade)

$\frac{1}{2}x^2 + c = 2x - 3 \hspace{1cm} |-2x + 3$
$\frac{1}{2}x^2 - 2x + c + 3 = 0 \hspace{1cm} | \cdot 2$
$x^2 - 4x + 2c + 6 = 0$

(→ Lösungsformel $x_{1,2} = -\dfrac{p}{2} \pm \sqrt{\left(\dfrac{p}{2}\right)^2 - q}$ für $x^2 + px + 9 = 0$)

Bei einem gemeinsamen Punkt ist die Diskriminante der Lösungsformel gleich null:
$0 = 2^2 - 2c - 6$
$c = -1$
Die Parabel hat die Gleichung $y = \frac{1}{2}x^2 - 1$
$x = 2 \pm \sqrt{(-2)^2 - 4}$
$x = 2 \pm 0$
$y = 4 - 3 = 1$ $\hspace{5cm}$ $\underline{P(2|1)}$

Zeichnung:

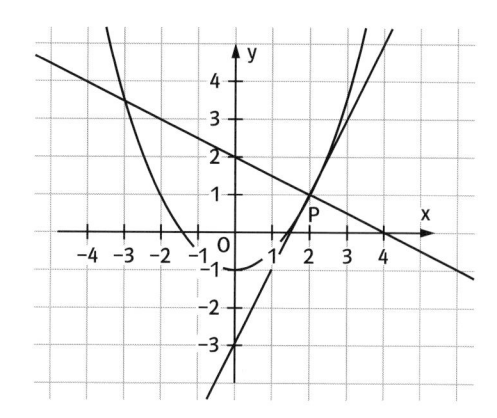

Bestimmung der zweiten Geraden h:
(→ Geradengleichung $y = mx + b$)

y-Achsenabschnitt $b = 2$ und Steigung $m = -\frac{1}{2}$:
$$y = -\frac{1}{2}x + 2$$

Berechnung der Koordinaten des Schnittpunkts Q von p und h:
(→ Gleichsetzen der Funktionsgleichungen von Parabel und Gerade)

$$\frac{1}{2}x^2 - 1 = -\frac{1}{2}x + 2 \quad |+\frac{1}{2}x - 2$$
$$\frac{1}{2}x^2 + \frac{1}{2}x - 3 = 0 \quad |\cdot 2$$
$$x^2 + x - 6 = 0$$

(→ Lösungsformel $x_{1,2} = -\frac{p}{2} \pm \sqrt{\left(\frac{p}{2}\right)^2 - q}$ für $x^2 + px + q = 0$)

$x_{1,2} = -0{,}5 \pm \sqrt{0{,}5^2 + 6}$
$x_{1,2} = -0{,}5 \pm 2{,}5$
$x_1 = 2$
$x_2 = -3$

(→ Berechnung der y-Werte durch Einsetzen in die Geradengleichung)

$y_1 = -\frac{1}{2} \cdot 2 + 2 = 1$
$y_2 = -\frac{1}{2} \cdot (-3) + 2 = 3{,}5$
$$Q(-3 \mid 3{,}5)$$

4

a) **Bestimmung der Koordinaten der Scheitelpunkte S_1 bzw. S_2:**
($\rightarrow$ Umformung in die Scheitelform)

p_1:
$y = x^2 - 6x + 7$
$y = x^2 - 6x + 9 + 7 - 9$
$y = (x - 3)^2 - 2$ $\qquad\qquad\qquad\qquad\qquad$ $\underline{\underline{S_1(3\,|-2)}}$

p_2:
$y = x^2 + x$
$y = x^2 + x + 0{,}25 - 0{,}25$
$y = (x + 0{,}5)^2 - 0{,}25$ $\qquad\qquad\qquad\qquad$ $\underline{\underline{S_2(-0{,}5\,|-0{,}25)}}$

Zeichnung:

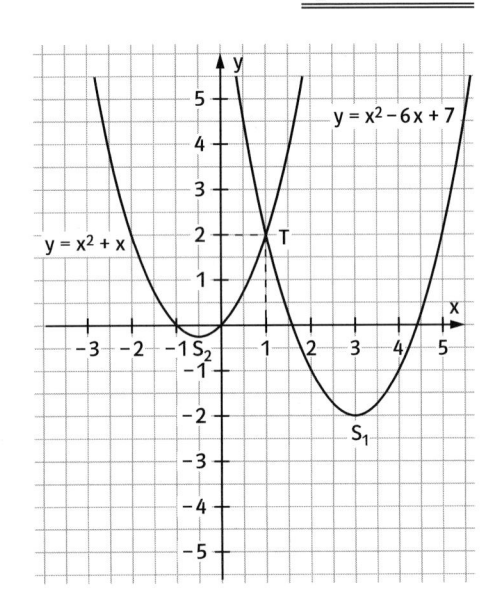

Berechnung des Schnittpunkts der beiden Parabeln:
($\rightarrow$ Gleichsetzen der Parabelgleichungen
$y = x^2 - 6x + 7$ und $y = x^2 + x$)

$x^2 - 6x + 7 = x^2 + x \qquad |-x^2 + 6x$
$\qquad\quad 7 = 7x \qquad\qquad |:7$
$\qquad\quad x = 1$

Für $x = 1$ ergibt sich $y = 1^2 + 1 = 2$ $\qquad\qquad$ $\underline{\underline{T(1\,|\,2)}}$

Bestimmung der Geradengleichung:
(→ Steigungsfaktor m aus zwei Punkten)

$m = \dfrac{y_P - y_Q}{x_P - x_Q}$

$m = \dfrac{-2 - (-0{,}25)}{3 - (-0{,}5)}$

$m = -\dfrac{1}{2}$

Für $m = -\dfrac{1}{2}$ und $S_1(3|-2)$ ergibt sich

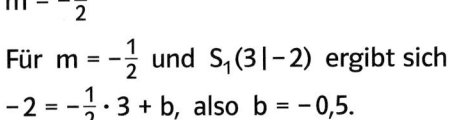

$-2 = -\dfrac{1}{2} \cdot 3 + b$, also $b = -0{,}5$.

Die Geradengleichung lautet somit: $\quad\quad\quad\quad\quad\quad y = -\dfrac{1}{2}x - 0{,}5$

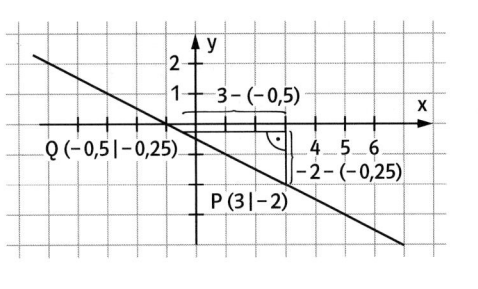

b) **Schnitt der Geraden g mit den Parabeln p_1 und p_2:**
(→ Gleichsetzen der Funktionsgleichungen und Untersuchen der Diskriminante in der Lösungsformel)

p_1 und g: $\quad -\dfrac{1}{3}x^2 + 1 = -2x + 4{,}5 \quad | +2x - 4{,}5$

$\quad\quad\quad\quad\quad -\dfrac{1}{3}x^2 + 2x - 3{,}5 = 0 \quad | \cdot (-3)$

$\quad\quad\quad\quad\quad x^2 - 6x + 10{,}5 = 0$

Diskriminante $D = (-3)^2 - 10{,}5 = -1{,}5$
$\quad\quad\quad$ D negativ, also kein Schnittpunkt.

p_2 und g: $\quad x^2 - 8x + 14 = -2x + 4{,}5 \quad | +2x - 4{,}5$

$\quad\quad\quad\quad\quad x^2 - 6x + 9{,}5 = 0$

Diskriminante $D = (-3)^2 - 9{,}5 = -0{,}5$
$\quad\quad\quad$ D negativ, also kein Schnittpunkt.

Zeichnung:

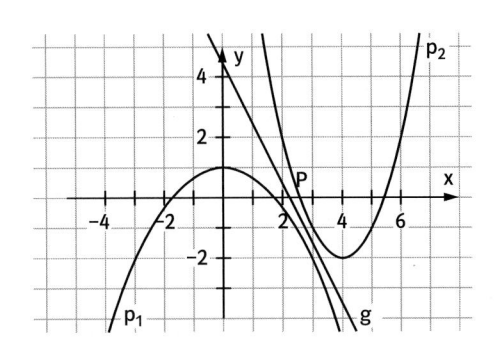

Bestimmen der Geradengleichung von h:
Steigung $m = -2$: $\quad y = -2x + b$

Bestimmen von b für die Bedingung, dass h und p_1 einen gemeinsamen Punkt haben:
(→ Untersuchen der Diskriminante der Lösungsformel)

p_1 und h: $\quad -\frac{1}{3}x^2 + 1 = -2x + b \qquad |+2x - b$
$\qquad\qquad\quad -\frac{1}{3}x^2 + 2x - b + 1 = 0 \qquad |\cdot(-3)$
$\qquad\qquad\quad x^2 - 6x + 3b - 3 = 0$

Bedingung für einen gemeinsamen Punkt: Diskriminante $D = 0$:
$D = (-3)^2 - 3b + 3$
$0 = -3b + 6$
$b = 2 \qquad\qquad\qquad\qquad\qquad\qquad\qquad\qquad\underline{\underline{y = -2x + 2}}$

5

a) Bestimmung der Funktionsgleichung:
(→ Lösen eines linearen Gleichungssystems)

Für $A(5|-1)$ ergibt sich:
$\qquad -1 = 5^2 + p \cdot 5 + q \qquad |-5p - 25$
(1) $\qquad q = -5p - 26$

Für $B(-1|11)$ ergibt sich:
$\qquad 11 = (-1)^2 + p \cdot (-1) + q \qquad |+p - 1$
(2) $\qquad q = p + 10$

(→ Gleichsetzen von (1) und (2))

$\quad -5p - 26 = p + 10 \qquad\qquad |+5p - 10$
$\qquad\quad 6p = -36 \qquad\qquad\qquad |:6$
(3) $\qquad p = -6$

(→ Einsetzen von (3) in (2))

$q = -6 + 10$
$q = 4$

Für die Funktionsgleichung ergibt sich somit: $\qquad \underline{\underline{y = x^2 - 6x + 4}}$

Lösungen (Wahlbereich) | Algebra

Berechnung der Schnittpunkte der beiden Parabeln:
(→ Gleichsetzen der Parabelgleichungen $y = x^2 - 6x + 4$ und $y = -x^2 + 4$)

$x^2 - 6x + 4 = -x^2 + 4 \qquad |+x^2 - 4$
$\quad 2x^2 - 6x = 0 \qquad\qquad |:2$
$\quad\quad x^2 - 3x = 0$
$\quad\quad x(x - 3) = 0$

(→ Produkt gleich null, also muss mindestens einer der Faktoren den Wert null haben)

$\quad x_1 = 0;$ dann ist $y_1 = -0^2 + 4 = 4$ $\qquad\qquad$ <u>P(0|4)</u>
$x - 3 = 0 \quad |+3$
$\quad x_2 = 3;$ damit ist $y_2 = -3^2 + 4 = -5$ $\qquad$ <u>Q(3|-5)</u>

b) Bestimmung der Funktionsgleichung der Parabel:
(→ Scheitelform der quadratischen Funktion $y = (x - d)^2 + c$)

$S(-2|-3): y = (x + 2)^2 - 3$
$\qquad\qquad y = x^2 + 4x + 4 - 3 \qquad$ <u>$y = x^2 + 4x + 1$</u>

Bestimmung der Funktionsgleichung der Gerade:
(→ Hauptform der linearen Funktion)

$m = -2;\ P(1|-10): y = mx + b$
$\qquad\qquad\qquad\quad -10 = -2 \cdot 1 + b$
$\qquad\qquad\qquad\quad\quad b = -8 \qquad\qquad$ <u>$y = -2x - 8$</u>

Berechnung des gemeinsamen Punktes T von Parabel und Gerade:
(→ Gleichsetzen der Gleichungen von Parabel und Gerade)

$x^2 + 4x + 1 = -2x - 8 \qquad |+2x + 8$
$x^2 + 6x + 9 = 0$

(→ Lösungsformel $x_{1,2} = -\frac{p}{2} \pm \sqrt{\left(\frac{p}{2}\right)^2 - q}$ für $x^2 + px + q = 0$)

$x_{1,2} = -3 \pm \sqrt{3^2 - 9}$

($\rightarrow$ Die Diskriminante hat den Wert null.)

$x_1 = x_2 = -3$

Die quadratische Gleichung hat nur eine Lösung, also gibt es auch nur einen gemeinsamen Punkt T von Parabel und Gerade.
Für $x_T = -3$ ergibt sich $y_T = -2 \cdot (-3) - 8 = -2$ $\qquad$ T(-3|-2)

6
a) Parabel p und Gerade g haben einen gemeinsamen Punkt.

Berechnung der Koordinaten des gemeinsamen Punktes P:
($\rightarrow$ Gleichsetzen der Funktionsgleichungen von Parabel und Gerade)

$x^2 + 2 = 2x + 1 \qquad |-2x - 1$
$x^2 - 2x + 1 = 0$

($\rightarrow$ Lösungsformel der quadratischen Gleichung)

$x_{1,2} = \frac{2}{2} \pm \sqrt{\left(\frac{2}{2}\right)^2 - 1}$
$x_{1,2} = 1 \pm \sqrt{0}$
$x_1 = x_2 = 1$

($\rightarrow$ Berechnung des y-Werts durch Einsetzen in $y = 2x + 1$)

$y_1 = y_2 = 2 \cdot 1 + 1$
$y_1 = y_2 = 3$

Der einzige gemeinsame Punkt hat die Koordinaten $x = 1$ und $y = 3$. $\qquad$ P(1|3)

Bestimmung der Gleichung, der gespiegelten Geraden h:
($\rightarrow$ Eigenschaften der Achsensymmetrie)

Die Gerade h verläuft auch durch den Schnittpunkt der Geraden g mit der y-Achse, den Punkt R(0|1), also ist $b = 1$.
Der Punkt P(1|3) wird gespiegelt zum Punkt Q(-1|3).

Aus dem Steigungsdreieck mit den Punkten Q und R lässt sich die Steigung $m = -2$ bestimmen.
Für h ergibt sich die Gleichung: $\qquad$ $y = -2x + 1$

Zeichnung:

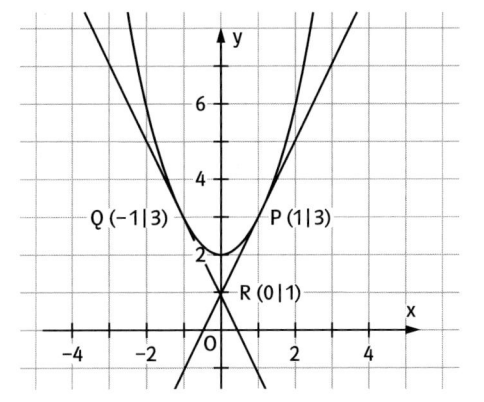

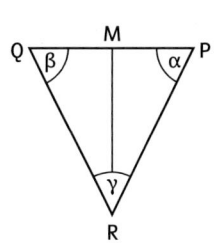

Berechnen der Winkel des Dreiecks PQR:
(→ Tangensfunktion im rechtwinkligen Teildreieck PMR)

$\tan \alpha = \frac{2}{1}$ $\hspace{5cm}$ $\underline{\underline{\alpha = 63,4°}}$

Das das Dreieck PQR gleichschenklig ist, gilt: $\hspace{2cm}$ $\underline{\underline{\beta = 63,4°}}$

$\gamma = 180° - 2 \cdot \alpha = 180° - 2 \cdot 63,4°$ $\hspace{3cm}$ $\underline{\underline{\gamma = 53,2°}}$

Berechnung des Dreiecksumfangs u:
$u = \overline{PQ} + 2 \cdot \overline{PR}$

Berechnung der Seite $\overline{PR}$:
(→ Satz von Pythagoras)

$\overline{PR}^2 = \overline{MP}^2 + \overline{MR}^2$

$\overline{PR} = \sqrt{1^2 + 2^2}$ $\hspace{5cm}$ $\underline{\underline{\overline{PR} = \sqrt{5} \text{ LE}}}$

$u = 2 + 2 \cdot \sqrt{5}$ $\hspace{6cm}$ $\underline{\underline{u = 6,5 \text{ LE}}}$

b) **Zeichnung:**

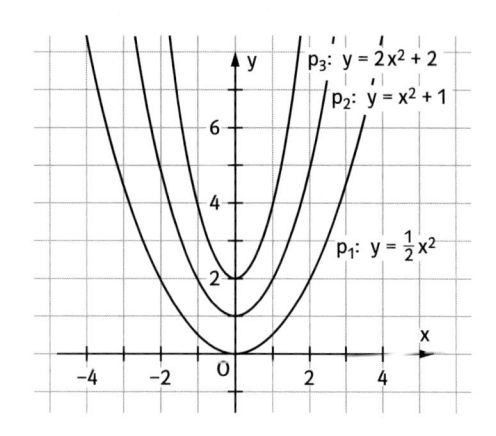

Parabeln im Koordinatensystem:
- $p_3: y = 2x^2 + 2$
- $p_2: y = x^2 + 1$
- $p_1: y = \frac{1}{2}x^2$

Drei gemeinsame Punkte:
Um drei gemeinsame Punkte zu erhalten, muss man die Parabel p_1 mit der Gleichung $y = \frac{1}{2}x^2$ in y-Richtung um zwei Einheiten nach oben verschieben.
Sie berührt dann die Parabel p_3 und schneidet die Parabel p_2 in zwei Punkten.
Sie hat die Gleichung $\underline{\underline{y = \frac{1}{2}x^2 + 2}}$

Vier gemeinsame Punkte:
Um vier gemeinsame Punkte zu erhalten, muss man die Parabel p_3 mit der Gleichung $y = 2x^2 + 2$ um mehr als zwei Einheiten in y-Richtung nach unten verschieben.
Ein Beispiel wäre die Parabel $\underline{\underline{y = 2x^2 - 1}}$
Sie schneidet die beiden anderen Parabeln jeweils in zwei Punkten.

1

a) Fünfeck mit
$a = 21{,}4$ cm; $b = 23{,}6$ cm; $d = 17{,}5$ cm; $e = 16{,}9$ cm; $\beta = 121{,}5°$; $\varepsilon = 136{,}4°$

Berechnung der Seite c:
(→ Zerlegung der Figur in rechtwinklige Teildreiecke)

$\beta_1 = \beta - 90°$
$\beta_1 = 121{,}5° - 90°$
$\underline{\beta_1 = 31{,}5°}$

$\varepsilon_1 = \varepsilon - 90°$
$\varepsilon_1 = 136{,}4° - 90°$
$\underline{\varepsilon 1 = 46{,}4°}$

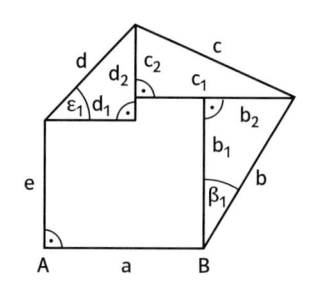

Berechnung der Teilstrecken:
(→ Winkelfunktionen; Streckendifferenzen)

$\cos \beta_1 = \dfrac{b_1}{b}$
  $b_1 = b \cdot \cos \beta_1$
  $b_1 = 23{,}6 \cdot \cos 31{,}5°$
  $\underline{b_1 = 20{,}12}$

$\sin \beta_1 = \dfrac{b_2}{b}$
  $b_2 = b \cdot \sin \beta_1$
  $b_2 = 23{,}6 \cdot \sin 31{,}5°$
  $\underline{b_2 = 12{,}33}$

$\cos \varepsilon_1 = \dfrac{d_1}{d}$
  $d_1 = d \cdot \cos \varepsilon_1$
  $d_1 = 17{,}5 \cdot \cos 46{,}4°$
  $\underline{d_1 = 12{,}07}$

$\sin \varepsilon_1 = \dfrac{d_2}{d}$
  $d_2 = d \cdot \sin \varepsilon_1$
  $d_2 = 17{,}5 \cdot \sin 46{,}4°$
  $\underline{d_2 = 12{,}67}$

$c_1 = a + b_2 - d_1$
$c_1 = 21{,}4 + 12{,}33 - 12{,}07$
$\underline{c_1 = 21{,}66}$

$c_2 = e + d_2 - b_1$
$c_2 = 16{,}9 + 12{,}67 - 20{,}12$
$\underline{c_2 = 9{,}45}$

(→ Pythagoras)

$c^2 = c_1^2 + c_2^2$

$c = \sqrt{21{,}66^2 + 9{,}45^2}$

$\underline{c = 23{,}63}$

$\underline{\underline{c = 23{,}6 \text{ cm}}}$

Lösungen (Wahlbereich) | Trigonometrie

b) Viereck aus einem halben gleichseitigen Dreieck und einem rechtwinklig gleichschenkligen Dreieck mit $\overline{AD} = 3e$ und $\beta = 105°$.

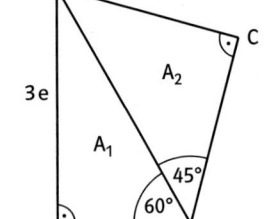

Nachweis der Flächenformel:

$A = \frac{3}{2}e^2(\sqrt{3} + 2)$

(→ Zerlegung in zwei Dreiecke)

$A = A_1 + A_2$

Berechnung von A_1:
(→ halbes gleichseitiges Dreieck; $\overline{AD}$ ist Höhe des Dreiecks)

$3e = \frac{\overline{BD}}{2} \cdot \sqrt{3}$

$\overline{BD} = \frac{6e}{\sqrt{3}}$

(→ Nenner rational machen)

$\overline{BD} = \frac{6e\sqrt{3}}{\sqrt{3} \cdot \sqrt{3}}$

$\overline{BD} = 2e\sqrt{3}$

$\overline{AB} = \frac{\overline{BD}}{2}$

$\overline{AB} = e\sqrt{3}$

(→ Dreieck ABD ist ein halbes Rechteck.)

$A_1 = \frac{\overline{AB} \cdot \overline{AD}}{2}$

$A_1 = \frac{e\sqrt{3} \cdot 3e}{2}$

$A_1 = \frac{3e^2\sqrt{3}}{2}$

Berechnung von A_2:
($\rightarrow$ rechtwinkliges gleichschenkliges Dreieck)

Berechnung von $\overline{BC} = \overline{CD}$:
($\rightarrow$ $\overline{BC}$ ist die halbe Diagonale im Quadrat mit der Seitenlänge $\overline{BD} = 2e\sqrt{3}$; Diagonalenformel)

$\overline{BC} \cdot \sqrt{2} = \overline{BD} \qquad |:\sqrt{2}$

$\overline{BC} = \dfrac{\overline{BD}}{\sqrt{2}}$

$\overline{BC} = \dfrac{2e\sqrt{3}}{\sqrt{2}}$

($\rightarrow$ Nenner rational machen)

$\overline{BC} = \dfrac{2e\sqrt{3} \cdot \sqrt{2}}{\sqrt{2} \cdot \sqrt{2}}$

$\overline{BC} = e\sqrt{6}$

$A_2 = \dfrac{\overline{BC}^2}{2}$

$A_2 = \dfrac{(e\sqrt{6})^2}{2}$

$A_2 = 3e^2$

$A = \dfrac{3e^2}{2} \cdot \sqrt{3} + 3e^2 \qquad\qquad \underline{\underline{A = \dfrac{3}{2}e^2(\sqrt{3} + 2)}}$

2

a) Fünfeck mit
a = 8,2 cm; b = 6,5 cm; d = 3,2 cm; e = 4,6 cm; β = 76,5°; ε = 64,8°

Berechnung der Seite $\overline{CD} = c$:
($\rightarrow$ Zerlegung des Fünfecks in rechtwinklige Teildreiecke)

$\sin \varepsilon = \dfrac{a_1}{d}$

$a_1 = d \cdot \sin \varepsilon$
$a_1 = 3{,}2 \cdot \sin 64{,}8°$
$\underline{a_1 = 2{,}90}$

$\cos \varepsilon = \dfrac{h_1}{d}$

$h_1 = d \cdot \cos \varepsilon$
$h_1 = 3{,}2 \cdot \cos 64{,}8°$
$\underline{h_1 = 1{,}36}$

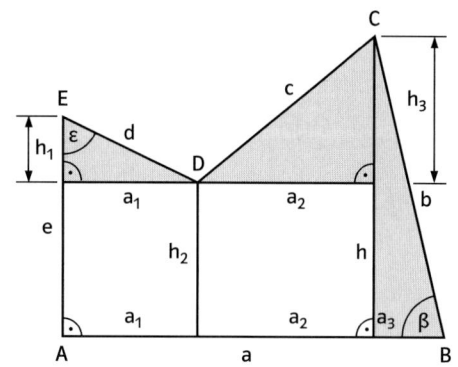

$h_2 = e - h_1$
$h_2 = 4{,}6 - 1{,}36$
$\underline{h_2 = 3{,}24}$

$\sin \beta = \frac{h}{b}$

$h = b \cdot \sin \beta$

$h = 6{,}5 \cdot \sin 76{,}5°$

$\underline{h = 6{,}32}$

$a_2 = a - a_1 - a_3$
$a_2 = 8{,}2 - 2{,}90 - 1{,}52$
$\underline{a_2 = 3{,}78}$

$c^2 = a_2^2 + h_3^2$
$c = \sqrt{3{,}78^2 + 3{,}08^2}$
$\underline{c = 4{,}88}$

$\cos \beta = \frac{a_3}{b}$

$a_3 = b \cdot \cos \beta$

$a_3 = 6{,}5 \cdot \cos 76{,}5°$

$\underline{a_3 = 1{,}52}$

$h_3 = h - h_2$
$h_3 = 6{,}32 - 3{,}24$
$\underline{h_3 = 3{,}08}$

$\underline{\underline{c = 4{,}9\,\text{cm}}}$

b) Halbes gleichseitiges Dreieck in einem rechtwinklig gleichschenkligen Dreieck mit Hypotenuse 2e.

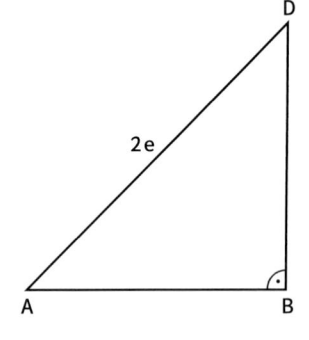

Nachweis der Formel für $x = \frac{e\sqrt{6}}{3}$:
Dreieck ABD ist ein halbes Quadrat.
(→ Diagonalenformel: $\overline{AB}$ ist die halbe Quadratdiagonale für die Seitenlänge 2e)

$\overline{AB} = \overline{BD} = \frac{1}{2} \cdot 2e\sqrt{2}$
$\overline{AB} = \overline{BD} = e\sqrt{2}$

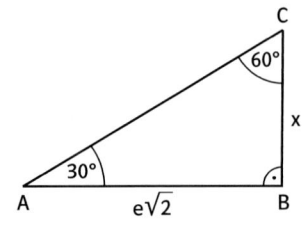

Dreieck ABC ist ein halbes gleichseitiges Dreieck.
(→ Höhenformel: $\overline{AB}$ ist die Höhe im gleichseitigen Dreieck mit der Seite $\overline{AC}$.)

$e\sqrt{2} = \frac{\overline{AC}}{2} \cdot \sqrt{3}$

$\overline{AC} = \frac{2e\sqrt{2}}{\sqrt{3}}$

(→ Nenner rational machen)

$\overline{AC} = \frac{2e\sqrt{2} \cdot \sqrt{3}}{\sqrt{3} \cdot \sqrt{3}}$

$\overline{AC} = \frac{2e\sqrt{6}}{3}$

$x = \frac{1}{2} \cdot \overline{AC}$

$x = \frac{1}{2} \cdot \frac{2e\sqrt{6}}{3}$

$\underline{\underline{x = \frac{e\sqrt{6}}{3}}}$

Nachweis der Flächenformel: $A = \frac{e^2}{3}(3 - \sqrt{3})$

(→ Differenz der Dreiecksflächen)

$A = A_{ABD} - A_{ABC}$

Berechnung der Flächen:

$A_{ABD} = \frac{1}{2} \cdot (e\sqrt{2})^2$ $\quad\quad\quad\quad\quad\quad\quad\quad \underline{A_{ABD} = e^2}$

$A_{ABC} = \frac{1}{2} \cdot \frac{\overline{AC}^2}{4} \cdot \sqrt{3}$

$A_{ABC} = \frac{1}{2} \cdot \frac{\overline{AC}^2}{4} \cdot \sqrt{3}$

$A_{ABC} = \frac{1}{8} \cdot \left(\frac{2e\sqrt{6}}{3}\right)^2 \cdot \sqrt{3}$

$A_{ABC} = \frac{e^2}{3} \cdot \sqrt{3}$

$A = e^2 - \frac{e^2}{3} \cdot \sqrt{3}$ $\quad\quad\quad\quad\quad\quad\quad\quad \underline{\underline{A = \frac{e^2}{3}(3 - \sqrt{3})}}$

3

a) Gleichseitiges Dreieck ABC und gleichschenkliges Dreieck DEF mit
$\overline{AB} = 10,0\,\text{cm}$
$\overline{CF} = 7,2\,\text{cm}$

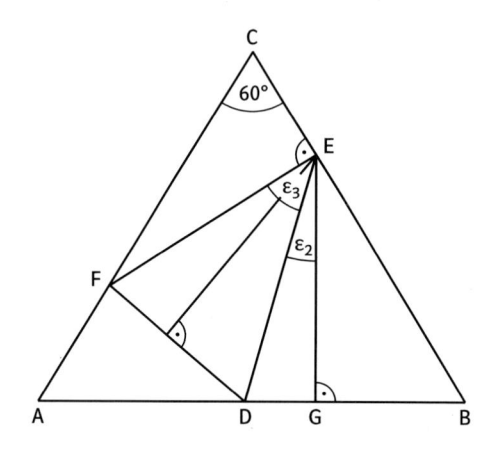

Berechnung des Umfangs des Dreiecks DEF:
(→ Zerlegung des Dreiecks DBE)

$u = \overline{DE} + \overline{EF} + \overline{DF}$

Berechnung von $\overline{CE}$:

$\cos 60° = \dfrac{\overline{CE}}{\overline{CF}}$

$\overline{CE} = \overline{CF} \cdot \cos 60°$ $\hspace{4cm}$ $\underline{\overline{CE} = 3{,}6 \text{ cm}}$

Berechnung von $\overline{DE} = \overline{EF}$:

$\overline{EF}^2 = \overline{CF}^2 - \overline{CE}^2$ $\hspace{4cm}$ $\underline{\overline{EF} = 6{,}24 \text{ cm}}$

Berechnung von $\overline{BE}$:

$\overline{BE} = \overline{BC} - \overline{CE}$ $\hspace{4cm}$ $\underline{\overline{BE} = 6{,}4 \text{ cm}}$

Berechnung von $\overline{EG}$:

$\sin 60° = \dfrac{\overline{EG}}{\overline{BE}}$ $\hspace{4cm}$ $\underline{\overline{EG} = 5{,}54 \text{ cm}}$

Berechnung von ε_2:

$\cos \varepsilon_2 = \dfrac{\overline{EG}}{\overline{DE}}$ $\hspace{4cm}$ $\underline{\varepsilon_2 = 27{,}4°}$

Berechnung von ε_3:

$\varepsilon_3 = 180° - 90° - 30° - 27{,}4°$ $\hspace{4cm}$ $\underline{\varepsilon_3 = 32{,}6°}$

Berechnung von $\dfrac{\overline{DF}}{2}$:

$\sin \dfrac{\varepsilon_3}{2} = \dfrac{\frac{\overline{DF}}{2}}{\overline{DE}}$

$\sin 16{,}3° = \dfrac{\frac{DF}{2}}{6{,}24}$ $\hspace{4cm}$ $\underline{\overline{DF} = 3{,}50 \text{ cm}}$

$u = 6{,}24 + 6{,}24 + 3{,}50$ $\hspace{4cm}$ $\underline{\underline{u = 16{,}0 \text{ cm}}}$

b) Fünfeck aus drei rechtwinkligen Teildreiecken mit
$\overline{AE} = e$
$\beta' = 105°$
$\delta = 75°$

Nachweis der Umfangsformel:
$u = \frac{e}{3}(3\sqrt{2} + 3\sqrt{3} + \sqrt{6} + 3)$

Dreieck ABE ist ein halbes gleichseitiges Dreieck.

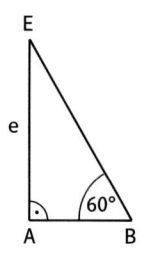

($\rightarrow \overline{AE}$ ist Höhe des gleichseitigen Dreiecks.)

$e = \frac{\overline{EB}}{2} \cdot \sqrt{3}$
$\overline{EB} = \frac{2e}{\sqrt{3}}$

($\rightarrow$ Nenner rational machen)

$\overline{EB} = \frac{2e \cdot \sqrt{3}}{\sqrt{3} \cdot \sqrt{3}}$ $\qquad\qquad \overline{EB} = \frac{2e}{3}\sqrt{3}$

$\left(\rightarrow \overline{AB} = \frac{1}{2} \cdot \overline{EB}\right)$

$\overline{AB} = \frac{1}{2} \cdot \frac{2e}{3}\sqrt{3}$ $\qquad\qquad \overline{AB} = \frac{e}{3}\sqrt{3}$

Dreieck EBD ist rechtwinklig gleichschenklig.

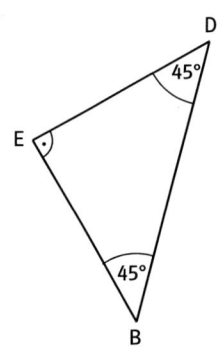

$\overline{ED} = \overline{EB}$ $\qquad\qquad \overline{ED} = \frac{2e}{3}\sqrt{3}$

($\rightarrow \overline{BD}$ ist Diagonale in einem Quadrat mit der Seitenlänge $\overline{ED}$.)

$\overline{BD} = \overline{ED} \cdot \sqrt{2}$
$\overline{BD} = \frac{2e}{3}\sqrt{3} \cdot \sqrt{2}$ $\qquad\qquad \overline{BD} = \frac{2e}{3}\sqrt{6}$

Dreieck BCD ist ein halbes gleichseitiges Dreieck.
$\overline{BC} = \frac{1}{2}\overline{BD}$

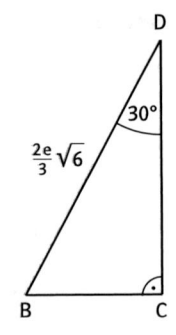

$\overline{BC} = \frac{1}{2} \cdot \frac{2e}{3} \cdot \sqrt{6}$ $\qquad$ $\overline{BC} = \frac{e}{3}\sqrt{6}$

(→ $\overline{CD}$ ist die Höhe des Dreiecks.)

$\overline{CD} = \frac{1}{2} \cdot \frac{2e}{3} \cdot \sqrt{6} \cdot \sqrt{3}$ $\qquad$ $\overline{CD} = e\sqrt{2}$

$u = \overline{AB} + \overline{BC} + \overline{CD} + \overline{DE} + \overline{AE}$

$u = \frac{e}{3}\sqrt{3} + \frac{e}{3}\sqrt{6} + e\sqrt{2} + \frac{2e}{3}\sqrt{3} + e$

$u = e\sqrt{2} + e\sqrt{3} + \frac{e}{3}\sqrt{6} + e$ $\qquad$ $u = \frac{e}{3}(3\sqrt{2} + 3\sqrt{3} + \sqrt{6} + 3)$

4

a) Trapez ABCD mit
$\overline{AB} = 14{,}0\,\text{cm}$
$\overline{BC} = 6{,}2\,\text{cm}$
$\beta = 64{,}5°$
$\delta = 147{,}0°$

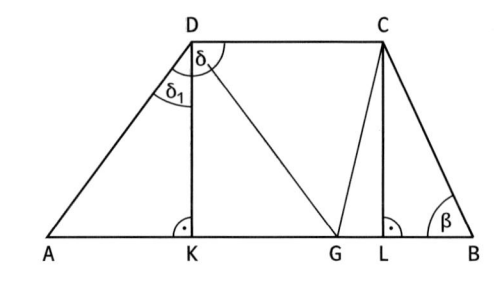

Lösungen (Wahlbereich) | Trigonometrie

Berechnung der Strecke $\overline{AG}$
(→ Flächenberechnung der Teilflächen)

$$A_{AGD} = \frac{\overline{AG} \cdot \overline{DK}}{2}$$

Berechnung von $\overline{CL} = \overline{DK}$:
$\sin \beta = \frac{\overline{CL}}{\overline{BC}}$
$\overline{CL} = \overline{BC} \cdot \sin 64{,}5°$ $\qquad\qquad$ $\underline{\underline{\overline{CL} = 5{,}60\,\text{cm}}}$

Berechnung von $\overline{BL}$:
$\overline{BL}^2 = \overline{BC}^2 - \overline{CL}^2$ $\qquad\qquad$ $\underline{\underline{\overline{BL} = 2{,}66\,\text{cm}}}$

Berechnung von δ_1:
$\delta_1 = \delta - 90°$ $\qquad\qquad$ $\underline{\underline{\delta_1 = 57{,}0°}}$

Berechnung von $\overline{AK}$:
$\tan 57° = \frac{\overline{AK}}{\overline{DK}}$ $\qquad\qquad$ $\underline{\underline{\overline{AK} = 8{,}62\,\text{cm}}}$

Berechnung von $\overline{CD}$:
$\overline{CD} = \overline{AB} - \overline{AK} - \overline{BL}$ $\qquad\qquad$ $\underline{\underline{\overline{CD} = 2{,}72\,\text{cm}}}$

Berechnung von A_{Trapez}:
$A_T = \frac{\overline{AB} + \overline{CD}}{2} \cdot \overline{CL}$
$A_T = \frac{14{,}0 + 7{,}43}{2} \cdot 6{,}00$ $\qquad\qquad$ $\underline{\underline{A_T = 46{,}82\,\text{cm}^2}}$

Berechnung von A_{AGD}:
$A_{AGD} = \frac{A_{\text{Trapez}}}{2}$ $\qquad\qquad$ $\underline{\underline{A_{AGD} = 23{,}41\,\text{cm}^2}}$

$\overline{AG} = \frac{2 \cdot 23{,}41}{5{,}60}$ $\qquad\qquad$ $\underline{\underline{\overline{AG} = 8{,}4\,\text{cm}}}$

b) Regelmäßiges Sechseck
$\overline{AB} = e$

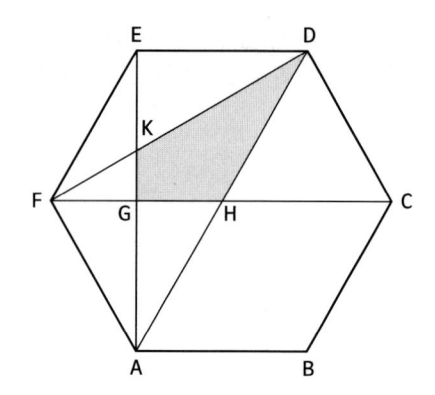

Berechnung des Flächeninhalts A_{GHDK}:
$A_{GHDK} = A_{FHD} - A_{FGK}$

   Berechnung von A_{FHD}:
   (→ halbes Parallelogramm)

   $A_{FHD} = \frac{1}{2}\overline{FH} \cdot \overline{GE}$

     Berechnung von $\overline{GE}$:
     (→ Höhe im gleichseitigen Dreieck)

     $\overline{GE} = \frac{e}{2}\sqrt{3}$

     Berechnung von $\overline{FH}$:
     (→ sechs gleichseitige Dreiecke)

     $\overline{FH} = \overline{AB} = e$

   $A_{FHD} = \frac{1}{2}e \cdot \frac{e}{2}\sqrt{3}$ $\underline{A_{FHD} = \frac{e^2}{4}\sqrt{3}}$

   Berechnung von A_{FGK}:
   (→ im gleichseitigen Dreieck gilt:
   Höhe = Winkelhalbierende = Seitenhalbierende)

   $A_{FGK} = \frac{1}{2}\overline{FG} \cdot \overline{GK} = \frac{1}{2} \cdot \frac{e}{2} \cdot \overline{GK}$

Berechnung von $\overline{GK}$:
(→ Teilverhältnis der Seitenhalbierenden $\overline{GE}$)

$$\overline{GK} = \frac{1}{3} \cdot \frac{e}{2}\sqrt{3}$$

$A_{FGK} = \frac{1}{2} \cdot \frac{e}{2} \cdot \frac{1}{3} \cdot \frac{e}{2}\sqrt{3}$ $\qquad\qquad\qquad \underline{\underline{A_{FGK} = \frac{e^2}{24}\sqrt{3}}}$

$A_{GHDK} = \frac{e^2}{4}\sqrt{3} - \frac{e^2}{24}\sqrt{3}$ $\qquad\qquad \underline{\underline{A_{GHDK} = \frac{5}{24}e^2\sqrt{3}}}$

5
a) Rechteck ABCD und Dreieck EBF mit $\overline{AB}$ = 16,0 cm und $\overline{BC}$ = 7,5 cm.

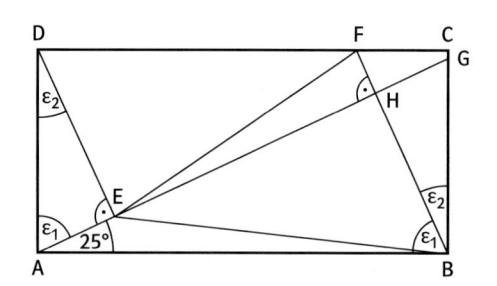

Berechnung des Flächeninhalts von A_{EBF}:
(→ Flächenformel)

$$A_{EBF} = \frac{\overline{BF} \cdot \overline{EH}}{2}$$

Berechnung von ε_1:
$\varepsilon_1 = 90° - 25°$ $\qquad\qquad\qquad\qquad\qquad \underline{\underline{\varepsilon_1 = 65°}}$

Berechnung von ε_2:
$\varepsilon_2 = 90° - 65°$ $\qquad\qquad\qquad\qquad\qquad \underline{\underline{\varepsilon_2 = 25°}}$

Berechnung von $\overline{BF}$:
(→ Wechselwinkel)

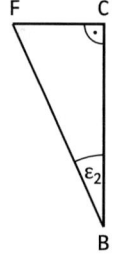

$\cos 25° = \frac{\overline{BC}}{\overline{BF}}$

$\overline{BF} = \frac{7,5}{\cos 25°}$ $\qquad\qquad\qquad\qquad\qquad \underline{\underline{\overline{BF} = 8,28\,\text{cm}}}$

Berechnung von $\overline{BG}$:

$\tan 25° = \dfrac{\overline{BG}}{\overline{AB}}$

$\overline{BG} = 16{,}0 \cdot \tan 25°$ $\qquad$ $\underline{\underline{\overline{BG} = 7{,}46\,\text{cm}}}$

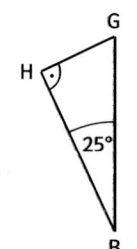

Berechnung von $\overline{GH}$:

$\sin 25° = \dfrac{\overline{GH}}{\overline{BG}}$

$\overline{GH} = 7{,}46 \cdot \sin 25°$ $\qquad$ $\underline{\underline{\overline{GH} = 3{,}15\,\text{cm}}}$

Berechnung von $\overline{AG}$:

$\cos 25° = \dfrac{\overline{AB}}{\overline{AG}}$

$\overline{AG} = \dfrac{16{,}0}{\cos 25°}$ $\qquad$ $\underline{\underline{\overline{AG} = 17{,}65\,\text{cm}}}$

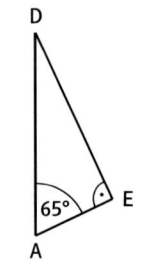

Berechnung von $\overline{AE}$:

$\cos 65° = \dfrac{\overline{AE}}{\overline{AD}}$

$\overline{AE} = 7{,}5 \cdot \cos 65°$ $\qquad$ $\underline{\underline{\overline{AE} = 3{,}17\,\text{cm}}}$

Berechnung von $\overline{EH}$:

$\overline{EH} = \overline{AG} - \overline{AE} - \overline{GH}$

$\overline{EH} = 17{,}65 - 3{,}17 - 3{,}15$ $\qquad$ $\underline{\underline{\overline{EH} = 11{,}33\,\text{cm}}}$

$A_{EBF} = \dfrac{8{,}28 \cdot 11{,}33}{2}$ $\qquad$ $\underline{\underline{A_{EBF} = 46{,}9\,\text{cm}^2}}$

b) Rechtwinkliges Dreieck mit $\overline{CD} = 2e\sqrt{2}$.

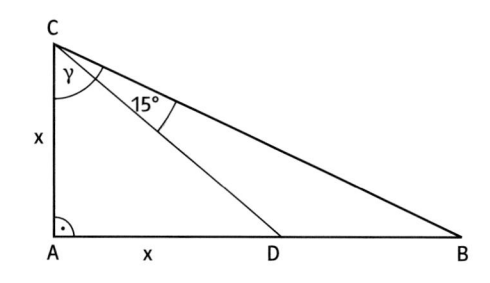

Berechnung von $\overline{AD} = \overline{AC}$:
(→ rechtwinkliges gleichschenkliges Dreieck; halbes Quadrat)

$\overline{AC} = \dfrac{\overline{CD}}{\sqrt{2}}$

$\overline{AC} = \dfrac{2e\sqrt{2}}{\sqrt{2}}$ $\qquad\qquad\underline{\underline{\overline{AC} = 2e}}$

Berechnung von γ:
$\gamma = 45° + 15°$ $\qquad\qquad\underline{\underline{\gamma = 60°}}$

Berechnung von $\overline{AB}$:
(→ Dreieck ABC ist halbes gleichseitiges Dreieck)

$\overline{AB} = \overline{AC} \cdot \sqrt{3}$

$\overline{AB} = 2e \cdot \sqrt{3}$ $\qquad\qquad\underline{\underline{\overline{AB} = 2e\sqrt{3}}}$

Berechnung von A_{DBC}:

$A_{DBC} = A_{ABC} - A_{ADC}$

$A_{DBC} = \dfrac{\overline{AC} \cdot \overline{AB}}{2} - \dfrac{\overline{AD} \cdot \overline{AC}}{2}$

$A_{DBC} = \dfrac{2e \cdot 2e\sqrt{3}}{2} - \dfrac{2e \cdot 2e}{2}$

$A_{DBC} = 2e^2\sqrt{3} - 2e^2$ $\qquad\qquad\underline{\underline{A_{DBC} = 2e^2(\sqrt{3} - 1)}}$

6

a) Quadratische Pyramide mit
a = 7,5 cm und h = 8,0 cm.

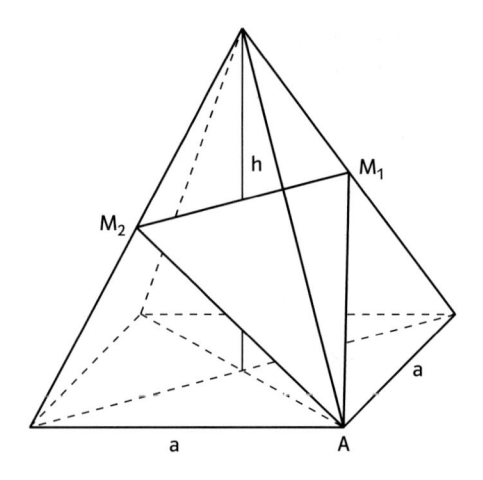

Berechnung von $u_{AM_1M_2}$:
$u = 2 \cdot \overline{AM_1} + \overline{M_1M_2}$

Berechnung von $\overline{M_1M_2}$:
(→ Strahlensatz)

$\dfrac{\overline{M_1M_2}}{d} = \dfrac{\frac{h}{2}}{h}$

$\overline{M_1M_2} = \dfrac{1}{2} \cdot d$

$\overline{M_1M_2} = \dfrac{1}{2} \cdot a\sqrt{2}$

$\overline{M_1M_2} = \dfrac{1}{2} \cdot 7{,}5 \cdot \sqrt{2}$

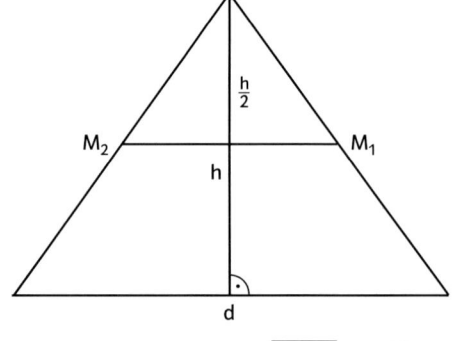

$\underline{\overline{M_1M_2} = 5{,}30\,\text{cm}}$

Berechnung von s:
(→ Pythagoras im Diagonalschnitt)

$s^2 = h^2 + \left(\dfrac{d}{2}\right)^2$

$s^2 = h^2 + \left(\dfrac{a\sqrt{2}}{2}\right)^2$

$s^2 = 8{,}0^2 + \left(\dfrac{7{,}5 \cdot \sqrt{2}}{2}\right)^2$

$\underline{s = 9{,}60\,\text{cm}}$

Berechnung von α:
(→ Kosinusfunktion, halbes Seitendreieck)

$\cos \alpha = \dfrac{\frac{a}{2}}{s}$

$\cos \alpha = \dfrac{3{,}75}{9{,}6}$
$\hspace{6em} \underline{\underline{\alpha = 67{,}0°}}$

Berechnung von $\overline{AM_1}$:
(→ Pythagoras im Dreieck ADM_1)

$\overline{AM_1}^2 = \overline{AD}^2 + \overline{DM_1}^2$

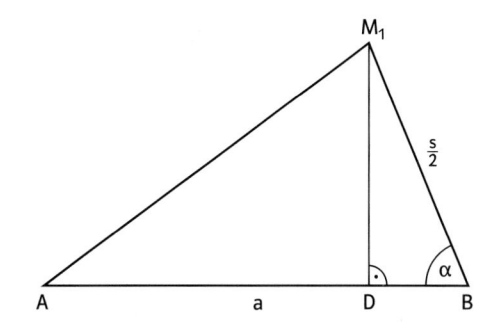

Berechnung von $\overline{BD}$:

$\cos \alpha = \dfrac{\overline{BD}}{\overline{BM_1}}$

$\overline{BD} = \overline{BM_1} \cdot \cos \alpha$

$\overline{BD} = 4{,}8 \cdot \cos 67°$
$\hspace{6em} \underline{\underline{\overline{BD} = 1{,}88\,\text{cm}}}$

Berechnung von $\overline{DM_1}$:

$\overline{DM_1}^2 = \overline{BM_1}^2 - \overline{BD}^2$

$\overline{DM_1}^2 = 4{,}8^2 - 1{,}88^2$
$\hspace{6em} \underline{\underline{\overline{DM_1} = 4{,}42\,\text{cm}}}$

Berechnung von $\overline{AD}$:

$\overline{AD} = \overline{AB} - \overline{BD}$

$\overline{AD} = 7{,}5 - 1{,}88$
$\hspace{6em} \underline{\underline{\overline{AD} = 5{,}62\,\text{cm}}}$

$\overline{AM_1}^2 = 5{,}62^2 + 4{,}42^2$
$\hspace{6em} \underline{\underline{\overline{AM_1} = 7{,}15\,\text{cm}}}$

$u = 2 \cdot 7{,}15 + 5{,}30$
$\hspace{6em} \underline{\underline{u = 19{,}6\,\text{cm}}}$

b) Rechtwinkliges Trapez mit $\overline{AB} = 2e$ und $\overline{BC} = 3e$.

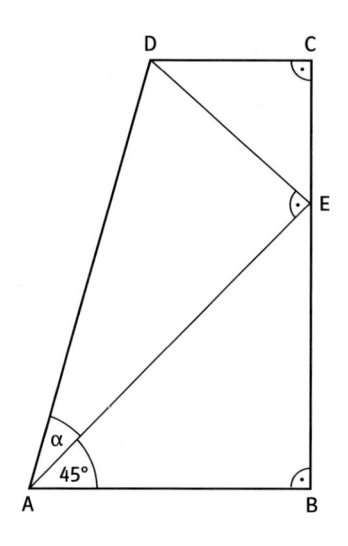

Berechnung von $\overline{BE}$:
(→ Eigenschaften des rechtwinklig-gleichschenkligen Dreiecks)

$\overline{BE} = 2e$ $\qquad\qquad\qquad\qquad\qquad\qquad\qquad\qquad$ $\underline{\overline{BE} = 2e}$

Berechnung von $\overline{AE}$:
(→ Eigenschaften des rechtwinklig-gleichschenkligen Dreiecks)

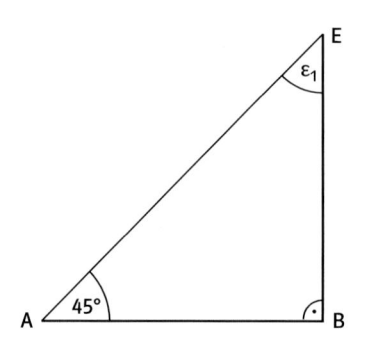

$\overline{AE} = 2e\sqrt{2}$ $\qquad\qquad\qquad\qquad\qquad\qquad\qquad$ $\underline{\overline{AE} = 2e\sqrt{2}}$

Berechnung von $\overline{CE}$:
(→ Streckendifferenz)

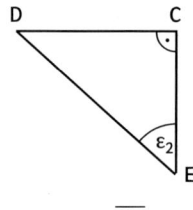

$\overline{CE} = \overline{BC} - \overline{BE}$
$\overline{CE} = 3e - 2e$ $\qquad\qquad\qquad\qquad\qquad\qquad\qquad$ $\underline{\overline{CE} = e}$

Lösungen (Wahlbereich) | Trigonometrie

Berechnung von ε_2:
($\rightarrow$ Winkeldifferenz)

$\varepsilon_2 = 180° - 90° - \varepsilon_1$
$\varepsilon_2 = 180° - 90° - 45°$ $\hspace{4cm}$ $\underline{\underline{\varepsilon_2 = 45°}}$

Berechnung von $\overline{CD}$:
($\rightarrow$ Eigenschaften des rechtwinklig-gleichschenkligen Dreiecks)

$\overline{CD} = e$ $\hspace{8cm}$ $\underline{\underline{\overline{CD} = e}}$

Berechnung von $\overline{DE}$:
($\rightarrow$ Eigenschaften des rechtwinklig-gleichschenkligen Dreiecks)

$\overline{DE} = e\sqrt{2}$ $\hspace{7cm}$ $\underline{\underline{\overline{DE} = e\sqrt{2}}}$

Berechnung von $\overline{AD}$:
($\rightarrow$ Satz von Pythagoras)

$\overline{AD}^2 = \overline{AE}^2 + \overline{DE}^2$
$\overline{AD}^2 = (2e\sqrt{2})^2 + (e\sqrt{2})^2$
$\overline{AD}^2 = 8e^2 + 2e^2$
$\overline{AD}^2 = 10e^2$ $\hspace{7cm}$ $\underline{\underline{\overline{AD} = e\sqrt{10}}}$

Berechnung von $\sin \alpha$:
($\rightarrow$ Sinusfunktion im Teildreieck AED)

$\sin \alpha = \dfrac{\overline{DE}}{\overline{AD}}$
$\sin \alpha = \dfrac{e\sqrt{2}}{e\sqrt{10}}$
$\sin \alpha = \dfrac{\sqrt{2} \cdot \sqrt{10}}{\sqrt{10} \cdot \sqrt{10}}$ $\hspace{6cm}$ $\underline{\underline{\sin \alpha = \dfrac{\sqrt{5}}{5}}}$

1

a) Zusammengesetzter Körper aus quadratischer Pyramide und quadratischem Prisma mit
$a = 6{,}0\,\text{cm}$
$h_{Pr} = 10{,}0\,\text{cm}$
Mantelfläche des Prismas und Mantelfläche der Pyramide sind gleich groß.

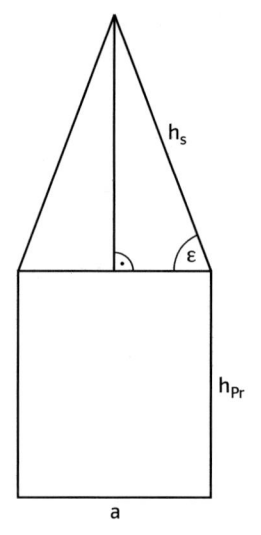

Berechnung des Neigungswinkels ε:

$$\cos \varepsilon = \frac{\frac{a}{2}}{h_s}$$

Berechnung der Seitenflächenhöhe h_s:

$M_{Prisma} = M_{Pyramide}$

$$4 \cdot a \cdot h_{Pr} = 4 \cdot \frac{a \cdot h_s}{2}$$

$h_s = 2 \cdot h_{Pr}$
$h_s = 2 \cdot 10{,}0$ $\qquad\qquad\underline{\underline{h_s = 20{,}0\,\text{cm}}}$

$$\cos \varepsilon = \frac{\frac{6}{2}}{20} \qquad\qquad\underline{\underline{\varepsilon = 81{,}4°}}$$

Berechnung des Volumens:

$V = V_{Pr} + V_{Pyr}$

$$V = a^2 \cdot h_{Pr} + \frac{1}{3} a^2 \cdot h_{Pyr}$$

Berechnung der Pyramidenhöhe h_{Pyr}:

$$h_{Pyr}^2 = h_s^2 - \left(\frac{a}{2}\right)^2$$

$h_{Pyr}^2 = 20{,}0^2 - 3{,}0^2$ $\qquad\underline{\underline{h_{Pyr} = 19{,}77\,\text{cm}}}$

$V = 6^2 \cdot 10 + \frac{1}{3} \cdot 6^2 \cdot 19{,}77$ $\qquad\underline{\underline{V = 597\,\text{cm}^3}}$

Lösungen (Wahlbereich) | Stereometrie

b) Zusammengesetzter Körper besteht aus Halbkugel und Kegel mit $O = 4\pi e^2$.

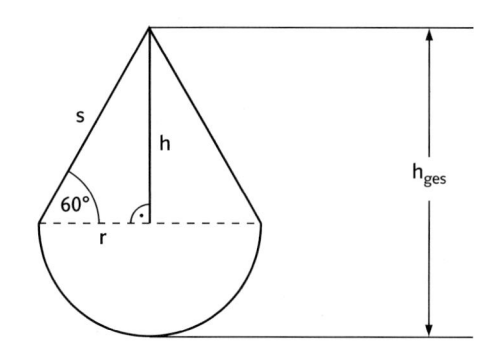

Berechnung des gemeinsamen Radius r:
$O = 2\pi r^2 + \pi r s$

Mit $s = 2r$ gilt:
$O = 2\pi r^2 + \pi r \cdot 2r$
$O = 4\pi r^2$
$4\pi e^2 = 4\pi r^2$ $\hspace{2cm}$ $\underline{\underline{r = e}}$

Berechnung des Volumens:
$V = V_{Kegel} + V_{Halbkugel}$
$V = \frac{1}{3}\pi r^2 h + \frac{2}{3}\pi r^3$

Berechnung der Kegelhöhe h:
$h = \frac{2e}{2}\sqrt{3}$ (Höhe gleichseitiges Dreieck) $\hspace{1cm}$ $\underline{\underline{h = e\sqrt{3}}}$

$V = \frac{1}{3}\pi e^2 \cdot e\sqrt{3} + \frac{2}{3}\pi e^3$ $\hspace{2cm}$ $\underline{\underline{V = \frac{\pi e^3}{3} \cdot (\sqrt{3} + 2)}}$

Berechnung der Gesamthöhe h_{ges}:
$h_{ges} = h + r$
$h_{ges} = e\sqrt{3} + e$ $\hspace{2cm}$ $\underline{\underline{h_{ges} = e(\sqrt{3} + 1)}}$

2

a) Regelmäßige Zwölfeckspyramide mit
$a = 6,5\,cm$
$h_s = 16,2\,cm$
Quadratische Pyramide mit gleich großer Grundfläche und gleich großem Volumen.

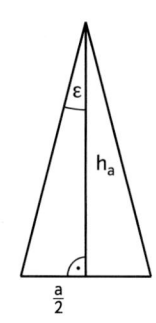

Berechnung der Grundfläche G:

$G = 12 \cdot \dfrac{a \cdot h_a}{2}$

Berechnung von ε:

$\varepsilon = (360° : 12) : 2$ $\qquad\qquad \underline{\varepsilon = 15°}$

Berechnung von h_a:

$\tan 15° = \dfrac{\frac{a}{2}}{h_a}$

$h_a = \dfrac{\frac{6{,}5}{2}}{\tan 15°}$ $\qquad\qquad \underline{h_a = 12{,}13 \text{ cm}}$

$G = 12 \cdot \dfrac{6{,}5 \cdot 12{,}13}{2}$ $\qquad\qquad \underline{G = 473{,}1 \text{ cm}^2}$

Berechnung der Höhe der Zwölfeckspyramide:

$h^2 = h_s^2 - h_a^2$
$h^2 = 16{,}2^2 - 12{,}13^2$ $\qquad\qquad \underline{h = 10{,}74 \text{ cm}}$

Wegen der Volumengleichheit und der Gleichheit der Grundflächen der beiden Pyramiden ist dies gleichzeitig auch die Höhe der quadratischen Pyramide.

Berechnung der Grundkante a der quadratischen Pyramide:

$G = a^2$
$a = \sqrt{473{,}1}$ $\qquad\qquad \underline{a = 21{,}75 \text{ cm}}$

Berechnung von h_s:

$h_s^2 = h^2 + \left(\dfrac{a}{2}\right)^2$
$h_s^2 = 10{,}74^2 + 10{,}875^2$ $\qquad\qquad \underline{h_s = 15{,}28 \text{ cm}}$

Berechnung der Mantelfläche M der quadratischen Pyramide:

$M = 2 a h_s$
$M = 2 \cdot 21{,}75 \cdot 15{,}28$ $\qquad\qquad \underline{\underline{M = 664{,}7 \text{ cm}^2}}$

Lösungen (Wahlbereich) | Stereometrie

b) Restkörper einer quadratischen Pyramide mit
$a = 4e$
$V_{Rest} = \frac{80}{3} e^3$

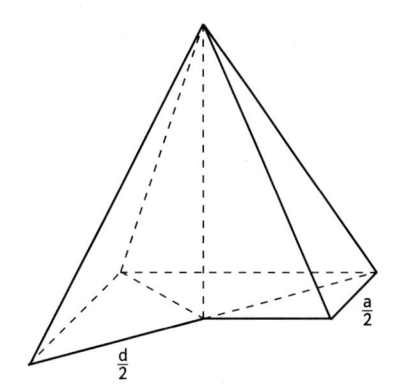

Berechnung der Pyramidenhöhe h:

$V_{Rest} = \frac{5}{8} \cdot V_{Pyramide}$

$\frac{80}{3} e^3 = \frac{5}{8} \cdot \frac{1}{3} \cdot a^2 \cdot h$

Mit $a = 4e$ erhält man:

$\frac{80}{3} e^3 = \frac{5}{8} \cdot \frac{1}{3} \cdot (4e)^2 \cdot h$ $\qquad$ $\underline{h = 8e}$

Berechnung der Oberfläche des Restkörpers:

$O_{Rest} = \frac{5}{8} \cdot$ Grundfläche $+ \frac{5}{2} \cdot$ Fläche Manteldreieck $+ A_{Dreieck\,1} + A_{Dreieck\,2}$

$O = \frac{5}{8} \cdot a^2 + \frac{5}{2} \cdot \frac{a \cdot h_s}{2} + \frac{\frac{a}{2} \cdot h}{2} + \frac{\frac{d}{2} \cdot h}{2}$

Berechnung von h_s:

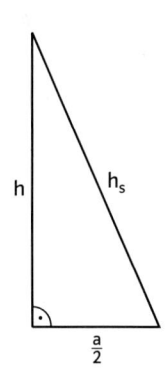

$h_s^2 = h^2 + \left(\frac{a}{2}\right)^2$

$h_s^2 = (8e)^2 + \left(\frac{4e}{2}\right)^2$ $\qquad$ $\underline{h_s = 2e\sqrt{17}}$

Berechnung von $\frac{d}{2}$:

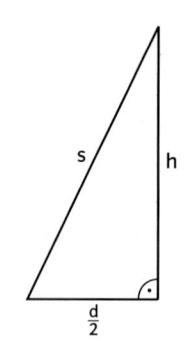

$\frac{d}{2} = \frac{a \cdot \sqrt{2}}{2}$

$\frac{d}{2} = \frac{4e \cdot \sqrt{2}}{2}$ $\qquad\qquad \frac{d}{2} = 2e\sqrt{2}$

$O = \frac{5}{8} \cdot (4e)^2 + \frac{5}{2} \cdot \frac{4e \cdot 2e\sqrt{17}}{2} + \frac{\frac{4e}{2} \cdot 8e}{2} + \frac{2e\sqrt{2} \cdot 8e}{2}$

$O = 10e^2 + 10e^2\sqrt{17} + 8e^2 + 8e^2\sqrt{2}$ $\qquad O = 18e^2 + 8e^2\sqrt{2} + 10e^2\sqrt{17}$

3

a) Kegel mit
 r = 5,0 cm
 h = 12,0 cm
Vom Kegel wird ein Drittel entfernt.

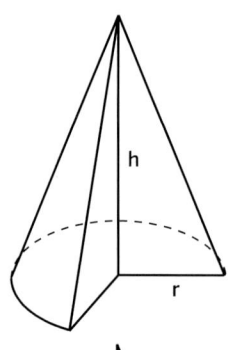

Berechnung der entfallenden Fläche:

$O_{Minderung} = \frac{1}{3} O$

$O_{Minderung} = \frac{1}{3}(\pi r^2 + \pi r s)$

Berechnung von s:

$s^2 = h^2 + r^2$

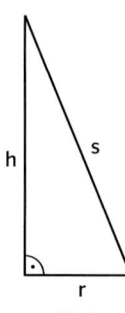

$s^2 = 12^2 + 5^2$ $\qquad\qquad\qquad\qquad\qquad s = 13,0 \text{ cm}$

$O_{Minderung} = \frac{1}{3}(\pi \cdot 5^2 + \pi \cdot 5 \cdot 13)$ $\qquad O_{Minderung} = 94,25 \text{ cm}^2$

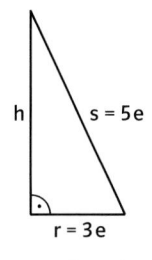

Berechnung der hinzukommenden Flächen:

$O_{Vergrößerung} = 2 \cdot A_\triangle$

$O_{Vergrößerung} = 2 \cdot \frac{h \cdot r}{2}$

$O_{Vergrößerung} = 2 \cdot \frac{12 \cdot 5}{2}$ $\quad\quad\quad\quad\quad\quad\quad\quad\quad \underline{O_{Vergrößerung} = 60{,}0\,cm^2}$

Berechnung der Flächendifferenz:

$O_{Abnahme} = 94{,}25 - 60$ $\quad\quad\quad\quad\quad\quad\quad\quad\quad \underline{O_{Abnahme} = 34{,}25\,cm^2}$

Dies sind: $p\% = \frac{34{,}25}{3 \cdot 94{,}25}$ $\quad\quad\quad\quad\quad\quad\quad\quad\quad \underline{p\% = 12{,}1\,\%}$

Die Oberfläche verringert sich um 34,25 cm² bzw. um 12,1 %.

b) Zylinder mit aufgesetztem Kegel
$O = 84\pi e^2$; $s = 5e$ und
$h_Z = 10e$

Berechnung des Kegelradius r:

(→ Oberflächenformel des zusammengesetzten Körpers nach r auflösen; quadratische Gleichung)

$O = A_1 + M_Z + M_K$
$O = \pi r^2 + 2\pi r \cdot h_Z + \pi r s$
$84\pi e^2 = \pi r^2 + 2\pi r \cdot 10e + \pi r 5e \quad\quad |:\pi$
$84 e^2 = r^2 + 20 e \cdot r + 5e \cdot r$

(→ Normalform der quadratischen Gleichung)

$0 = r^2 + 25e \cdot r - 84 e^2$

$r = -\frac{25e}{2} \pm \sqrt{\left(\frac{25e}{2}\right)^2 + 84 e^2}$

$r = -12{,}5e \pm 15{,}5e$ $\quad\quad\quad\quad$ (negativer Wert unbrauchbar) $\underline{r = 3e}$

Nachweis der Kegelhöhe h = 4 e:

(→ Pythagoras im Teildreieck des Achsenschnitts)

$h^2 = s^2 - r^2$
$h = \sqrt{(5e)^2 - (3e)^2}$
$h = \sqrt{16 e^2}$ $\quad\quad\quad\quad\quad\quad\quad\quad\quad\quad\quad\quad\quad\quad \underline{h = 4e}$

4

a) Im Rechteck liegen sechs gleichschenklige Dreiecke mit
b = 8,0 cm
α = 22°

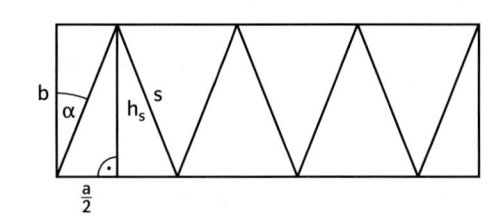

Berechnung des Volumens:

$V = \frac{1}{3} \cdot G \cdot h$

$V = \frac{1}{3} \cdot 6 \frac{a \cdot h_a}{2} \cdot h$

Berechnung von a:

$\tan \alpha = \frac{\frac{a}{2}}{b}$

$\frac{a}{2} = b \cdot \tan \alpha$

$\frac{a}{2} = 8{,}0 \cdot \tan 22°$ .... a = 6,46 cm

Berechnung von s:

$s^2 = b^2 + \left(\frac{a}{2}\right)^2$

$s^2 = 8^2 + 3{,}23^2$ .... s = 8,62 cm

Berechnung von h:

$h^2 = s^2 - a^2$

$h^2 = 8{,}62^2 - 6{,}46^2$ .... h = 5,72 cm

$V = \frac{1}{3} \cdot 6 \cdot \frac{a \cdot \frac{a}{2}\sqrt{3}}{2} \cdot h$

$V = \frac{a^2}{2} \cdot h \cdot \sqrt{3}$

$V = \frac{6{,}46^2}{2} \cdot 5{,}72 \cdot \sqrt{3}$ .... V = 206,7 cm³

b) Bestimmung der Größen von Kegel 1:
(→ Achsenschnitt ist ein gleichseitiges Dreieck)

Mantellinie $\quad s_1 = 5e$
Grundkreisradius $\quad r = \frac{5}{2}e$

(→ Höhe im gleichseitigen Dreieck)

Körperhöhe $\quad h_1 = \frac{5}{2}e\sqrt{3}$

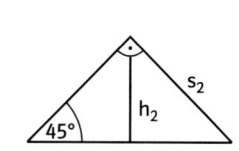

Bestimmung der Größen von Kegel 2:
(→ Achsenschnitt ist ein rechtwinklig gleichschenkliges Dreieck)

Grundkreisradius $\quad r = \frac{5}{2}e$
Körperhöhe $\quad h_2 = r = \frac{5}{2}e$

(→ Diagonale im Quadrat)

Mantellinie $\quad s_2 = \frac{5}{2}e\sqrt{2}$

Volumenformel für den Körper:
(→ Kegelvolumenformel; Addition der beiden Kegel)

$V = V_1 + V_2$

$V = \dfrac{\pi r^2 \cdot h_1}{3} + \dfrac{\pi r^2 \cdot h_2}{3}$

$V = \dfrac{\pi \cdot \left(\frac{5}{2}e\right)^2 \cdot \frac{5}{2}e\sqrt{3}}{3} + \dfrac{\pi \cdot \left(\frac{5}{2}e\right)^2 \cdot \frac{5}{2}e}{3}$

$V = \dfrac{\pi \cdot \frac{125}{8}e^3\sqrt{3}}{3} + \dfrac{\pi \cdot \frac{125}{8}e^3}{3}$

$\underline{\underline{V = \dfrac{125}{24}\pi e^3(\sqrt{3} + 1)}}$

Oberflächenformel für den Körper:
(→ Mantelflächenformel; Addition der beiden Kegelmäntel)

$O = M_1 + M_2$
$O = \pi r s_1 + \pi r s_2$
$O = \pi \cdot \frac{5}{2} e \cdot 5e + \pi \cdot \frac{5}{2} e \cdot \frac{5}{2} e \sqrt{2}$
$O = \pi \frac{25}{2} \cdot e^2 + \pi \frac{25}{4} e^2 \sqrt{2}$

$\underline{\underline{O = \frac{25}{4} \pi e^2 (2 + \sqrt{2})}}$

5
a) Regelmäßige Sechseckspyramide mit
$V = 40{,}5\,\text{cm}^3$
$a = 3{,}0\,\text{cm}$
Der Punkt B halbiert eine der Seitenkanten der Pyramide.

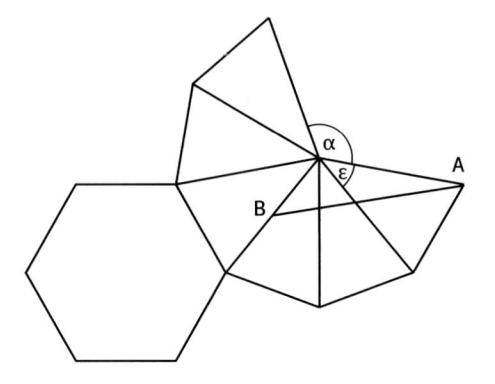

Berechnung der Körperhöhe h:
$V = \frac{a^2}{2}\sqrt{3} \cdot h$

$h = \frac{2 \cdot V}{a^2 \cdot \sqrt{3}}$

$h = \frac{2 \cdot 40{,}5}{3{,}0^2 \cdot \sqrt{3}}$ $\qquad$ $\underline{\underline{h = 5{,}20\,\text{cm}}}$

Berechnung der Seitenkante s:
$s^2 = a^2 + h^2$
$s^2 = 3^2 + 5{,}2^2$ $\qquad$ $\underline{\underline{s = 6{,}0\,\text{cm}}}$

Berechnung von ε:

$\sin \frac{\varepsilon}{2} = \frac{\frac{a}{2}}{s}$

$\sin \frac{\varepsilon}{2} = \frac{1{,}5}{6{,}0}$ $\qquad$ $\underline{\underline{\varepsilon = 29{,}0°}}$

Berechnung von α:
$\alpha = 360° - 6 \cdot \varepsilon$
$\alpha = 360° - 6 \cdot 29{,}0°$ $\qquad$ $\underline{\underline{\alpha = 186°}}$

Lösungen (Wahlbereich) | Stereometrie

Berechnung von $\overline{AB}$:
(→ Diagonalschnitt)

$\overline{AB}^2 = \overline{AG}^2 + \overline{BG}^2$

$\overline{AB}^2 = \left(\frac{3}{2}a\right)^2 + \left(\frac{h}{2}\right)^2$

$\overline{AB}^2 = \left(\frac{3}{2} \cdot 3{,}0\right)^2 + \left(\frac{5{,}2}{2}\right)^2$

$\underline{\underline{\overline{AB} = 5{,}2\,\text{cm}}}$

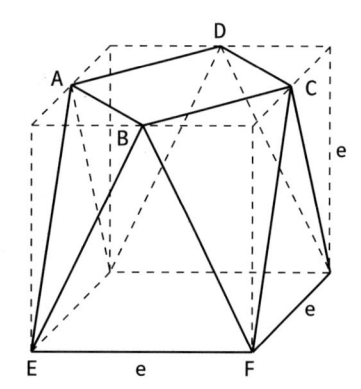

b) Würfel, von dem vier Ecken abgeschnitten werden.
Die Punkte A, B, C und D halbieren dabei die Deckkanten des Würfels.

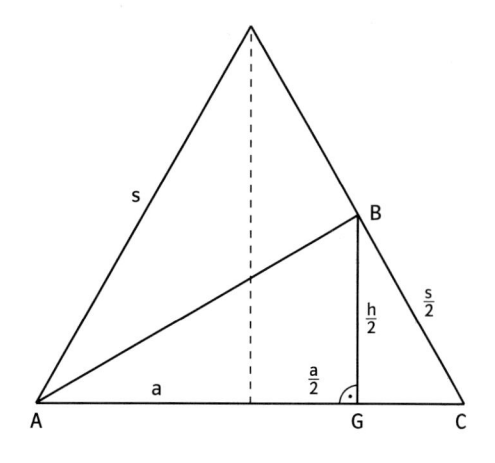

Berechnung von O:

$O = A_{\text{Quadrat 1}} + 4 \cdot A_{\text{Dreieck 1}} + 4 \cdot A_{\text{Dreieck 2}} + A_{\text{Quadrat 2}}$

Berechnung von $A_{\text{Quadrat 1}}$:
$A_1 = e^2$

Berechnung von $A_{\text{Dreieck 1}} = A_{\overline{EFB}}$:
$A_2 = \frac{e^2}{2}$

Wahlbereich | 99

Lösungen (Wahlbereich) | Stereometrie

Berechnung von $A_{\text{Dreieck 2}} = A_{BCF}$:

$A_3 = \dfrac{\overline{BC} \cdot \overline{FG}}{2}$

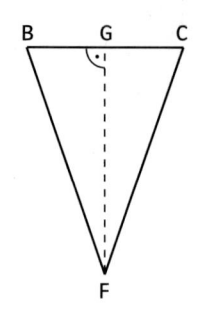

Berechnung von $\overline{BC}$:

$\overline{BC}^2 = \left(\dfrac{e}{2}\right)^2 + \left(\dfrac{e}{2}\right)^2$ $\qquad \overline{BC} = \dfrac{e}{2}\sqrt{2}$

Berechnung von $\overline{BF}$:

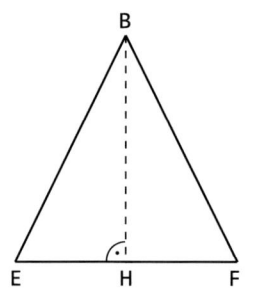

$\overline{BF}^2 = \overline{FH}^2 + \overline{BH}^2$

$\overline{BF}^2 = \left(\dfrac{e}{2}\right)^2 + e^2$ $\qquad \overline{BF} = \dfrac{e}{2}\sqrt{5}$

Berechnung von $\overline{FG}$:

$\overline{FG}^2 = \overline{BF}^2 - \overline{BG}^2$

$\overline{FG}^2 = \left(\dfrac{e}{2}\sqrt{5}\right)^2 - \left(\dfrac{e}{4}\sqrt{2}\right)^2$

$\overline{FG}^2 = \dfrac{5e^2}{4} - \dfrac{e^2}{8}$ $\qquad \overline{FG} = \dfrac{3}{4}e\sqrt{2}$

$A_3 = \dfrac{\dfrac{e}{2}\sqrt{2} \cdot \dfrac{3}{4}e\sqrt{2}}{2}$ $\qquad A_3 = \dfrac{3}{8}e^2$

Berechnung von $A_{\text{Quadrat 2}}$:

$A_4 = \dfrac{e^2}{2}$

$0 = e^2 + 4 \cdot \dfrac{e^2}{2} + 4 \cdot \dfrac{3}{8}e^2 + \dfrac{e^2}{2}$ $\qquad 0 = 5e^2$

6

a) Netz einer regelmäßigen Sechseckspyramide mit:
a = 5,4 cm
h = 7,2 cm

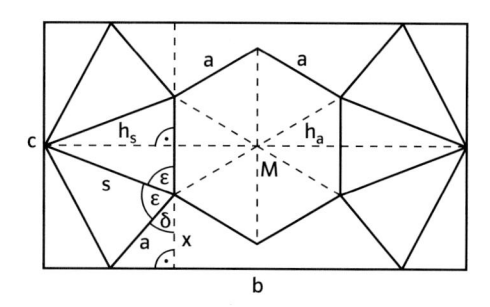

Berechnung der Seitenkante s:
$s^2 = h^2 + a^2$
$s^2 = 7{,}2^2 + 5{,}4^2$ <u>s = 9,0 cm</u>

Berechnung von ε:
$\cos \varepsilon = \frac{\frac{a}{2}}{s}$
$\cos \varepsilon = \frac{\frac{5{,}4}{2}}{9{,}0}$ <u>ε = 72,5°</u>

Berechnung von δ:
$\delta = 180° - 2 \cdot \varepsilon$
$\delta = 180° - 2 \cdot 72{,}5°$ <u>δ = 35,0°</u>

Berechnung von x:
$\cos \delta = \frac{x}{a}$
$x = a \cdot \cos \delta$
$x = 5{,}4 \cdot \cos 35{,}0°$ <u>x = 4,42 cm</u>

Berechnung von h_s:
$h_s^2 = s^2 - \left(\frac{a}{2}\right)^2$
$h_s^2 = 9{,}0^2 - 2{,}7^2$ <u>h_s = 8,59 cm</u>

Berechnung von h_a:
$h_a = \frac{a}{2}\sqrt{3}$
$h_a = \frac{5{,}4}{2}\sqrt{3}$ <u>h_a = 4,68 cm</u>

Lösungen (Wahlbereich) | Stereometrie

Berechnung der Rechteckseiten b und c:
$b = 2 \cdot h_s + 2 \cdot h_a$
$b = 2 \cdot 8{,}59 + 2 \cdot 4{,}68$ $\qquad\qquad\qquad\qquad\qquad\qquad\underline{\underline{b = 26{,}54 \text{ cm}}}$

$c = a + 2 \cdot x$
$c = 5{,}4 + 2 \cdot 4{,}42$ $\qquad\qquad\qquad\qquad\qquad\qquad\underline{\underline{c = 14{,}24 \text{ cm}}}$

Der Papierbogen sollte mindestens 27 cm lang und 15 cm breit sein.

b) Regelmäßige sechseckige Pyramide mit:
$a = e$
$s = e\sqrt{3}$
Punkt C halbiert Seitenkante s.

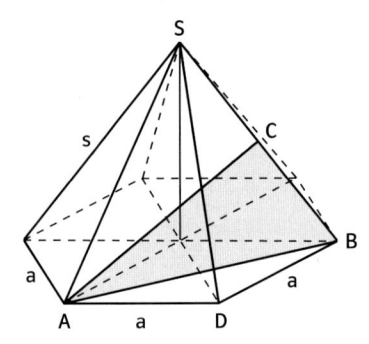

Berechnung von $\overline{AB}$:

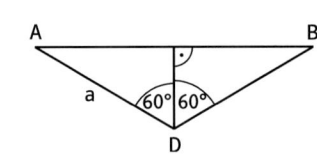

$\dfrac{\overline{AB}}{2} = \dfrac{a}{2}\sqrt{3}$

$\dfrac{\overline{AB}}{2} = \dfrac{e}{2}\sqrt{3}$ $\qquad\qquad\qquad\qquad\qquad\qquad\underline{\underline{\overline{AB} = e\sqrt{3}}}$

Das Dreieck ABS ist damit gleichseitig.
Es gilt somit: $\beta = 60°$.

Berechnung von $\overline{CH}$: 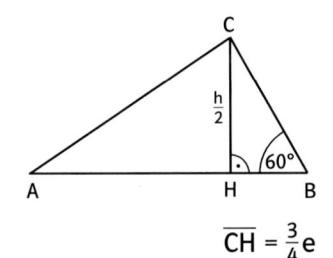
$\sin 60° = \dfrac{\overline{CH}}{\overline{BC}}$

$\overline{CH} = \overline{BC} \cdot \sin 60°$

$\overline{CH} = \dfrac{s}{2} \cdot \dfrac{1}{2}\sqrt{3}$

$\overline{CH} = \dfrac{e\sqrt{3}}{2} \cdot \dfrac{1}{2}\sqrt{3}$ $\qquad\qquad\qquad\qquad\qquad\underline{\underline{\overline{CH} = \dfrac{3}{4}e}}$

Berechnung von A_{ABC}:
$A_{ABC} = \dfrac{\overline{AB} \cdot \overline{CH}}{2}$

$A_{ABC} = \dfrac{e\sqrt{3} \cdot \frac{3}{4}e}{2}$ $\qquad\qquad\qquad\qquad\qquad\underline{\underline{A_{ABC} = \dfrac{3e^2\sqrt{3}}{8}}}$

1
a) **Würfeln mit zwei verschiedenen Würfeln**
(→ Lösung über ein Baumdiagramm)

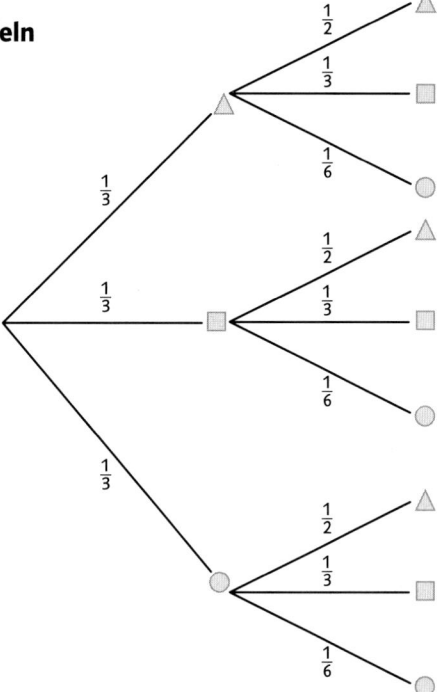

Wahrscheinlichkeit: Pasch

P(Pasch) = P(△△) + P(☐☐) + P(○○)

P(Pasch) = $\frac{1}{3} \cdot \frac{1}{2} + \frac{1}{3} \cdot \frac{1}{3} + \frac{1}{3} \cdot \frac{1}{6}$

P(Pasch) = $\frac{1}{3}$ = 33,3 %

Wahrscheinlichkeit: kein rundes Symbol

P(nicht rund) = $\frac{1}{3} \cdot \frac{1}{2} + \frac{1}{3} \cdot \frac{1}{3} + \frac{1}{3} \cdot \frac{1}{2} + \frac{1}{3} \cdot \frac{1}{3}$

P(nicht rund) = $\frac{5}{9}$ = 55,6 %

b) **Ziehen mit einem Griff**
(→ Lösung über ein verkürztes Baumdiagramm)

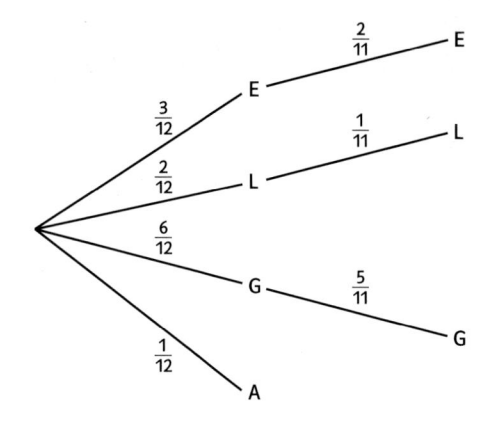

```
           3/12    E  ──2/11── E
              \   /
               \ /  ──1/11── L
           2/12 L
               /
           6/12 G  ──5/11── G
               \
           1/12 A
```

Wahrscheinlichkeit: gleiche Buchstaben

P(gleiche Buchstaben) = $\frac{3}{12} \cdot \frac{2}{11} + \frac{2}{12} \cdot \frac{1}{11} + \frac{6}{12} \cdot \frac{5}{11}$

$$\underline{\underline{P(\text{gleiche Buchstaben}) = \frac{19}{66} = 28{,}8\,\%}}$$

Wahrscheinlichkeit: zwei Konsonanten

P(Konsonanten) = P(L, L) + P(G, G) + P(L, G) + P(G, L)

P(Konsonanten) = $\frac{2}{12} \cdot \frac{1}{11} + \frac{6}{12} \cdot \frac{5}{11} + \frac{2}{12} \cdot \frac{6}{11} + \frac{6}{12} \cdot \frac{2}{11}$

$$\underline{\underline{P(\text{Konsonanten}) = \frac{14}{33} = 42{,}4\,\%}}$$

2

a) Wahrscheinlichkeit: Zeiger bleibt zweimal auf E stehen.

$P(E, E) = \frac{1}{12} \cdot \frac{1}{12}$ $\qquad P(E, E) = \frac{1}{144}$

Wahrscheinlichkeit: Zeiger bleibt weder auf A noch auf B noch auf C stehen.

(→ Lösung über ein verkürztes Baumdiagramm)

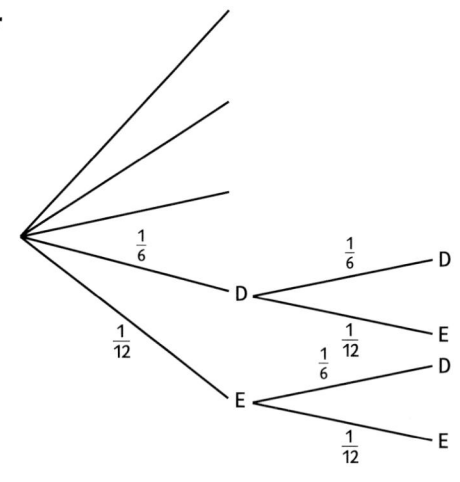

P(weder A noch B noch C)
= P(D, D) + P(D, E) + P(E, D) + P(E, E)
= $\frac{1}{6} \cdot \frac{1}{6} + \frac{1}{6} \cdot \frac{1}{12} + \frac{1}{12} \cdot \frac{1}{6} + \frac{1}{12} \cdot \frac{1}{12}$ $\qquad$ P(weder A noch B noch C) = $\frac{1}{16}$

b) Der **Erwartungswert** kann über eine Wertetabelle bestimmt werden.

Gewinnwahrscheinlichkeit	2%	4%	8%	86%
Gewinn in Euro	97	7	2	−3

Berechnung des Erwartungswerts:
E = 0,02 · 97 + 0,04 · 7 + 0,08 · 2 + 0,86 · (−3) $\qquad$ E = − 0,20
Das Spiel ist fair für:
0,02 · (100 − x) + 0,04 · (10 − x) + 0,08 · (5 − x) + 0,86 · (−x) = 0 $\qquad$ x = 2,80

Bei einem Spieleinsatz von 2,80 € ist das Spiel fair.

3
a) **Wahrscheinlichkeit: Unter zwei vorbeifahrenden Fahrzeugen ist kein LKW**
(→ Lösung über ein Baumdiagramm)

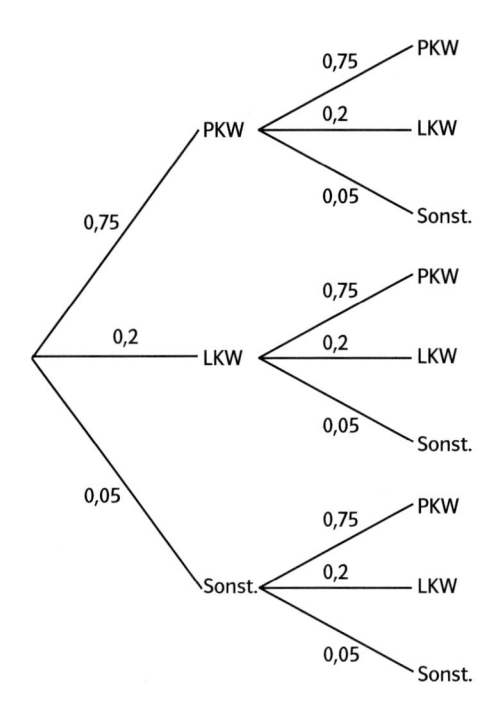

```
                        0,75 — PKW
              PKW  <    0,2  — LKW
             /          0,05 — Sonst.
       0,75 /
           /            0,75 — PKW
          <   0,2  LKW <  0,2  — LKW
           \            0,05 — Sonst.
       0,05 \
             \          0,75 — PKW
              Sonst. <  0,2  — LKW
                        0,05 — Sonst.
```

P(kein LKW) = 0,75 · 0,75 + 2 · 0,75 · 0,05 + 0,05 · 0,05

P(kein LKW) = 0,64 = 64 %

Wahrscheinlichkeit: Unter zwei vorbeifahrenden Fahrzeugen zählt mindestens ein Fahrzeug zu den sonstigen Fahrzeugen
P(mind. ein sonst. Fahrzeug) = P(PKW, sonst.) + P(LKW, sonst.) + P(sonst., frei)
= 0,75 · 0,05 + 0,2 · 0,05 + 0,05 · 1

P(mind. ein sonstiges Fahrzeug) = 0,0975

Die Wahrscheinlichkeit, dass eines von zwei vorbeifahrenden Fahrzeugen zu den sonstigen Fahrzeugen zählt, ist 9,75 %.

b) Über eine Gleichung kann bestimmt werden, wie viele Kugeln im Behälter sein müssen.

P(rot) = 0,4

P(rot) = $\frac{10}{x}$

$0{,}4 = \frac{10}{x}$ x = 25

Es dürfen nur 15 weiße Kugeln im Behälter sein.
Es müssen also fünf weiße Kugeln entnommen werden.

Bestimmung von P(grüne oder rote Kugel)
Nach Zugabe von z grünen Kugeln soll gelten:

$\frac{10}{30+z} + \frac{z}{30+z} = \frac{3}{7}$

$(10 + z) \cdot 7 = 3 \cdot (30 + z)$ z = 5

Dem Behälter müssen fünf grüne Kugeln hinzugefügt werden.

4

a) **Wahrscheinlichkeit: kein grünes Gummibärchen**
(→ Lösung über ein Baumdiagramm)

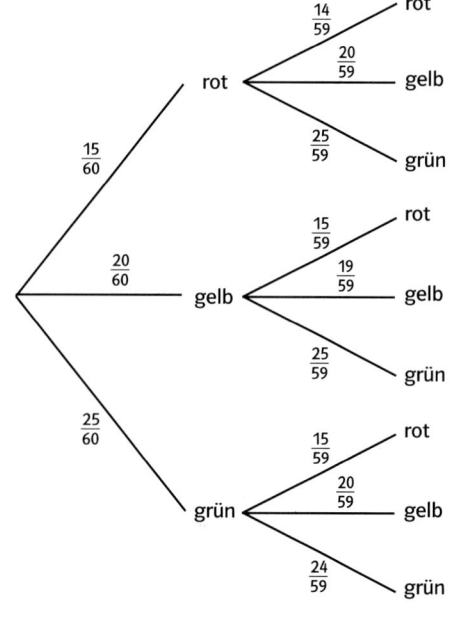

$P(\text{nicht grün}) = \frac{15}{60} \cdot \frac{14}{59} + \frac{15}{60} \cdot \frac{20}{59} + \frac{20}{60} \cdot \frac{15}{59} + \frac{20}{60} \cdot \frac{19}{59}$ $P(\text{nicht grün}) = \frac{119}{354}$

Wahrscheinlichkeit: höchstens ein gelbes Gummibärchen

P(höchstens ein gelbes Bärchen) = 1 − P(gelb, gelb)

$= 1 - \frac{20}{60} \cdot \frac{19}{59}$

$P(\text{höchstens ein gelbes Bärchen}) = \frac{158}{177}$

Lösungen (Wahlbereich) | Wahrscheinlichkeit

b) Anzahl der 1-Euro-Münzen und 50-Cent-Stücke:

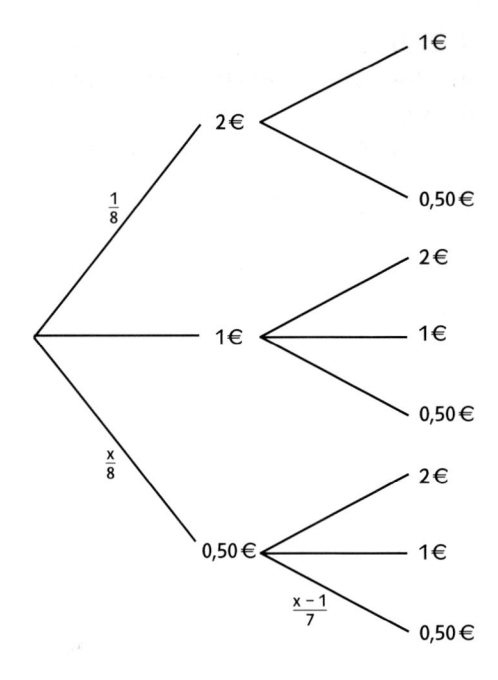

```
                    2€ —— 1€
              1/8  /   \
                    \    0,50€
                    
                         2€
              x/8       /
         ———— 1€ ——————— 1€
                         \
                          0,50€
                          
                         2€
                        /
              0,50€ ——— 1€
              (x-1)/7  \
                        0,50€
```

Über eine Gleichung kann bestimmt werden, wie viele 50-Cent-Stücke in der Kasse liegen.

$$\frac{x}{8} \cdot \frac{x-1}{7} = \frac{1}{28}$$

$x \cdot (x-1) = 2$
$x^2 - x - 2 = 0$

$$x_{1,2} = \frac{1}{2} \pm \sqrt{\left(\frac{1}{2}\right)^2 + 2}$$

$$x_{1,2} = \frac{1}{2} \pm \frac{3}{2}$$

$x_1 = 2$
$(x_2 = -1)$

Es befinden sich zu Anfang zwei 50-Cent-Stücke, eine 2-Euro-Münze und fünf 1-Euro-Münzen in der Kasse.

Wahrscheinlichkeit: geringerer Betrag als 3 €

P(weniger als 3 €) = 1 − P(2 €, 1 €) − P(1 €, 2 €)

P(weniger als 3 €) = $1 - \frac{1}{8} \cdot \frac{5}{7} - \frac{5}{8} \cdot \frac{1}{7}$ P(weniger als 3 €) = $\frac{23}{28}$

5

a) **Wahrscheinlichkeit: zweite Kugel ist weiß**
(→ Lösung über Baumdiagramm)

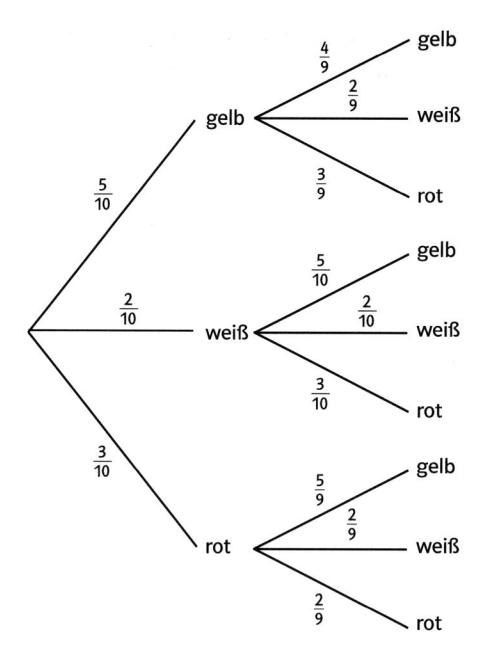

$P(\text{2. Kugel weiß}) = \frac{5}{10} \cdot \frac{2}{9} + \frac{2}{10} \cdot \frac{2}{10} + \frac{3}{10} \cdot \frac{2}{9}$

$P(\text{2. Kugel weiß}) = \frac{49}{225} = 21{,}8\,\%$

b) Der **Erwartungswert** kann über eine Wertetabelle bestimmt werden.

Gewinnwahrscheinlichkeit	20 %	20 %	60 %
Gewinn in Euro	5	−2	−1

Berechnung des Erwartungswerts:
$E = 0{,}2 \cdot 5 + 0{,}2 \cdot (-2) + 0{,}6 \cdot (-1)$
Das Spiel ist fair.

$E = 0\,€$

Über folgende Gleichung lässt sich der Erwartungswert bestimmen, wenn ein sechstes Kärtchen mit dem Wert 5 dazukommt.
Die Variable x bezeichnet den Einsatz pro Spiel.

$\frac{2}{6} \cdot (5 - x) + \frac{1}{6}(-2 - x) + \frac{3}{6}(-1 - x) = 0$

Durch Umformen erhält man:

$\frac{5}{6} - x = 0$

$x = \frac{5}{6}$

$x \approx 0{,}83$

Bei einem Einsatz von rund 0,83 € pro Spiel ist das Spiel fair.

6

a) Wahrscheinlichkeit: Produkt der beiden Zahlen ist zweistellig
(→ Lösung über Tabelle)

In den Feldern steht der Wert des Produkts.

	1	2	3	4	5
1	1	2	3	4	5
2	2	4	6	8	**10**
3	3	6	9	**12**	**15**
4	4	8	**12**	**16**	**20**
5	5	**10**	**15**	**20**	**25**

Produkt 10: $P(2; 5 \text{ oder } 5; 2) = 2 \cdot \frac{1}{8} \cdot \frac{5}{12} = \frac{5}{48}$

Produkt 12: $P(3; 4 \text{ oder } 4; 3) = 2 \cdot \frac{1}{8} \cdot \frac{1}{12} = \frac{1}{48}$

Produkt 15: $P(3; 5 \text{ oder } 5; 3) = 2 \cdot \frac{1}{8} \cdot \frac{5}{12} = \frac{5}{48}$

Produkt 20: $P(4; 5 \text{ oder } 5; 4) = 2 \cdot \frac{1}{12} \cdot \frac{5}{12} = \frac{5}{72}$

Produkt 16: $P(4; 4) = \frac{1}{12} \cdot \frac{1}{12} = \frac{1}{144}$

Produkt 25: $P(5; 5) = \frac{5}{12} \cdot \frac{5}{12} = \frac{25}{144}$

$P(\text{Produkt zweistellig}) = \frac{5}{48} + \frac{1}{48} + \frac{5}{48} + \frac{5}{72} + \frac{1}{144} + \frac{25}{144}$

$$P(\text{Produkt zweistellig}) = \underline{\underline{\frac{23}{48}}}$$

b) Über eine Gleichung kann bestimmt werden, wie viele rote und blaue Kugeln in der Schale liegen.
Die Variable x bezeichnet die Anzahl der roten Kugeln.

$\frac{x}{8} \cdot \frac{x}{8} + \frac{7-x}{8} \cdot \frac{7-x}{8} = \frac{25}{64}$

$\frac{x^2}{64} + \frac{x^2 - 14x + 49}{64} = \frac{25}{64}$

$2x^2 - 14x + 49 - 25 = 0$

$\qquad x^2 - 7x + 12 = 0$

$\qquad x_{1,2} = 3{,}5 \pm \sqrt{3{,}5^2 - 12}$

$\qquad x_{1,2} = 3{,}5 \pm 0{,}5$ $\qquad\qquad \underline{\underline{x_1 = 4;\ x_2 = 3}}$

In der Schale liegen 4 rote, 3 blaue und eine weiße Kugel. Dieselbe Wahrscheinlichkeit ergibt sich bei 4 blauen, 3 roten und einer weißen Kugel.